국제질서의 대분화와 한중관계의 재구성

한 · 중 학계의 쟁점과 시각

이 책은 한국국제교류재단의
정책연구지원을 받아 수행된 연구 결과물입니다.

성균중국연구총서 38

국제질서의 대분화와 한중관계의 재구성

한 · 중 학계의 쟁점과 시각

성균관대학교 성균중국연구소 기획

이희옥 · 이율빈 책임편집

 미중 전략경쟁이 본격화된 지 5년이 되었다. 트럼프 행정부가 중국을 '전략적 경쟁자(strategic competitor)'로 규정한 이후 미중 무역분쟁은 글로벌 경제에 충격을 주었다. 그러나 미중 전략경쟁은 2020년 '미중 1단계 무역합의'로 일단락되는 듯했으나, 이내 5G, 반도체 등 첨단기술 영역에서의 경쟁 격화로 이어져 그간 수십 년간 구축되어 왔던 글로벌 가치사슬(Global Value Chain)이 도처에서 단절되고 경제와 안보를 결합한 공급망을 둘러싼 혼돈이 나타나고 있다. 장차 이러한 갈등은 체제와 제도 그리고 이념 및 군사안보 영역으로 번지며 국제정치시스템의 변화를 초래할 것이다.

 미국은 바이든 집권 이후에도 동맹국 및 우호국들과의 다자적 연계를 통해 중국에 대한 압박을 강화하고 있다. 이것은 트럼프 시기의 일방주의와 고립주의에서 탈피해 다시 국제질서의 주도적 지위를 회복하겠다는 의지의 표현이었다. 그리고 단기 기동전이 아닌 장기 참호전을 준비하고 있다. 이미 미국·인도·호주·일본 4개국 안보협의체 '쿼드(Quad)'를 정상급 협의체로 격상시킨 데 이어 오커스(AUKUS)' 안보협의체도 설립했으며, '일대일로'의 대응전략으로 '더 나은 세계의 재건(B3W)' 프로그램을 제안하는 한편 '민주주의 정상회의'를 개최했다.

미국의 대외전략 재조정의 또 하나의 특징은 인도·태평양 전략의 확대이다. 이는 중국의 영향력 확장을 직접 견제하고 동시에 미국이 지닌 정치·외교적 역량을 이용하여 다자적 중국 포위망을 구축하는 데 있다. 중국으로서도 거대한 인구와 빠르게 성장하는 시장을 지닌 인도·태평양 지역은 전략적 목적지이자 전략자원을 확보하기 위한 길목이라는 점에서 미국에 일방적으로 길을 내주기 어렵다고 보고 있다. 이미 중국은 '일대일로 이니셔티브'를 통해 역내 연선국가들에 항만·철도 등 인프라 투자, 개발원조, 군사협력 등의 영역에서 확장적 정책을 펼쳐왔다.

우리는 이처럼 급변하는 국제환경을 주목하면서 '국제질서의 대분화'라는 다소 과감한 제목을 붙였다. '대분화(great divergence)'는 "단순하고 동질적인 것이 복잡하고 이질적인 것으로 변화하는 과정"의 의미를 담고 있다. 기존의 자유주의 국제질서가 흔들리고, 단일 패권체제도 약화되는 한편 코로나 이후 전 세계적으로 대중영합주의와 다양한 불평등이 만연해 있다. 뿐만 아니라, GATT와 WTO 등이 거대한 '클럽재(club good)'를 제공하면서 형성한 국제경제질서도 근본적 변화에 직면했고, 많은 국가들은 미중 전략경쟁에서 힘겨운 선택의 기로에 놓여 있다. 물론 현재 진행 중인 국제질서 변화가 완전한 '이질'의 출현이라고 속단하기 이른 측면이 있다. 왜냐하면 중국은 새로운 대안규범을 제시할 힘이 취약하고 대내적으로도 정치·경제적 과제가 산적해 있기 때문이다. 실제로 달러 기축통화 시스템을 자발적으로 떠받치고 있는 국가 또한 중국이다. 그럼에도 불구하고 미중 전략경쟁이라는 단어가 표상하듯 현재 미국은 유일무이한 '패권국가'에서 한 층

내려서 동일선상에서 중국의 부상을 견제하겠다는 뜻을 내보이고 있다. 이렇게 보면 현 국제질서는 '동질'의 유지를 위해 '이질'의 탄생을 저지하려는 과정에 놓여 있다.

이처럼 미중 전략경쟁은 이미 전 세계적 범위로 확장되었고 특히 중국의 주변 지역은 충돌선(fault line)이 되고 있으며, 한반도 정세도 이에 따라 요동치고 있다. 우리에게 미중관계의 변화와 한반도의 상관관계를 분석하는 것은 한국과 중국의 학자들에게 절실하게 요구되는 실천적, 학문적 과제이다. 특히 한국과 중국의 학자들이 서로 창과 거울이 되면서 학문적 지평을 확대하는 것은 소중한 의미를 지닌다.

이 책은 모두 네 부분으로 구성되어 있다. 첫째, 미중 전략경쟁을 보는 한국과 중국의 학자들의 토론결과를 실었다. 여기에는 미국과 중국의 대외전략이라는 큰 틀에 대한 해석, 인도·태평양 지역을 둘러싼 미중의 전략적 행보, 중국의 동아시아 전략을 한국과 국내의 시각에서 조망했다. 둘째, 동북아 지역 안보질서에 관한 것이다. 미중 전략경쟁 환경 속에서의 한반도 정세, 남북관계의 현황 및 과제와 한반도 평화체제 구축의 가능성, 일본의 지역전략을 포괄하고 있다. 셋째, 코로나 팬데믹 이후 발생한 글로벌 가치사슬 재편의 영향이다. 미중 전략경쟁의 핵심인 기술공급망, 한중일 FTA의 전망, 중국 자본시장 개방을 다루었다. 넷째, 수교 30주년을 맞아 한중관계의 현황을 다루었다. 한중관계의 기회와 도전이 상존하는 한중관계를 서로 다른 시각에서 분석하고 있다. 특히 영상작품 속에서의 이미지, 한중 어업문제와 중국의 탄소중립정책을 다루고 있다.

성균중국연구소는 국제교류재단의 후원으로 매년 여러 차례의 공동세미나를 개최하고 진술한 학문적 대화를 지속해 왔다. 이미 101명의 학자들이 여기에 참여했다. 금년도 〈한중정책연구시리즈〉의 최종결과물로 상재된 것이 『국제질서의 대분화와 한중관계의 재구성』이다. 이 책을 발간하는 과정에서 한중 학자들이 각각 발표하고 상호토론을 거치면서 상호이해와 쟁점을 드러낼 수 있었다. 2018년부터 시작된 〈한중정책연구포럼〉은 4년간 지속하면서 많은 중국의 한반도 전문가를 발굴했고, 양국 전문가들의 견해에 어떠한 지속과 변화가 있는지를 확인할 수 있는 렌즈의 기능을 했다. 이 프로그램을 전폭적으로 지지해 준 한국국제교류재단의 이근 이사장을 비롯한 관계자 분들께 심심한 사의를 표한다. 특히 올해는 한중수교 30주년을 맞이한다. 〈한중정책연구시리즈〉가 한국과 중국을 둘러싼 중요한 주제 사안에 대한 양국 학계의 중요한 플랫폼이자 바로미터로 자리 잡을 수 있기를 기대한다. 교열과정을 담당한 최소령 연구원과 어려운 여건 속에서도 흔쾌히 출판을 맡아준 선인 출판사의 노고에도 감사의 인사를 전한다. 독자 여러분의 아낌없는 질정을 바란다.

성균관대 성균중국연구소
이희옥, 이율빈

차례

제2부 새로운 동북아 안보 아키텍처(architecture)

제3부 지역 가치사슬의 재편과 중국

제4부 한중관계의 새로운 모색

국제질서의 대분화와 한중관계의 재구성

이희옥(李熙玉)*

1. 국제질서의 대분화와 한반도의 위상

미중관계는 대결, 경쟁, 협력을 반복하면서 치열하게 전개되고 있다. 왜냐하면 미국의 대중국 정책은 구조적이기 때문이다. 비록 독자적 이데올로기, 진영에 기초한 경제블록, 안보딜레마를 심화시켰던 냉전이 그대로 재현되지는 않겠지만, 비냉전형 양극체제가 등장할 가능성이 높다. 이런 점에서 세계질서는 당분간 궐위(interregnum)가 나타날 것이다.

바이든 정부는 '지금 여기에서' 중국의 힘과 기세를 꺾거나 지체시키지 못한다면 동의와 강제에 기초한 미국 중심의 패권(hegemony) 약화는 불가피하다. 이를 위해 전통적인 동맹국가와 동류국가(like minded countries)를 적극적으로 동원해 대중국 견제망을 촘촘하게 짜고 있다. 중국도 2020년까

* 성균관대학교 정치외교학과 교수, 성균중국연구소장.

지 전면적 소강(小康)사회를 완성한 데 이어 2049년 건국 100년을 계기로 중국판 선진국 개념인 '사회주의 현대화 강국' 목표를 제시하고 있다. 2021년 중국공산당 제19기 6중전회에서 당 역사상 세 번째 역사결의를 채택하고 사회주의와 '강한 중국의 부상(强起來)'을 결합한 이유도 여기에 있다.

이처럼 미국과 중국이 서로 다른 길을 가면서 이른바 '키신저 질서'가 해체되고 미중관계는 끝을 알 수 있는 전략경쟁에 접어들었다.[1] 문제는 중국의 부상이 빠른 성장이라는 특징에도 불구하고 질 좋은 발전(quality development)은 아니라는 점이다. 다만 2020년 말 현재 중국 GDP가 미국 국내총생산의 70% 수준에 이르렀으며, 시진핑 체제에 대한 중국인의 만족도가 80%[2] 수준에 달하는 등 정치적 정당성을 확보하고 있다. 이에 따라 점차 중국은 기존의 개발도상국 정체성과 포용적 강대국 정체성을 결합한 이중 정체성(dual identity) 속에서 '적극외교'를 강화하고 있다. 구체적으로는 자국의 '주변'에서 교두보를 확보하기 위해 다양한 외교전략을 구사하고 있다. 다자협력도 이 중의 하나이다. 왜냐하면 중국이 주변 지역에서 중국의 영향력을 확보하지 못하면 중국형 세계질서를 추동할 수 있는 동력이 약화될 것이기 때문이다. 특히 중국이 주변 지역에서 다자주의적 접근을 시도하는 것은 경제협력과 안보위협에 대한 독자대응이라는 전통적 방식을 조정하면서 역내 경쟁자인 미국과 일본이 주도하는 동아시아 지역질서에 대응하기 위한 전략적 계산의 결과였다. 즉 중국의 주변에서 미국의 영향력을 약화시키기 위해 '싸우지만 판을 깨지 않는다(鬪而不破)'는 기조 위에서 지정학, 지

---

1) 이희옥·수창허, 『중국의 길을 찾다: 한중학계의 시각』 (서울: 책과 함께, 2021).
2) Edward Cunningham, Tony Saich and Jesse Turiel, *Understanding CCP Resilience: Surveying Chinese Public Opinion Through Time*, Ash Center Ash Center for Democratic Governance and Innovation, July 2020.

경학의 이점을 활용해 장기적이고 지속적인 정책을 투사할 것이다.

　미중 전략경쟁은 중국의 한반도 인식과 정책에도 반영되고 있다. 중국은 미국의 동맹국인 한국과의 관계개선을 통해 미국의 역내 지역동맹 시도를 상쇄시키고자 할 것이다. 궁극적으로 미국의 지정학적 거리를 활용해 아시아·태평양지역의 원정군으로 만드는 한편, 전통적 우방인 러시아, 북한, 파키스탄 등과의 관계를 강화하면서 자국의 동맹은 강화하고 미국의 동맹은 약화시키는 전략을 지속할 것이다. 중국의 한반도 정책은 한반도의 평화와 안정, 한반도 비핵화, 대화와 협상을 통한 해결이라는 3원칙을 유지하고 있다. 한반도의 평화와 안정은 북한체제의 현상을 유지(status quo)하는 것이고, 한반도 비핵화는 역내 핵개발 경쟁을 막기 위한 것이지만, 선제공격과 같은 물리적 해결을 반대한다는 것이다. 구체적으로 한반도 비핵화 방법론으로 미국과 북한의 요구를 절충한 '쌍잠정 중단, 쌍궤병행'과 함께 '단계적·동시적 해법'을 강조하고 있다. 그러나 미중관계의 판도가 변하면서 시진핑 주석의 북한방문을 계기로 북중관계를 재정상화하고 전략적 협력을 강화하고 있다.

　한편 중국의 한반도 정책변화는 한중관계에도 새로운 위상을 요구하고 있다. 과거 한중관계는 주한미군의 '고고도 미사일 방어체계(THAAD)' 배치 이전까지 마늘 분쟁, 고구려사를 둘러싼 역사왜곡 문제 등 크고 작은 갈등은 있었지만, 한중 양국의 정부가 교체될 때마다 외교형식이 격상될 정도로 안정적으로 발전해 왔다. 그러나 초기 한중관계에 있어서 한국에는 '천한 중국(humble China)' 이미지가 존재했고, 반면 중국은 압축성장에 성공한 한국을 주목하면서도 미국에 예속된 국가로 보았다. 이후 한중관계는 중국의 부상과 미중관계의 변동 속에서 한미동맹, 북핵 문제, 일본 문제, 한미일 지역동맹 등 제3의 요소, 외생변수가 영향을 미치면서 양자관계에도 새로운 위상정립을 요구하게 되었다.

사실 중국의 한반도 정책은 불명확하고 유동적이다. 사실 중국의 전략문화, 정체성, 규범 등은 국제적인 교류와 접촉과정에서 연성화(softening)할 수도 있고, 이와는 달리 체제 자신감에 기초해 민족주의와 애국주의가 강화될 수도 있다. 이러한 점에서 중국의 한국에 대한 정책은 유화와 압박 등의 카드가 있으나, 한국을 압박할수록 양자관계의 원심력이 작용한 사드 사례를 복기하면서 상대적으로 신중하게 접근할 가능성도 있다. 한미동맹을 연성화해 중국의 전략적 부담을 줄일 필요가 있기 때문이다. 더 나아가 북중관계를 안정적으로 발전시키는 한편 이를 한중관계와 연계해 한반도를 중국의 영향력으로 편입하고자 하는 장기구상을 시도하고 있다. 중국이 남북대화를 통한 한반도 평화관리를 일관되게 지지하는 이유도 여기에 있다. 다만 종합국력의 한계를 인식하고 있는 중국이 미중관계의 부담에도 불구하고 북미, 남북한 관계의 적극적 중재자로 나설 가능성은 제한적이며, 장기적으로는 중국의 동북지역을 중심으로 남북중, 남북·중·러의 다양한 국경협력을 통해 중국경제권의 확장에 주력하면서 의존의 효과를 극대화하는 방향을 모색할 것이다.

2. 한국의 대중정책의 새로운 모색

해방 이후 냉전을 거치면서 한국의 대중국외교는 샌프란시스코 조약에 기초한 국제적 반공연대에 편승해 왔다. 따라서 한국에 중국은 체제와 이념을 달리할 뿐 아니라, 한국전쟁에 개입한 적성국가라는 역사적 기억이 남아 있었고 오랫동안 중국 대신 '중공'으로 불렸다. 그러나 사회주의권이

붕괴되면서 '죽의 장막'이었던 중국이 새롭게 포착되었다. 1992년 한중 수교는 이러한 전환적 국제질서를 반영한 것이었다. 당시 한국은 북방정책을 적극적으로 추진했고 중국도 천안문 사건으로 위축된 개혁개방정책을 다시 추진하기 위한 외교적 활로를 모색했다. 이후 한국과 중국 사이에는 경제적 보완성, 인적교류를 중심으로 한 폭발적인 관계발전이 이루어졌다.

특히 중국은 사회주의 정체성을 강화하고, 기존의 앙시(仰視)외교에서 평시(平視)외교로 전환하기 시작했고, 실제로 미국의 아시아 재균형에 대해 반균형(counter balancing)을 취하면서 '강 대 강'의 국면이 나타나기도 했다. 주한미군의 한국 내 고고도 미사일방어체계를 둘러싸고 경제를 안보화하고 이를 보복수단으로 삼은 것도 중국외교의 성격 변화와 무관하지 않다. 이 과정에서 중국에 대한 한국인의 비호감도가 크게 높아졌다. 특히 청년 세대들은 중국에 대한 역사적, 심리적 부채가 없고, 중국이 사회주의 정체성을 강화하면서 '가치의 거리'를 확대했으며, 이것은 미래 한중관계에도 부정적인 영향을 미칠 전망이다.

그동안 한국은 중국의 부상과 미중 간 전략경쟁의 추이를 관찰하면서 선택의 딜레마를 피하기 위해 외교 유연성을 강화하고 다양한 균형을 추진해 왔다. 그러나 미래 한국의 대중국 정책은 신흥 선도국가의 정체성 속에서 새로운 방향을 모색할 필요가 있다. 왜냐하면 미중 간 전략경쟁의 폭과 깊이를 예단할 수 없는 상황에서 사안별, 시기별로 기민하게 움직이는 헤징 중심의 접근법은 선택의 난도를 더욱 높이고, 외교비용을 초래하며 외교자산을 축적하는 데도 한계가 있기 때문이다. 실제로 한국의 경제력은 세계 10위권, 군사력 6위권으로 진입했고, 반도체와 배터리 등 제조기반 미래 핵심 산업에서도 세계적 경쟁력을 확보했으며, 한국시민사회가 성장하면서 역동적 민주주의가 나타나고 있다. K-Pop, K-Drama 등으로 입증된 문화적 창의성도 우연한 것이 아니라, 이러한 역동성의 결과이다.

이러한 한국의 위상변화는 한반도 평화를 위한 역할, 상호의존적 경제관계, 문화적 중심−주변의 틀을 벗어난 공존전략을 필요로 한다. 무엇보다 한국의 대중국정책 기조는 다양한 정책메뉴를 섞어 결합하는 복합적이고 실용적이며 창의적 접근방식이 필요하다. 실제로 중국을 보는 미국과 한국 사이에는 위협인식과 정체성의 차이가 있다. 미국은 사회주의 중국을 장기적으로 극복 대상으로 보는 단일 정체성에서 출발하고 있지만, 한국은 지정학적, 지경학적, 지문화적 복합정체성 속에서 한중관계를 구성할 수밖에 없다. 무엇보다 한국 내 중국에 대한 부정적 인식이 증대하고 있음에도 불구하고 한반도의 완전한 비핵화와 한반도의 항구적 평화체제 그리고 북한체제의 진화를 위해서는 중국과의 전략적 협력이 필요하고, 세계최대의 시장으로 발전한 중국경제의 잠재력은 지경학적으로 한국경제의 중요한 구성 요소이기 때문이다. 사실 지경학의 핵심은 중국시장에 대한 실사구시적 이해에 있다. 중국은 세계 최대시장이자 연구개발 기지이며, 제4차 산업혁명의 실험장이라는 점에서 이곳을 우회해 대체재를 찾기 어렵고 중국시장의 특성상 한번 빠져나오면 다시 진출할 경우 진입장벽도 높아진다. 따라서 한국외교가 최대한의 유연성을 확보하면서 동맹편승의 위험을 극복할 필요가 있다.

특히 한반도 문제에서의 자율성과 중심성을 회복하는 것은 매우 중요하다. 한반도 문제는 역사적 배경이나 해결 과정 모두 국제적 성격을 가진다. 그러나 이것이 한반도 문제의 국제적 해결을 의미하는 것은 아니다. 왜냐하면 한반도 문제에 대한 추동력을 잃으면 현상유지의 힘이 강하게 작동할 것이기 때문이다. 실제로 가까운 미래에도 한반도에서의 새로운 상황이 발생하지 않는 한, 중국은 평화로운 분단을 선호할 것이다. 이런 점에서 한반도 문제에 대한 자율성을 유지하면서 국제협력을 시도할 필요가 있고 대중국 정책도 이러한 틀에서 재구성될 필요가 있다. 한중관계는 힘의 비대칭에도 불구하고 대등하게 발전해야 한다. 특히 한중 간 상호의존의 심화 속에서 경제의 안보화, 안보의 경제화 현상에 대해서는 원칙적인 입장을 유지해야 한다. 뿐만 아니라 한국이 포용적이고 개방적인 다자주의에 적극적으로 참여해 중국을 견인해 내기 위해서는 미국과 중국이 주도하는 다자주의에 모두 참여해 개방적 질서로 변경하는 확대균형(extended equilibrium)을 시도할 필요가 있고, 맞춤형 소다자협력을 적극적으로 기획해야 한다. 또한 중국에 대한 신흥 선도국 외교는 장기적으로 평화국가에 가까이 가 있어야 한다. 한반도 비핵화와 한반도 평화체제를 구축하기 위해서도 중국 역할은 중요하며, 한반도 비핵화 동력이 약화되는 것을 방지하기 위해서도 중국을 전략적 시야에 두고 건설적 역할을 유인해야 할 것이다.

3. 새로운 한중관계 수립의 원칙과 방향

중국과 일본은 미중 데탕트가 시작될 무렵인 1972년 수교했고, 2022년이면 수교 50년을 맞이한다. 크게 전반기와 후반기로 나눠보면 전반기는 대체로 상호이해를 모색하는 과정에서 우호관계를 유지해왔으나 하반기에는 서로를 잘 알고 있다는 '이웃증후군'이 작동하면서 양국의 갈등이 빈발했다. 한중관계도 수교 30년을 되돌아오면 현재까지는 여러 가지 갈등에도 불구하고 비교적 건실한 관계였으나, 향후 새로운 도전요인이 더욱 증대할 것이다. 이런 점에서 신형 한중관계의 지속적인 발전을 위해 몇 가지 준칙이 필요하다.

첫째, 공진이다. 한중 양국이 함께 가야 멀리 갈 수 있고 멀리 가기 위해서는 함께 가야 한다. 둘째, 지혜이다. 이것은 고정관념을 깨고 낡은 생각을 넘어서는 용기와 능력이다. 우리 사회에 넓게 퍼진 한중관계에 대한 선험적 인식과 모든 문제를 한미동맹만으로 환원하는 고정관념을 넘어서는 것이다. 셋째, 트리플 윈(Triple wins)이다. 한중관계가 양자 간 윈윈전략을 넘어 역내 국제문제에도 기여할 필요가 있다. 넷째, 복합적 사고이다. 한반도는 지정학적으로 림랜드(Rimland)이고 지경학적으로도 북한을 통해 세계와 연결되는 전략적 요충지이다. 이러한 한반도의 전략적 가치를 높이면서 미중 전략경쟁을 완화할 필요가 있다.

이를 위해 한중수교 '삼십이립(三十而立)'을 맞아 한중관계의 성과와 한계를 동시에 검토하는 온고지신(溫故知新)과 법고창신(法古創新)의 지혜가 필요하다. 한중 공공외교의 목표는 양국 국민의 마음(hearts and mind)을 얻도록 하는 것이다. 이를 위해 체감할 수 있고, 쌍방향적으로 소통하며, 지속가능하며 청년과 미래세대에 열려 있어야 한다. 수교 30년 동안 한중관계는 차이를 인정하면서 공통점을 찾아가는 구동존이(求同存異) 과정이었다. 미래 30년은 화이부동(和而不同) 정신으로 발전할 필요가 있다. 공자가 同의 추구를 경계한 것은 강요와 억압을 반대했기 때문이다. 이런 점에서 조화를 추구하되 차이를 존중하는 것은 여전히 한중수교의 중요한 가치이다.

제1부
미중 전략경쟁의 새로운 위상

미중 패권경쟁 동학에 대한 구조적 분석

공민석(孔敏碩)*

1. 미중 상호의존성의 형성과 진화

미중 전략경쟁이 통상적인 강대국들 간의 갈등과 구별되는 점은 긴밀한 상호의존성에서 배태됐다는 점이다. 냉전기 미소관계는 이데올로기적인 극한 대립에 뿌리를 두고 있었고, 두 진영의 체제경쟁 속에서 상호작용은 매우 제한적일 수밖에 없었다. 반면 미중갈등은 소위 '키신저 질서'하에서 지난 40여 년간 누적된 복잡한 상호작용에 기반을 두고 있었다. 중국은 2001년 세계무역기구(WTO)에 가입한 이후에는 세계화의 핵심축으로 자리 잡았고, 미중 양국은 물론, 인접국들까지 복잡한 상호의존적 관계 속에서 맞물리게 됐다.

미중 상호의존성의 형성과 진화에서 가장 중요한 계기는 미국 패권의 변

---

* 제주대학교 정치외교학과 조교수.

화였다. 1970년대에 패권 위기에 직면한 미국은 기축통화 발권력과 금융부문의 우위가 서로를 강화하는 통화·금융 권력을 토대로 패권 쇄신에 성공했다. 산업생산에서의 우위는 이미 쇠퇴했고 이중적자도 지속적으로 누적됐지만 이를 충분히 상쇄할 수 있는 대규모 자본이 지속적으로 유입됐다. 미국은 이를 토대로 경기를 부양하고, 생산 이상의 소비를 지속할 수 있었다. 통화·금융 권력에 기반한 막대한 자본수입(capital import)은 첨단기술과 군사력에서의 우위 확보에도 기여했다.

미국의 통화·금융 권력이 유지되기 위해서는 금융세계화의 확대, 그리고 흑자국과의 정책 조정이 필수적이었다. 흑자국들이 미국 금융시장에 지속적으로 투자하고, 달러 자산을 보유해야 잉여달러가 환류(recycle)될 수 있었기 때문이다. 1980~90년대에 이러한 메커니즘의 핵심이 일본과 독일(서독)의 역할이었다면, 2000년대에는 중국이 이들을 대체했다. 1997~98년 외환위기 이후 지역 분업구조의 가장 낮은 단계로 편입된 중국은 미국의 기술과 자본, 그리고 소비시장에 의존해서 급속한 경제성장에 성공했다. WTO에 가입한 이후에는 미국의 금융 호황에 편승해 세계 경제의 성장 엔진으로 거듭났다.

미국 중심의 국제 정치경제 질서로 완전히 편입된 중국은 미국 주도 세계화 구조를 지탱하는 핵심 파트너이자 경쟁자로 부상했다. 특히 중국은 수출달러를 다시 미국의 금융시장, 특히 미국 국채에 투자함으로써 미국이 막대한 적자의 누적에도 불구하고 통화·금융 권력을 유지하는 데 기여했다. 그러나 이 과정에서 중국 또한 안전 자산을 축적하고, 대미 수출을 통해 성장을 지속하는 선순환 관계가 형성됐다. '차이메리카(Chimerica)', 혹은 '신 브레튼우즈 체제(revived Bretton Woods / Bretton Woods II)'라는 용어가 미국과 중국의 상호의존적 공생관계를 함축했다.

미국과 중국의 상호의존성은 1980년대 미일관계의 기본 메커니즘과 유사했지만 중요한 차이점도 가지고 있었다. 우선, 미국의 부채 규모와 자본수입액이 훨씬 더 커졌고, 따라서 미중 사이의 경제적 불균형도 1980년대 미일 불균형보다 더 심각했다. 또 '닷컴버블' 붕괴와 함께 신경제 호황이 종언을 고한 2001년 이후 미국 금융시장 팽창은 부동산 파생상품을 중심으로 전개됐기 때문에 더 큰 불안정성을 내포하고 있었다.

가장 중요한 차이는 일본과 중국이라는 두 파트너가 미국과 맺고 있는 관계의 성격 자체에 내재돼 있었다. 일본은 군사·안보적으로 미국에 종속돼 자율성을 결여하고 있었고, 이 때문에 미국의 요구를 대부분 수용하는 순응적인 태도를 취했다.[1] 중국 또한 미국 주도 국제 정치경제 질서에 순응하는 전략을 통해서 발전을 도모했다. 그러나 중국은 미국의 동맹국이 아니며, 독자적인 지정학적 야심을 가지고 강력한 외교·안보적 독립성을 추구했다. 또 급속한 군비지출 증가를 통해서 군사력 또한 빠른 속도로 강화했다. 이는 양국의 상호의존성에서 적대나 균열이 발생할 경우 갈등이 증폭되고, 국제질서의 불안정이 심화될 가능성도 있음을 시사했다.

2. 상호의존성에 내재된 적대와 모순

미국과 중국의 상호의존적 관계는 상호이익의 공생관계이기도 했지만 동시에 매우 불안정하고 위험한 관계이기도 했다. 과도한 외환보유는 불태

---

1) 엔화 국제화나 동아시아 지역 경제권 형성을 통해서 독자적인 발전을 도모하려는 전략 또한 성공하지 못했다. 결국 일본은 1990년대 초반 장기침체 국면에 진입한 이후 국력의 쇠퇴를 경험했다. 반면, 독일의 경우 유럽통합을 통해 독자적인 경제적 영향권을 구축했고, 1970~80년대와 다른 방식으로 미국과의 관계를 설정할 수 있었다.

화 비용, 국내 수요침체, 고수익 투자기회의 상실 등 각종 비용을 유발했다. 또 한 국가가 보유한 자산의 가치가 기축통화 발행국의 통화가치에 의해서 결정된다는 점에서 비대칭적인 권력관계를 내포하고 있었다. 이 때문에 중국은 달러 가치 유지에 이익을 갖게 됐고, 지속적으로 수출달러를 환류시킬 수밖에 없었다. 이런 메커니즘 속에서 미국은 달러의 안정성에 관한 어떠한 공약도 하지 않는 '과도한 특권(exorbitant privilege)'[2]을 누렸다.

또 자본수입에 기초한 금융세계화의 확대에 한계가 있을 수밖에 없다는 점도 중요한 문제였다. 적자의 누적으로 인해서 달러가 유출되면, 이를 환류시키기 위해서 미국 금융시장이 지속적으로 확대돼야 했다. 그러나 미중 글로벌 불균형의 규모, 그리고 금융버블로 인한 불안정성을 고려했을 때 달러에 대한 신뢰와 금융시장의 안정적 팽창이 지속될 것이라고 기대하기는 어려웠다.

2007~2008년 금융위기는 미국 패권의 취약성과 미중 상호의존성의 한계가 드러나는 계기였다. 위기가 발생하자 미국은 단기적인 차원에서는 위기를 수습하고, 통화·금융 권력을 유지하기 위한 전략을 구사했다. 나아가 중·장기적인 차원에서는 중국의 부상을 견제하고, 패권을 쇄신할 수 있는 대안을 확립하기 위한 전략이 필요했다. 세계전략의 중심축을 동아시아 지역으로 이동한 오바마 행정부의 재균형 전략(Rebalance toward the Asia-Pacific)은 바로 이런 전략적 고려의 산물이었다.

다자주의에 입각한 관여(engagement) 정책을 지향한 오바마 행정부와 달리, 트럼프 행정부는 일방주의적 접근법을 선호했다. 그러나 재균형 전략을

---

2) 드골 대통령 재임 당시 재무장관이었던 데스탱(V. G. D'Estaing)은 달러가 기축통화 역할을 하기 때문에 미국이 큰 부담 없이 국제수지 적자를 누적할 수 있는 상황을 '과도한 특권'이라고 비판했다. 중국 인민은행 총재 저우샤오촨(周小川) 역시 동일한 맥락에서 미국이 갖는 이러한 특권으로 인해서 세계 경제의 불안정성이 심화되고 있다고 비판한 바 있다.

통해 미국이 달성하고자 했던 실제적인 목표들은 변화하지 않았다. 우선, 군사전략에서는 서태평양 지역의 군사력 증강 기조가 강화됐다. 특히 중국을 압박하는 실효성 있는 군사적 조치가 필요하다는 점이 더 강조되기 시작했다. 재균형 전략을 대체한 인도-태평양 전략(Indo-Pacific Strategy)이 그 결정판이었다. 이에 따라 미국, 호주, 일본, 인도의 쿼드(Quad) 동맹이 부활했고, 타이완에 대한 무기 판매 재개, 남중국해에서의 군사태세 강화 등 대중 강경조치가 시행됐다.

환태평양 경제동반자 협정(TPP) 탈퇴라는 중요한 변화도 나타났다. 그러나 TPP 탈퇴 이후에도 대외경제전략의 핵심은 흑자국, 특히 중국의 불공정 무역에 대한 압박이었다. 주요 쟁점 또한 환율조작 제재, 기술이전 강요 금지, 지적재산권 규제 강화, 불법 보조금 철폐 등으로 크게 변화하지 않았다. 변화한 것이 있다면 TPP라는 소다자주의(mini-lateralism) 틀이 양자주의로 전환되면서 미국의 압박이 더욱 거세졌다는 점이었다. 이는 결국 무역전쟁으로 귀결됐다.

일방주의 기조의 강화보다 더 중요한 것은 대중 정책의 기본 전제가 변화했다는 점이었다. 재균형 전략은 미중 갈등의 증폭, 중국과의 전략적 경쟁 강화에 대한 강력한 대응이었다. 그러나 동시에 미국 중심 국제질서의 복원력에 대한 신뢰, 중국과의 공존 가능성을 전제로 한 전략이기도 했다. 그러나 트럼프 시대를 경유하면서 후자의 경향이 급속히 탈각됐고, COVID-19 팬데믹으로 인해 양국의 갈등은 더 악화됐다. 이는 전통적인 자유주의적 패권전략으로부터의 이탈이라는 점에서 중대한 변화였지만 트럼프의 이단성으로만 설명될 수 없는 변화이기도 했다.

중국도 2007~2008년 금융위기 이후 미국의 압력이 강화되자 미국과의 관계를 재정비하고 독자적인 발전 경로를 모색하기 시작했다. 미국과의 정책

공조 속에서 미국의 요구에 순응했던 1980년대 일본과 달리, 중국은 '중국 제조2025' 같은 발전전략을 통해 첨단기술에서의 독립성을 강화하는 동시에, 일대일로 같은 기획을 통해 영향권을 구축·확대하려는 강력한 시도를 전개했다. 미국이 이에 강하게 대응하면서 패권경쟁은 격화됐고, 미중관계는 신냉전으로 지칭될 정도로 악화되기에 이르렀다.

3. 미중 패권경쟁의 격화와 주요 쟁점

미중갈등의 뇌관은 무역전쟁이었다. 무역전쟁은 표면적으로는 무역 불균형의 문제였지만, 핵심은 첨단기술과 생산에서 우위를 장악하기 위한 경쟁이었다. 2019년 '국방수권법'은 외국인 투자 심의위원회(CFIUS)를 통해서 미국에 투자된 중국 자본이 국가안보에 미치는 영향력을 심사하고, 핵심기술의 유출을 통제하도록 규정했다.[3] '중국제조2025'에 대한 강력한 비판, 그리고 관련 기업에 대한 직접적 제재에서도 무역전쟁이 단지 무역 불균형의 문제만은 아니라는 사실이 드러났다.

무역·기술 전쟁이 확대되면서 글로벌 공급망(Global Supply Chain) 재편을 둘러싼 긴장 또한 고조되기 시작했다. 미국은 중국에 대한 의존도를 낮추기 위한 행정명령과 법안을 통해 공급망에서 중국을 배제하기 시작했고, 화웨이, 중싱(ZTE), 푸젠진화반도체, SMIC 등 '기술굴기' 핵심기업들에 대한 제재도 강화했다. 미국의 동맹국들 또한 중국 압박에 동참했다. 미국·멕시

---

3) 이러한 경향 또한 오바마 시기부터 이미 나타난 바 있다. 2012년 '국방수권법'에도 중국이 보유한 미국 국채가 야기하는 국가안보 위협에 대한 평가를 의무화하는 조항이 포함돼 있었다. 이는 칭화유니의 마이크론 인수, 브로드컴의 퀄컴 인수 시도를 좌절시키는 데 결정적으로 기여한 것으로 평가된다.

코·캐나다협정(USMCA)에는 중국을 배제할 수 있는 조항이 포함됐고, 일본과 EU는 중국의 생산기지를 자국으로 이전하거나, 동남아 등으로 이전하는 정책을 추진하기 시작했다. 호주와 영국은 5G 통신사업에서 화웨이를 배제하기로 결정했다. 인도는 화웨이 장비와 검색엔진 바이두, 소셜미디어 웨이보, 그리고 샤오미의 브라우저까지 사용을 금지했다.

중국은 무역적자 감축 목표 액수에 대해서는 어느 정도 타협적인 태도를 유지했지만 '중국제조2025'에 대한 비판과 경제구조 개혁 요구는 주권을 침해하는 행위라고 일축했다. 또 장기적 차원에서 첨단산업 역량과 기술적 독립성을 강화하고, 내수 중심 발전으로 전환해 대외의존도를 낮추는 전략을 더 강조하기 시작했다. 2020년 7월 중앙정치국 회의에서 시진핑 주석은 수출 중심 발전전략인 '국제대순환'에서 내수 중심의 '국내대순환'으로의 전환, 그리고 후자를 중심으로 양자의 선순환을 만들어 내겠다는 '쌍순환' 전략을 제시했다.

중국의 이러한 장기적 발전전략은 무역·기술은 물론 통화·금융 영역에서의 전략적 경쟁과도 연관돼 있다. 중국이 독자적인 발전전략으로 전환하기 위해서는 달러와 미국 금융시장에 대한 의존에서 벗어나는 것이 핵심이기 때문이다. 중국은 2007~2008년 금융위기 이후 위안화의 국제적 위상을 제고해 기축통화 달러에 대한 과도한 의존에서 벗어나려는 시도를 전개하기 시작했다. 또 국제 통화·금융 질서 다극화를 전략적으로 추진했고 아시아인프라투자은행(AIIB) 건설이라는 성과를 남겼다.

그러나 이러한 성과에도 불구하고 통화·금융 영역에서는 미국의 구조적 우위가 비교적 확고했다. 무역전쟁의 와중에 중국을 환율조작국으로 지정하는 등 미국의 압박은 더욱 거세졌고, 무역·기술 전쟁은 통화·금융 전쟁으로 확대됐다. 미국은 금융거래 금지와 자산매각 조치 등 중국 기업을 미국의 금융시스템에서 배제하려는 제재 조치를 가동했다. 또 홍콩보안법에 대한 대응으로 중국 정부 및 기업의 자산을 동결할 수 있다고 중국을 압박했다. 상원에서는 양당의 합의하에 외국 정부의 통제를 받지 않는다는 것을 증명하지 못하는 기업은 상장 폐지할 수 있는 법안이 통과됐다.

미중 상호의존성에 내재된 적대와 모순은 미국 국채 상환을 둘러싼 논란에서 극명하게 드러났다. 통화·금융 전쟁이 첨예화되면서 미국은 중국이 보유한 미국 국채에 대한 디폴트 가능성을 언급했다. 중국은 국채 상환 거부는 곧 달러 패권 붕괴를 의미할 것이라고 경고하면서 미국 국채를 점진적으로 매각하고 외환 구성을 다원화하겠다고 밝혔다. 물론 실현 가능성은 크지 않지만 상호의존적 공생이 '금융공포의 균형(Balance of Financial Terror)'으로 전환될 수 있음이 드러난 것이다. 이런 점에서 통화·금융에서 심화되고 있는 미중 경쟁 또한 단순환 환율조정이나 투자환경의 문제가 아니라 패권경쟁의 일환으로 볼 수 있다.

무역·기술, 통화·금융 영역의 갈등이 심화되면서 양국의 대립은 군사·안보, 가치, 체제의 정당성을 둘러싼 전면전의 양상으로 악화됐다. 미국은 중국을 독재정권으로 규정했고, 미국적 가치에 도전하는 중국을 강력히 응징할 필요가 있다고 주장했다. 또 '타이베이법', '홍콩인권법', '위구르인권법'을 제정해 중국을 압박했고, 이에 따라 중국의 핵심이익과 관련된 갈등도 직접적으로 표출되기 시작했다. 미국과 중국이 첨단전략을 집중적으로 배치하고 무력시위에 나서면서 남중국해와 타이완해협에서 군사적 긴장도 고조됐다. 미국은 쿼드, 파이브 아이즈(Five Eyes) 국가들과 반중연대를 강화했고, 반중 경제블록인 경제번영네트워크(EPN)에 동맹국들의 참여를 요구했다.

중요한 것은 미국 조야에 대중 강경정책에 대한 강력한 합의가 형성됐다는 점이었다. 트럼프 행정부 집권 초기 바이든과 민주당은 트럼프의 대중 강경정책에 비판적인 입장을 취했다. 그러나 중국의 영향력이 지속적으로 증가하고, 미중관계가 악화되면서 민주당 내부에서도 중국의 위협을 과소 평가했다는 반성이 확산됐다. 대외정책 역량을 동아시아에 집중하고 중국을 강하게 압박한 트럼프의 대외전략에 대한 우호적인 평가도 등장했다. 양당의 합의 속에 제정된 중국 제재 법안들, 그리고 대선 캠페인에서의 중국 때리기(China bashing) 경쟁은 공화당과 민주당의 초당적 합의를 명확히 드러냈다.

4. 바이든 행정부의 출범과 미중관계

바이든은 집권 직후부터 중국에 대해 적대적이고 강경한 태도를 유지했다. 바이든은 취임 후 첫 공식 기자회견에서 중국을 패권 도전국으로 규정하고, 강력한 힘을 통해 이를 억제할 것이라는 점을 분명히 했다. 바이든 시대 미중 패권경쟁에 대한 미국의 대응전략은 상원에서 통과된 '미국혁신 경쟁법(United States Innovation and Competition Act)'에 집약돼 나타났다. 여기에서 미국은 경제, 군사·안보, 가치, 기술 등에서 전방위적으로 중국을 압박하기 위한 계획을 총체적으로 재정비했다.

바이든은 취임 직후 연방정부의 미국산 제품 구입을 의무화하고, 국내생산에 인센티브를 제공하는 행정명령에 서명했다. '미국혁신경쟁법' 또한 인프라 건설과 공공부문 투자에서 'Buy American' 규정을 확대·강화했다.[4]

---

4) 트럼프와 바이든에게서 공통적으로 나타나는 'Buy American' 조항은 오바마 행정부의 '미국재건재투자법(American Recovery and Reinvestment Act)'으로 소급한다. 이는 당시에도 WTO의 정부조달협

중국 자본에 대한 감시, 그리고 중국의 통신장비, 반도체 기업에 대한 제재도 더 확대됐다. 제재의 근거는 국가안보 위협이었다. 타이(K. Tai) 무역대표부(USTR) 대표는 필요에 따라 추가 관세를 부과할 수 있다고 언급했고, '수퍼 301조' 등 여러 보복조치들이 사용될 수 있다고 경고했다.

또 바이든 행정부는 중국의 군사적 도전을 강력히 응징하겠다고 강조했다. 2021년 '국방수권법'에는 인도−태평양 지역의 군사력 증강을 규정한 '태평양 억지구상(Pacific Deterrence Initiative)'이 신설됐다. '미국혁신경쟁법'에는 인도−태평양 지역의 국가들에 대한 군사적 협력과 지원을 확대하기 위한 예산이 편성됐고, 쿼드 차원에서 중국의 위협에 공동 대응하기 위한 노력도 지속됐다. 다영역작전(MDO) 개념이 합동전영역지휘통제(JADC2) 개념으로 발전되는 등 중국의 반접근/지역거부(A2/AD) 전략에 대한 대응 또한 강화됐다. 아프간 철군 이후 인도−태평양 지역에서 미군 병력과 장비를 증강하겠다는 구체적 계획도 제시됐다.

바이든 행정부 출범 이후 나타난 가장 중요한 변화는 자유주의적 패권전략을 복원하려는 시도였다. 그 핵심은 트럼프식 일방주의의 폐기와 가치에 기반한 동맹관계 복원이었다. 미국은 중국과의 대결을 권위주의와 민주주의의 충돌로 규정하고 인권이나 민주주의 같은 가치를 통해 반중 동맹을 정당화했다. '미국혁신경쟁법'은 타이완과의 군사협력 강화와 무역협상 재개를 제안했고, 홍콩 민주화를 지원하기 위한 예산을 편성했다. 또 위구르족 탄압을 제노사이드로 규정하고 제재를 강화하는 방향으로 '위구르 인권법'을 개정해야 한다고 명시했다. 이제 대중 강경정책은 미국만의 이익을 위한 것이 아니라 민주주의 국가들의 공동과업이 됐다. '민주주의 정상회의

정 관련 규정 위반이라는 비판을 받았다. 이는 다자주의를 훼손하는 자국 우선주의가 트럼프만의 것은 아님을 보여준다.

(Global Summit for Democracy)'나 '민주주의 10개국(D10)' 구상이 바로 이런 인식의 산물이었다.

바이든 행정부가 특별히 강조한 대중국 정책의 또 다른 중심축은 강력한 산업정책을 통해 첨단기술 경쟁에서 앞서 나가겠다는 구상이었다. 바이든 대통령은 2월 반도체, 배터리, 희토류, 의약품 등의 중국 의존도를 낮추고 공급망을 점검하기 위한 행정명령에 서명했다. 그 결과 발표된 보고서는 중국을 배제한 공급망 구축, 국가적 차원의 연구 · 개발 지원을 제안했다. 이런 맥락에서 '미국혁신경쟁법'은 2025년까지 국립과학재단(NSF)을 중심으로 반도체, 인공지능, 양자컴퓨팅, 로봇, 배터리 등 첨단분야의 연구 · 개발에 2,500억 달러를 투자하겠다는 구체적 계획을 제시했다. 2021년 '국방수권법'에도 이를 지원하기 위한 내용들이 대거 포함됐다.

여기에서 주목해야 할 것은 가치동맹이 기술 · 생산동맹으로 진화하는 양상이 나타나기 시작했다는 점이다. 미국은 중국을 배제하고 글로벌 공급망을 재편하기 위해 동맹관계를 적극 활용하기 시작했다. 우선 '미국혁신경쟁법'에는 핵심기술에서 동맹과의 협력을 강화해 기술통제 및 국제표준 제정에서 공조를 강화하겠다는 계획이 제시됐다. 나아가 핵심 산업의 공급망을 더 직접적으로 통제하고자 하는 조치도 시행됐다. 2021년에만 세 차례 개최된 '반도체 공급망 복원에 관한 CEO회의'가 바로 그 사례다. 여기에서 핵심이 되는 국가들은 일본, 타이완, 한국 같은 동아시아의 동맹국이었다.

가치동맹이 기술 · 생산동맹으로 확대되면서 신냉전적 대립구도는 더 강화됐다. 미국은 G7을 축으로 대서양 동맹을 재건하고, 이를 반중동맹의 틀과 결합하려 했다. 2021년 6월 G7 정상회의 참가국들은 미국의 대중 강경정책을 수용, 타이완 해협의 평화와 안정, 홍콩의 자치, 신장의 인권과 자유, 남중국해의 현상유지와 안정을 요구하며 중국을 강하게 비판하는 공동성명을 채택했다. 또 일대일로를 대체할 새로운 인프라 투자 지원 프로젝트로 기후 · 환경, 노동, 민주주의의 가치를 지향하는 B3W(Build Back Better World)를 제안했다. 미국은 북대서양조약기구(NATO) 정상회의에서는 중국이 구조적 도전세력이라는 합의를 도출함으로써 반중 전선의 동반자로 끌어내는 데 성공했고, 영국, 호주와 3자 군사동맹 오커스(AUKUS)를 체결했다.

미국과 압력이 거세지면서 중국 또한 미중 상호의존성의 틀에서 이탈하려는 시도를 가속화했다. 미국의 제재로 인해 다수 반도체 기업들이 도산하는 등 타격을 받았지만, 다른 대안을 모색할 수도 없었다. 이 때문에 미국과 동맹국들이 중국을 글로벌 공급망에서 배제하려하자 기술적 독립성의 확보를 더 강조하기 시작했다. 또 일대일로 전략의 초점을 전통적 인프라 건설에서 디지털 인프라 건설로 전환해 기술굴기와 결합했다. 2020년 19기 5중 전회와 14차 5개년 계획에서 중국이 가장 강조한 것은 반도체를 비롯한 핵심 산업과 과학기술에 대한 막대한 투자와 기술혁신이었다. 2021년 중국공산당 100주년 기념식의 핵심 화두 또한 '기술의 자립 · 자강'이었다.

5. 미중 패권경쟁과 세계 질서의 진로

바이든 행정부 출범 이후 미중 패권경쟁의 전개는 미중 상호의존성의 종언, 즉 탈동조화(decoupling)가 현실화되고 있음을 드러냈다. 물론, 양국의 상호의존성, 글로벌 공급망 재편의 비용 때문에 급속한 탈동조화는 불가능하다는 비판도 있다. 또 미국 내에서도 양국 사이의 적대와 갈등을 인정하고, 그것이 파국으로 귀결되지 않도록 적절히 관리할 필요가 있다는 주장이 제기된 바 있다. 그러나 2007~2008년 금융위기와 그 이후의 갈등에서 드러난 것처럼 양국의 상호의존적 관계 자체가 적대와 모순을 내재하고 있다. 따라서 급속한 탈동조화는 어려울 수 있지만, 장기적 차원에서 조정은 불가피할 것이다.

미중 패권경쟁은 어떤 양상으로 진행될 것이며, 세계질서의 진로에 어떤 영향을 미칠 것인가? 앞서 설명한 것처럼, 트럼프 시대를 거치면서 미국의 수정주의적 지향은 더 급진화됐으며, 이런 경향은 현재까지도 지속되고 있다. 게다가 미국은 현상을 변경하고 자국 중심의 질서를 형성할 수 있는 구조적 힘에서도 여전히 우위를 유지하고 있다. 바이든 행정부는 이를 바탕으로 중국을 강하게 압박하고 있으며, 동시에 경제회복을 위한 과감한 정책을 추진하고 있다.

중국의 경우 현상타파에 대한 유인이 미국만큼 크지는 않은 것으로 보인다. 미국이 구축한 질서에 편승해서 발전을 지속해 왔으며, 또 자국 중심의 질서를 확립할 수 있는 능력 또한 부족하기 때문이다. 그러나 양적 측면에서 양국의 경제적 격차가 지속적으로 좁혀지면서 중국이 미국의 확고한 경쟁자로 자리 잡은 것은 분명해 보인다. 또 미국의 공세가 강화되면서 질적 성장을 도모하고, 독자적인 세력권을 구축하려는 시도를 확대하기 시작했다.

최근 중국은 반중동맹에 대응하기 위한 군사훈련과 작전을 대폭 확대했다. 미국에 비해 비교우위에 있는 중거리 탄도미사일과 극초음속 미사일을 새로 개발해 실전배치했고, 이를 통해 미국의 미사일방어체계(MD), 핵항모의 동아시아 진입에 대응하고 있다. 또 G7과 NATO를 비판하면서 타이완, 신장, 홍콩, 남중국해 등 소위 핵심이익은 중국의 주권이 달린 문제이며, 양보 불가능한 레드라인이라며 매우 강경한 태도를 표명했다. 자신이 주도한 역내포괄적경제동반자협정(RCEP)을 통해 다자주의의 중요성을 강조하는 동시에, 환태평양경제동반자협정(CPTPP)에 가입신청을 하기도 했다.

기술, 인프라, 군사 부문에서 러시아와의 협력을 강화하고 있다는 사실에도 주목해야 한다. 화웨이는 러시아의 5G 네트워크 건설에 참여하고 있으며, 각종 인프라 건설에도 중국 기업들이 참여하는 방안을 논의중이다. 또 양국은 남중국해, 중국 서부 내륙, 서해, 동해에서 합동훈련을 실시하기도 했다. 특히 미국의 공세에 대항하는 이런 시도들이 소위 '중국 특색'에 대한 강조와 함께 공산당, 그리고 시진핑 개인으로의 권력집중과 동시에 나타나고 있다는 점은 중국이 수정주의 지향을 강화하고 미국과의 패권경쟁을 중·장기전의 차원에서 대비하고 있음을 보여주는 대목이다.

'투키디데스 함정'이나 '킨들버거 함정' 같은 재앙적 사례들이 미중 패권경쟁을 설명하기 위해 종종 동원되곤 한다. 그러나 미중 양국의 힘과 의도를 고려했을 때 두 경우 모두 미중관계를 설명하기에 적절하지 않아 보인다. 또 두 개념 모두 도전국의 능력과 의도를 중심으로 한 결정론의 편향을 띠고 있으며, 패권전쟁과 패권이행이라는 결론을 전제하고 그 과정에서 나타나는 갈등과 파국을 분석하려 했다는 한계가 있다.

미중 패권경쟁과 관련해서 또 하나 검토해 볼 수 있는 사례는 1980년대의 미국패권 변화 과정이다. 앞서 언급한 대로 당시의 상황은 2007~2008년 금융위기 이후의 상황과 유사한 점이 많다. 또 당시 미국이 일본에 요구했던 조치들은 금융위기 이후 중국에 요구하고 있는 것과 동일하다. 트럼프와 바이든의 중국 때리기 양상 또한 레이건 행정부의 일본 때리기와 유사하다. 중국이 어떤 방식으로 미국의 공세에 대응할지는 더 지켜볼 필요가 있다. 그러나 적어도 지금까지는 중국이 일본과 같은 경로를 선택하지 않으리라는 점, 따라서 미국 패권의 궤도 또한 1980년대 패권 쇄신의 과정과 다르리라는 점은 분명해 보인다.

미국의 능력 또한 중요한 문제다. 우선, 군사력을 제외한다면 미국 단독으로 중국을 압도할 만한 능력을 가지고 있지는 않다. 바이든 행정부는 2차 세계대전 이후 최대 규모의 경기 부양책과 공공인프라 투자를 바탕으로 경제적 역량을 회복하고 중국과의 경쟁에서 승리하겠다고 공언했다. 다른 국가들과 비교하기 힘든 지출규모는 기축통화 달러의 우위를 여실히 증명했다. 그러나 팬데믹으로 인한 경기침체, 그리고 기술경쟁의 특성으로 인해 단기간에 미국이 원하는 가시적인 결과가 나올지는 불분명한 상황이다. 미국이 가치에 기반한 동맹을 기술·생산 동맹으로 확장하려는 것도 바로 이 때문일 것이다.

이를 위해 바이든 행정부는 트럼프 행정부만큼이나 강경한 대중정책을 실행하면서도 동시에 '미국의 귀환(America is Back)'과 '정상으로의 복귀(Return to Normalcy)'를 외치면서 트럼프라는 이단, 트럼피즘이라는 비정상성으로부터 벗어날 것을 주장하고 있다. 그러나 자유주의적 패권으로서 미국의 위상을 복원하고, 이를 토대로 반중 연대를 구축하려는 이런 시도의 성공 또한 쉽지는 않아 보인다. 트럼피즘이 여전히 영향력을 유지하고 있는 상황이기 때문에 자유주의적 패권전략에 대한 국내적 합의가 형성되지 못하고 있다. 따라서 미국은 중국을 상대하기 위해 당분간 국내적 자원 동원보다는 외부로부터의 추출에 의존해야 할 가능성이 크다. 그러나 이러한 시도는 동맹국에게 과도한 부담을 주고 오히려 세계질서를 불안정하게 만들 가능성이 있다.

일례로 미국은 쿼드를 중국을 견제하는 공식적인 다자 안보제도로 발전시키려는 구상을 가지고 있지만, 쿼드의 위상이나 쿼드의 확대 전망은 여전히 불명확하다. 중국 경제의 위상을 고려했을 때 반중동맹이 어느 수준까지 확대될 수 있을지도 불분명하다. 이 때문에 독일, 프랑스, 이탈리아는 EU나 G7 차원에서 미국과 보조를 맞추면서도 중국과의 갈등을 자제해야 한다는 입장을 표명해왔다. 중국이 글로벌 반도체의 60%를 소비하고 있는 상황에서 한국과 타이완이 미국의 요구를 어느 정도까지 수용할 수 있을지도 미지수다. 파이브 아이즈, 그리고 오커스로 묶인 호주와 영국이 미국과 가장 큰 교집합을 갖는 동맹으로 평가된다. 그러나 최근 오커스를 둘러싼 논란에서 드러난 것처럼 이들과의 관계 강화는 EU, 일본 같은 다른 동맹과의 관계설정에서 문제를 야기할 가능성이 있다.

이러한 상황은 패권국 미국의 강력한 수정주의 전략으로 인해 세계질서의 불안정성이 심화되는 패권 불안정(hegemonic instability)의 상황이 도래할 위험이 있음을 보여준다. 1970~80년대에도 미국의 일방주의적 대외전략으로 인해 기존 국제 정치경제 질서가 해체되고 패권 불안정이 유발된 바 있다. 현재 미국과 중국의 상대적 국력과 패권경쟁의 양상을 고려한다면, 패권 불안정의 정도는 과거보다 더 클 가능성이 높고, 미국 패권의 진로는 더 불투명한 상황이라고 할 수 있다. 중국의 역량이나 수정주의적 의도에 따라 패권 불안정을 넘어 두 강대국의 패권경쟁이 세계질서를 위협하는 'G-minus-2'의 상황이 도래할 위험도 있다.

미중 패권경쟁은 '봉쇄' 혹은 '화해·교류'라는 단순한 해법이 적용될 수 없는 복잡한 쟁점을 내포하고 있다. 전자를 선택한다면 그 비용이 지나치게 커지고, 후자 또한 조건 없이 지속되기는 어려운 상황이기 때문이다. 이는 지금과 같은 교착과 갈등의 상황이 상당기간 지속될 가능성이 크다는 것을 시사한다. 미중 갈등의 주요 전장이며, 두 국가와 모두 밀접한 관계를 맺고 있는 동아시아 지역의 국가들, 특히 한국이 마주할 미래는 패권 불안정과 G-minus-2라는 두 경향 사이의 어떤 지점에 위치한 비관적인 미래로 보인다.

바이든–시진핑 시대 중국의 대외 전략 : 강대국과 주변국*

순리핑(孫麗萍)**

바이든–시진핑 시대는 트럼프–시진핑 시대의 연장선에 있다. 중미 양국의 전략적 사이클을 보면 이 시대는 여전히 미국의 상대적인 쇠락과 전략적 수축, 그리고 중국의 부흥과 부상의 주기(崛起週期)가 교차하는 지점에 있다. 신흥 강국으로서 중국은 역외 패권국인 미국의 독자적인 압박에 직면할 수 있으며, 미국과 중국 주변 국가들이 연합한 '연합 견제(聯合制衡)'에 직면할 수도 있다. 2021년 바이든 집권 이후 미국 정부가 중국에 취한 일련의 정책은 후자에 더욱 가까워 보인다. 만약 '연합 견제'가 실현된다면, 중국은 이에 어떻게 대응하여 중국 부상을 이뤄내고, 궁극적으로 중화민족의 위대한 부흥을 실현할 수 있을 것인가? 이는 바이든–시진핑 시대 중국 대외 전략의 핵심 문제이자 이 글의 핵심이기도 하다.

* 본 논문은 국가사회과학기금의 중대 프로젝트인 '비동맹운동의 문헌자료 정리, 번역 및 연구(1961~2021)'(프로젝트번호: 18ZDA205)와 지린대 '일대일로(一帶一路)' 전략하의 중국 기업의 해외 이익수호 연구(프로젝트번호: 2017-278)의 지원을 받았다.
** 지린대학교 공공외교학원 교수.

1. 기존 연구 검토 및 문제 제기

국내외 학계에는 부상국(崛起國)이 패권국의 '연합 견제'에 어떻게 대처할지에 대한 많은 연구들이 있다. 일부 학자들은 부상국이 합법화 전략으로 패권국 주도의 '연합 견제'를 회피하려 한다는 사실을 지적하고 있다.[1] 또 다른 학자들은 이원적 분석이라는 틀을 깨고 패권국과 부상국 이외의 '제3의 행위자'에 주목했고, '연합 견제'를 회피하는 방법으로 '쐐기 전략(wedge strategy)'과 '무력 억제' 등 전략을 제시했다.[2] 한편 부상국이 역외 패권국의 개입 및 역내 강대국들과의 경쟁 속에서 억제와 타협 등을 배합한 '복합 전략'을 활용하여 강대국의 견제를 피해야 한다는 연구 성과가 있는가 하면, 과학적이고 합리적으로 '부상의 경계(崛起邊界)'를 설정하여 핵심 경쟁 지역에 주요 자원을 집중하고 부상국의 부상과 밀접한 주변 지역을 관리해야 한다는 관점도 있다.[3]

문헌들에 대한 간략한 정리와 분석을 통해, 우리는 부상국이 역외 패권국과 지역 내 다른 행위자와의 '연합 견제'에 직면했을 때 채택하는 구체적인 전략에 대한 연구가 부족하다는 사실을 발견할 수 있다. 이 글은 이러한 지점을 보완 및 확장하려는 시도이며, 구체적으로는 부상국이 처한 국제 환경, 부상 목표의 시공간적 차원, 부상국의 국내 정치·경제 개혁 등 요소가 부상국이 어떤 정책을 채택하여 역내 경쟁 국가의 견제에 효과적으로

---

1) 孫學峰, 『合法化戰略與大國崛起』 (社會科學出版社, 2014), pp.106-137; Stacie E Goddard, "When Right Makes Might : How Prussia Overturned the European Balance of Power," *International Security* 33-3 (2008), pp.110-142.

2) Timothy W Crawford, "Preventing Enemy Colations :How Wedge Strategies Shape Power Politics," *International Security* 35-4 (2011), pp.155-189; 楊原, 「崛起國如何與霸權國爭奪小國?」, 『世界經濟與政治』 第12期 (2012).

3) 王震, 高程, 「崛起國對外策略中的大國與周邊」, 『國際政治科學』 5-1 (2020).

대응하려 하는지를 결정짓는 중요한 고려 사항이라고 간주한다.

2. 역사적 사례와 기본 가정

이 글은 역외 패권국의 개입, 역내 강대국 간의 경쟁하에서 부상국의 전략을 중점적으로 분석한다. 역사적으로 비스마르크 집권기의 독일 제2제국(1871~1890), 1920년대 일본의 시데하라(幣原) 외교(역자 주: 시데하라 외상에 의해 추진되었던 협조 외교를 의미)(1920~1927)는 모두 부상국이 역외 패권국과 역내 경쟁자의 견제에 성공적으로 대처한 사례다. 19세기 말과 20세기 초 독일과 일본의 엇갈린 역사 속에서 하나의 의미 있는 공통점을 발견할 수 있다. 바로 독일과 일본은 이 시기에 모두 부상국이었으며 이들은 모두 합리화 전략을 통해 대외적으로 직면했던 '연합 견제'를 성공적으로 해결했다는 사실이다. 그러나 두 나라는 합리화 전략을 고수하지 않고 불과 수년 만에 전략을 변경하여 무모한 전략을 선택함으로써 '부상의 딜레마(崛起的困境)'에 빠지기도 했다. 이 두 사례는 시공간적으로 차이가 있지만 전략적 성격이 유사한 역사적 사례이다. 이를 심층적으로 분석하는 일은 학문적인 의미와 더불어 '연합 견제'에 직면해 있는 부상국에 유의미한 시사점을 제공할 수 있다.

가설 1: 부상국이 직면한 국제 환경과 정책 결정자의 인식이 전략적 확장 또는 전략적 수축을 결정한다.

일반적으로 국가의 전략적 방향은 크게 전략적 수축과 전략적 확장의 두 가지 형태로 존재한다. 전략적 수축은 국내 정치를 중시하는 국가의 전략적 지향점이 축소돼 국제적 책임과 의무를 지겠다는 의지가 떨어지는 것을 의미하며, 전략적 확장은 이와 반대된 개념이다. 전략적 수축은 일반적으로 패권국이 상대적으로 쇠퇴할 때 취하는 전략으로 여겨지고 있지만, 국제관계사는 부상국도 자발적으로 전략적 수축을 선택할 수 있다는 것을 보여준다.

비스마르크 집권 시기의 독일 제2제국(1871~1890), 1920년대 일본의 시데하라 외교(1920~1927)는 모두 부상국이 능동적으로 수축 전략을 선택해 자신을 둘러싼 '연합 견제'에 성공적으로 대응한 사례이다. 1870~90년대 독일의 제2제국은 역외 패권국인 영국, 역내 경쟁자인 프랑스, 러시아, 프로이센, 오스트리아로 구성된 '연합 견제'에 부딪힐 상황에 놓였다. 또 일본은 1895년 갑오전쟁(역자 주: 청일전쟁) 이후 한반도를 통제함으로써 '해륙 복합형 대국'으로 거듭났는데, 갑오전쟁 이후 극동지역에서 일본의 영향력이 더욱 강력해지면서 역외 패권국인 영국과 역내 강대국인 미국은 '연합 견제'로 일본을 압박했다. 그리고 이 국가들은 수축 전략을 택했다. 그렇다면 신흥 대국이었던 독일과 일본은 왜 수축 전략을 통해 역내외에서 발생한 전략적인 압박에 대처하려 한 것인가?

국제 환경은 부상국의 전략적 선택에 있어 가장 중요한 요소이다. 주요 강대국 간의 정치·경제 관계는 국제 환경에 중요한 영향을 미치며 국제정세 변화는 국제 환경을 관찰할 수 있는 중요한 지표이다. 일반적으로 국제 질서가 안정되고 주요 대국 간의 정치·경제 관계가 안정적으로 발전하는 것은 국제 환경의 포용성이 상승했다는 것을 의미한다. 국제 환경의 포용성이 높아지면, 각국 간의 협력은 더욱 용이하고, 전략적 확장을 선택할 가능성이 크다. 반대로 국제 환경의 경쟁이 치열해지면 국가 간 협력은 어려워지고, 각국의 전략적 선택은 전략적 수축으로 이어질 가능성이 크다.

　1871년 독일의 통일은 유럽의 힘의 구조를 근본적으로 변화시켰다. 영국, 러시아, 오스트리아-헝가리 제국 등 강대국들로 하여금 독일의 추가적인 팽창을 우려하게 만들었다. 주요 강대국 간의 관계가 불안정하게 바뀌면서 상대적으로 안정되었던 유럽의 균형 질서는 독일 통일로 말미암은 도전 앞에 놓이게 된다. 패권국 영국은 독일이 우위를 확보하여 세계 패권을 노릴 것을 우려했다. 1872년 베를린 회의 이후 러시아는 영국과 마찬가지로 독일의 전통적인 반프랑스 동맹에서 프랑스 지지 국가로 바뀌기 시작했다. 독일에 패배한 프랑스와 오스트리아는 독일의 부상에 더욱 적대적일 수밖에 없었다. '대국 부상'에 대한 회의를 갖고 있던 비스마르크는 『생각과 회상』이라는 정치적인 성격의 회고록에서 국가의 강대함이 가져오는 위험성을 중점적으로 지적하며 독일인들에게 다른 강대국과의 관계를 조심스럽게 다뤄야 한다고 거듭 당부했다. 비스마르크는 통일 독일에 대해서도 실용적 입장을 지니고 있었는데, "독일은 유럽대륙에 존재하는 강국이므로, 다른 강대국들이 용인하는 수준에서의 상대적 우위를 가질 수 있다"는 것이었다. 실제로 독일 통일 후 비스마르크는 수축 전략을 통해 육군 발전을 군사력의 중점으로 삼았고, 외교적으로 복잡한 연맹 체계를 통해 유럽 대륙의 '불균형한 다자간 세력 균형'에서 우위를 유지하는 데 전념했다. 구체적으로, 비스마르크는 러시아·오스트리아·프로이센 삼황(三皇)동맹, 독일, 이탈리아, 오스트리아 3국 동맹, '재보장조약(Reinsurance Treaty, 1887년에 독일과 제정 러시아가 맺은 비밀 조약)' 등을 이용해 역내 대국들의 '연합 견제'라는 위험에서 벗어나려 했다. 독일 통일 초기 촉발된 의구심과 이에 대한 대비는 1878년 베를린 회의 이후 점차 줄어들었고, 질서의 전복자가 될 가능성이 높았던 독일은 오히려 질서의 수호자가 돼 유럽 질서를 보장하게 됐다.

1차 세계대전 후 일본은 극동지역에서 강대국으로 성장하며 지역 세력 균형을 깨뜨렸다. 일본은 제1차 세계대전 이후 중국에서 경제 확장을 강화함과 동시에 해군력을 더욱 확장했다. 일본의 해군 군비 지출은 1917년 5,500만 달러에서 1921년 245억 달러로 일본 전체 국가 재정 예산의 3분의 1을 차지했다. 전후 이민으로 인한 인종문제와 중국문제, 해군력 문제로 일본과 미국의 갈등이 더욱 심화되었다. 미국은 영국과 연대해 극동지역에서의 일본의 확장을 억제하려 했다. 영국과 미국의 '연합 견제'를 해결하는 것이 일본 정부가 직면한 외교적 문제가 됐다. 하라타카시(原敬) 총리를 비롯한 자유주의자들은 일본의 패권적 지위와 안보는 무역과 투자를 통해 얻을 수 있으며 일본은 식민 강대국이 아닌 무역 대국이 되어야 한다고 주장했다. 하라타카시 내각은 전략적 수축과 '조정외교'를 골자로 한 대미·영 친선외교를 채택해 긴장이 고조되고 있는 미국과의 양자관계를 능동적으로 풀어나갔다. 1922년 워싱턴 회담에서 일본 측 수석대표로 참여한 가토 도모사부로(加藤友三郎)는 해군 내부의 날카로운 비판 속에서도 자국의 주력함 숫자를 미국과 영국 해군의 60%로 제한하는 안을 수용하며 워싱턴 체제 형성을 이끌었다. '조정외교'의 가장 큰 성과는 일본이 1차 대전 종전 후 직면했던 국제적 고립이라는 불리한 상황에서 벗어나고 경쟁으로 인한 외부 압력을 완화한 데 있다.

가설 2: 부상국이 역외 패권국과 역내 강대국의 '연합 견제'를 성공적으로 회피하기 위해 가장 중요한 것은 국가의 영향력을 확대하는 시간과 공간적 목표를 합리적으로 설정하는 것이다.

시간과 공간은 전략 계획의 본질적인 요소다. 전략적 목표에 대한 시간적 차원의 중요성은 의사결정자가 합리적인 전략 순서를 결정하고 이에 따른 전략적 단계를 결정할 수 있도록 한다. 확립된 전략적 호흡과 절차는 행위 주체의 자원 동원력과 외압의 정도에 영향을 미칠 것이다. 부상국에 대한 공간적 차원의 중요성은 의사 결정자가 합리적으로 '부상의 경계(崛起邊界)'를 설정할 수 있도록 한다. 합리적이고 과학적으로 설정한 '부상의 경계'를 통해 부상국은 역외 패권국과 지역 경쟁자가 가져오는 도전과 위협에 집중할 수 있다는 것이다. '부상의 경계'는 부상국의 '억제' 전략의 구현일 뿐만 아니라, 주도적으로 전략 자원을 역내에 배치해 역내 주도권이라는 단계적 목표 달성에 집중할 수 있다. 부상국의 경우 강대국 경쟁의 전선인지 아닌지에 따라 핵심 지역을 주요 전략 방향과 차선 전략 방향으로 분류하고, 예상되는 '연합 견제'를 각기 다른 방향에서 풀어낼 수도 있다.

가설 3: 국내 정치 · 경제 개혁은 부상국의 전략적 수축과 '연합 견제' 해소를 성공적으로 이행하기 위한 핵심 변수이다.

국내 개혁은 대국의 전략적 역량 및 역동성과 관련되어 있을 뿐 아니라 부상국의 전략적 수축에서 가장 의지할 만한 수단이기도 하다. 의심의 여지없이 부상국은 전략적 수축을 통해 탄력적인 시간적 목표와 상대적으로 유리한 국제 환경을 얻을 수 있다. 부상국의 전략적 수축에는 반드시 그에 상응하는 국내 개혁이 뒤따라야 한다. 즉, 부상국은 전략적으로 마련한 자기발전(自我塑造)의 기회를 이용하여 물질, 제도, 기술, 지식 등의 기초적인 요소를 조정하고, 이를 통해 새로운 시대의 세계정치 흐름에 부합하는 저비용, 고효율의 강대국 경쟁 모델을 형성할 수 있다. 여기서 짚고 넘어가야 할 점은, 전략적 수축을 채택한 부상국의 국내 개혁이 종종 소수 집단의 이익에만 영향을 미치거나 쇼비니즘적 수렁에 빠질 수도 있다는 것이다. 또한 통상 전략적 수축에 대한 국내 지지기반은 약하기 마련이라는 점 및 그로 인해 지도자들의 집권 기반이 공고해지기 어렵다는 딜레마도 존재하는데, 따라서 이 과정에서 국내 개혁을 추진하는 지도자들의 전략적 결단력과 추진력은 시험대에 오르게 될 것이다.

3. 중국의 대외전략: 전략적 수축, '부상의 경계 설정', 그리고 국내 개혁

개혁개방 이후 40여 년의 발전은 오늘날 중국을 세계 1위의 신흥 대국으로 만들어 주었다. 2017년 중국공산당 제19차 전국대표대회는 중국 사회주의가 새로운 시대로 접어들었고 중국 외교도 강대국 외교라는 새로운 시대에 진입했음을 발표했다. 2021년 중국의 강대국 외교는 새로운 길을 열었다. 중국공산당 창립 100주년을 맞아 중국은 빈곤 퇴치 사업에서 전면적인 승리를 거두었고, 14차 5개년 규획, 즉 '두번째 100년 목표'를 향한 원년을 열었다. 중국이 신흥 강국으로 부상하는 중요한 시기에 역사적으로 강대국의 부상이 초래한 역외 패권국과 역내 강대국의 '연합 견제'를 어떻게 피할 것인가는 바이든-시진핑 시대 중국 외교 전략의 피할 수 없는 문제가 되었다.

그러나 2000년대로 접어든 이후 테러와의 전쟁, 금융위기, 코로나19 팬데믹 등이 미국의 국력에 큰 충격을 주었고, 미국이 지배해 온 서방식 국제질서는 도전받고 있다. 2021년 바이든 집권 이후 미국 정부는 '가치관 외교'[4]

---

4) 역자 주: 이데올로기를 중심으로 국가들을 줄세우기하는 외교를 지칭.

방침 아래 소다자주의(minilateralism)를 통해 중국에 대한 전방위적인 견제를 전개하고 있는데, 가장 눈에 띄는 점은 미·일·인도·호주 간 인도·태평양 전략을 강화하여 중국을 억제하는 지정학적 전선을 구축하려는 것이다. 인도·태평양 지역 군사 동맹을 강화함으로써 나토(NATO)를 인도·태평양 지역으로 확대하고, 경제적으로는 미국, 일본, 대만으로 이어지는 반도체 산업 사슬을 재건하여 '가치관 외교'의 전방위 전략을 구사하고 있다. 또한, 대만 문제, 남중국해 문제, 홍콩 문제, 신장 문제 등 중국의 핵심이익에 대한 위기를 끊임없이 조성하고 있다. 중국과 미국은 기후변화 대응에 있어 어느 정도 협력하고 있지만 이러한 제한적 협력은 양국 간의 경쟁과 복잡하게 얽혀 병행되고 있다. 중국 학자 스인홍(時殷弘)은 바이든 정부의 대중국 정책 강령을 다음과 같이 정리하고 있다. "중국은 미국에게 있어 단기, 중기, 장기적으로 전면적인 '적대적 위협'이자 라이벌이며, 미국의 목표는 중국과의 경쟁에서 그냥 이기는 것이 아니라 완전한 승리를 거두는 것이다."

바이든-시진핑 시대 중미관계와 주변 안보 상황이 악화됐다는 사실은 강대국으로 부상하고 있는 중국에게 국제 체제에 대한 압박이 크게 증가했다는 것을 의미한다. 중국 국내 학계는 아직 중국 대외 전략의 비용과 이익에 대해 합의에 이르지 못했으며, 일부 학자들은 중국 외교에 '전략적 적자(戰略透支, strategic overdrawing)'의 위험이 증가하고 있으며, 전략 조정이 시급하다고 보고 있다. 일부 학자들은 장기적으로 상대적인 전략적 신중함과 전략적 억제, 전반적으로 안정적인 높은 수준의 경제 발전으로 인해 중국은 아직까지 대내외 압력을 완화하기 위해 전략적 수축이 필요한 상황에 도달하지 않았다고 생각한다. 하지만 국제관계 역사에서, 특히 독일과 일본이 강대국으로 부상하는 과정에서 전략적 수축을 선택한 이유는 강대국 관계와 국제질서가 불안정한 상태였기 때문이다. 최근 코로나19로 인해 글로벌 경제가 마이너스 성장을 하고, 주요 강대국의 게임이 심화되며 국제 협력을 이뤄내기 어려운 상황이다. 이런 상황 속에서 중미 양국의 장기적 전략 경쟁과 민족의 위대한 부흥이라는 장기적 목표에 대응한다는 점에서 국가의 지속적인 부상을 위한 전략적 수축은 중국이 주도적으로 전략적 기회를 창출하고 연장하는 데 도움이 된다.

중국 부상이라는 시간적 목표에 관해, 중국 공산당 제13차 전국대표대회는 '3단계(三步走)'전략을 제안했고 제15차 전국대표대회는 '두 개의 백년' 목표를 제안한 바 있다. 이 두 가지 목표는 1980년부터 2049년까지의 중국 국가발전 전략을 포괄하고 있다. 이 대전략의 궁극적인 목표는 중국이 2049년 사회주의 현대화 강국으로 도약하는 것이다. 여기에 제19차 전국대표대회는 '2035년 사회주의 현대화의 실질적 실현'이라는 중간단계적 목표를 추가했다.

부상의 공간적 목표에서 보면, 전략적 수축을 전제로 중국과 아세안 10개국이 중국 주변 지역의 질서와 판도를 유지하는 데 같은 이해를 갖고 있어 미국의 봉쇄에 맞서 중국이 의지할 수 있는 중요한 힘이 될 수 있다. 따라서 아세안 국가는 중국 주변국 외교의 최우선 방향이다. 중국은 동아시아 협력에서 아세안의 중심적 위치를 확고히 지지하고 아세안이 개방적이고 포용적인 역내 구조를 구축하는 데 더욱 큰 역할을 발휘하도록 지원하고 있다. 또한 중국은 적당한 전략적 수축을 취하고 '온화한 거인'인 러시아와의 전략적 협력 동반자 관계를 강화해야 한다. 이와 동시에, 인도와 역사적 화해를 적극적으로 달성하고 작은 이웃 국가들이 전략적 무분별성으로 인해 안보 위협을 느끼지 않도록 하며, '일대일로' 구상 및 관련 투자 지원 활동의 잠재적 리스크도 신중하게 평가하고 통제해야 한다. 이로써 미국과 일본이 중국 주변에서 중국의 부상을 견제할 수 있는 동맹자를 찾을 가능성이 낮아질 것이다. 결국 주변 강대국인 인도와의 전략적 대립을 완화하는 한편 남중국해 문제와 대만 문제로 인한 위기관리를 강화하기 위해 어떤 외교적 수단을 활용할 지가 향후 중국이 역외 패권국과 역내 강대국의 '연합 견제'를 해소하기 위한 중점 과제가 될 것이다.

바이든-시진핑 시대 중국의 대외 전략에 있어 국내 경제 개혁은 대외 전략 성공의 두터운 초석이다. 일반적으로 전략적 수축의 배경에 있는 신흥 국가는 국내 개혁에서 기존 경쟁 모델에 대한 비용 평가를 강화해 국내 경제개혁이 신흥 전략경쟁 분야로 향하도록 유도하고 관료체제에 대한 필요한 조정을 통해 새로운 전략적 경쟁에 부합하도록 해야 한다. 2020년 중국공산당 19기 5중전회는 '2035년 국민경제와 사회발전을 위한 14차 5개년 규획 수립에 대한 중국공산당 중앙위원회의 건의'를 통해 국내 대순환을 주축으로 한 국내외 '쌍순환'을 촉진하는 새로운 발전 구도의 구축을 가속화했다. '쌍순환'이라는 새로운 구도의 본질은 개혁이다. 하나는 내부적으로 경제체제 개혁을 심화하는 방안이며, 다른 하나는 대외 개방을 확대하는 방안이다. 향후 40년 혹은 반세기 동안 중국 경제발전의 핵심 동력은 '쌍순환 상호 촉진'에 있을 것이다. 내순환이 외순환을 이끌고 국내 시장경제의 고부가가치화가 더 양질의 대외 개방으로 이어지기 위한 전제조건으로서 중국 시장을 더욱 흡인력 있게 만들어야 하고, 높은 수준으로 발전한 외순환이 중국 특색 사회주의 시장경제를 지속적으로 개선하고 발전하도록 해야 한다. 또한 국내적으로는 개혁을 대대적으로 추진하고 혁신 능력과 사회 활력을 높여 국유기업의 효율을 향상시키고 법치와 사회공정을 갖춰야 할 것이다.

2021년은 중국이 강대국 외교의 새 길을 연 해이자, 바이든-시진핑 시대의 원년이기도 하다. '백년만의 대변국'과 코로나19사태가 얽혀있는 복잡한 국제 환경에 맞서, 중국 외교는 전략적 역량을 유지한 채 적절한 전략적 수축과 조정을 실시하여 과학적이고 합리적인 기준으로 '부상의 경계'를 설정하고, 이와 함께 국내의 경제 및 사회 개혁을 추진해 위기 속에서 새로운 기회를, 변화 속에서 새로운 기회를 가져올 필요가 있다.

바이든 행정부의 인도·태평양 전략

김지운(金智雲)*

미국은 2021년 8월에 있었던 아프가니스탄 철군을 전후하여 그 정당성의 근거로 일관되게 중국을 언급한 바 있다. 즉, 바이든 대통령은 3차례에 걸친 담화문을 통해, 점차 더 공세적인 중국과의 전략적 경쟁에서 미국이 힘을 모으려면 중국이 원하는 대로 다가오는 10년 동안 계속 아프가니스탄의 수렁에 빠져있을 수는 없다고 역설한 것이다. 이는 일면 미국이 '과잉확장(overstretch)'에 따른 부담을 느낄 만큼 그 패권이 쇠락하기 시작했다는 신호일 수도 있지만, 더 쇠락하기 전에 부상하는 중국과의 경쟁에 집중하여 우위를 확보해야 한다는 강박의 표출로 해석될 수도 있다. 기실 바이든은 2020년 대통령 선거운동 기간 지속적인 '중국 때리기(China bashing)'를 통해, 그리고 2021년 1월 공식 집권한 후 인도·태평양 전략의 확대, 강화를 통해 중국을 표적으로 하는 외교정책을 펼쳐왔다.

* 충남대학교 정치외교학과 교수.

아래에서는 이러한 배경 속에 1) 미국의 인도·태평양 전략의 의미와 목적을 간단히 정리하고, 2) 바이든 행정부가 인도·태평양 전략을 어떻게 전개하고 있는지 분석한 후, 3) 본 전략의 지속 여부에 대해 전망해 본다.

1. 인도·태평양 전략의 의미와 목적

인도·태평양 지역은 세계 인구의 반 이상과 세계 GDP의 약 60%를 차지하고 있다. 상비군 규모로 봤을 때 세계 10대국 가운데 7개국이 그리고 세계에서 가장 붐비는 10대 항만 가운데 9개가 위치한 지역이기도 하다. 무엇보다, 세계 해상무역의 60%가 지나가는 길목이며 미국 수출 가운데 1/4의 기착지이다. 인도·태평양 전략은 이러한 이 지역의 전략적·경제적 가치를 지키기 위해 이 지역을 소위 '자유롭고 개방적으로(free and open)' 유지하려는 미국의 노력이다. 특히, 남·동중국해와 대만 해협 등에서 보이는 중국의 공세성, 서태평양에서 중국의 '반접근·지역거부(anti-access area denial, A2/AD)' 능력의 제고, 나아가 중국의 지역 패권주의 강화에 대한 미국의 전략적 대응이다.

2. 바이든 행정부의 인도·태평양 전략

1) 미국의 대중(對中) 전략 계승

바이든 행정부는 예상과 달리 트럼프 행정부의 인도·태평양 전략을 적극적으로 계승했다. 물론 트럼프 행정부의 인도·태평양 전략은 오바마 행정부의 대아시아 정책 즉, '아시아로의 회귀(Pivot to Asia)' 또는 '아시아 재균형(Rebalance to Asia)' 정책에 그 연원이 있다. 다시 말하면, 바이든 행정부의 인도·태평양 전략은 지난 10여 년 동안 미국이 견지해온 정책의 연장이라고 할 수 있다. 그리고 그 전략의 핵심 대상은 중국이고 핵심 내용은 동맹·파트너와의 대중 네트워크 강화로 요약될 수 있다.

구체적으로, 트럼프 행정부는 2017년 12월 〈국가안보전략〉(National Security Strategy, NSS)과 2018년 1월 〈국방전략〉(National Defense Strategy, NDS)에서 중국을 인도 서쪽으로부터 미국의 서해안에 이르는 인도·태평양 지역의 지정학적 경쟁자 또는 수정주의 세력으로 규정했다. 이후 2019년 6월 〈인도·태평양 전략 보고서〉(Indo-Pacific Strategy Report)와 11월 〈자유롭고 개방된 인도·태평양〉(Free and Open Indo-Pacific, FOIP)에서 인도·태평양이 미국의 주 전구(戰區)이며 동맹·파트너와의 협력이 이 지역의 도전에 맞서기 위한 핵심임을 강조했다. 더불어, 2018년 2월, NSS의 실행지침이라 할 수 있는 〈미국 인도·태평양 전략 틀〉(U.S. Strategic Framework for the Indo-Pacific)에서 2017년 11월 트럼프가 아시아 순방 시 부활시킨 미국, 일본, 호주, 인도 4개국 간의 '쿼드(Quadrilateral Security Dialogue, Quad)'를 이 지역의 중추적 안보협의체로 만들고자 하는 의도를 명시하였다.

바이든 행정부는 이러한 일련의 움직임을 매우 유사하게 반복해 왔다. 즉, 2021년 3월 〈국가안보전략잠정지침〉(Interim National Security Strategic Guidance, INSSG)을 통해 중국을 국제체제에 도전할 잠재력을 지닌 유일한 경쟁자로 특정했다. 같은 달, 블링컨 국무장관과 오스틴 국방장관은 외교·국방(2+2)장관 회의를 위한 한국과 일본 방문을 앞두고 〈워싱턴포스트〉 기고문을 통해 자유롭고 개방된 인도·태평양이 미국의 이익임이 확실하며 미국의 동맹은 중국의 위협에 대한 '전력 승수(force multipliers)'라고 강조했는데, 이러한 어구는 2018년 〈NDS〉에 등장하는 표현 그대로이다. 한편, 설리번 국가안보보좌관은 역시 같은 달 있었던 쿼드 첫 정상회의 후 기자회견을 통해 이제 쿼드는 인도·태평양의 매우 중요한 구조물이 되었다고 한 바 있다.

2) 차별화

이처럼 바이든 행정부는 트럼프 행정부의 인도·태평양 전략을 계승했을 뿐만 아니라 나아가 아래와 같이 그 전략을 확대·강화하고 실천해 왔다.

(1) 외교 대상과 영역의 확장

트럼프 행정부가 동맹·파트너와의 협력을 책임과 부담을 분담하는 것으로 규정하며 사실상 '미국 우선주의(America First)'를 택했던 반면, 바이든 행정부는 미국의 대중 인도·태평양 전략을 위해 아시아는 물론 유럽의 동맹·파트너에게까지 적극적으로 다가갔다. 예를 들어 2021년 미일 정상회담(4월), 한미 정상회담(5월)은 물론 G7(플러스 4) 정상회담(6월), NATO 정상회담(6월), 미-EU 정상회담(6월) 등에서 공동성명을 통해 중국에 대한 우려와 자유롭고 개방된 인도·태평양의 중요성을 피력해 왔다.

쿼드 관련, 3월에 화상으로 처음 개최된 정상회담 참석자들은 공동성명뿐 아니라 〈워싱턴포스트〉 공동기고문을 통해 자유롭고 개방된 인도·태평양에 대한 의지를 천명했다. 대면으로 진행된 9월 정상회담에서는 자유롭고 개방된 인도·태평양이 공동의 안보와 번영의 토대임을 재천명하며, 지역의 평화와 안정을 위한 노력을 배가할 것이라고 선언했다. 또한 인프라,

반도체, 5G, 사이버 그리고 우주 영역 등에서의 협력 의지 또는 협의체 구성안을 밝혔다.

한편 바이든 행정부는 쿼드 대면 정상회담이 있기 약 열흘 전 영국, 호주와 더불어 인도·태평양 지역의 안보 협력 강화와 정보·기술 공유를 위한 또 하나의 안보 협의체로 그들 국가명을 딴 '오커스(AUKUS)'를 발족시켰다. 주목할 점은 오커스가 밝힌 첫 사업이 호주의 핵 추진 잠수함 개발을 위한 기술 지원이라는 것이다. 호주의 핵 추진 잠수함 보유는 인도·태평양에서 미국과 그 동맹 세력의 대중국 견제력을 크게 강화할 것으로 평가된다.

또한 미국은 동맹국인 한국도 대중 다자 틀에 포함하려는 움직임을 간접적이지만 파상적으로 보여 왔다. 예를 들어, 2021년 1월 〈포린 어페어스〉(Foreign Affairs)에서 커트 캠벨 인도·태평양 조정관은 장차 백악관 국가안보회의 중국 국장이 될 러쉬 도시와 함께 특정 사안을 위한 맞춤형 대중 연합으로 한국 등 10개 민주국가가 포함된 'D10(Democracy 10)' 안을 언급한 바 있다. 5월 개최된 한미정상회담에서는 미국의 의제라 할 수 있는 쿼드 등 지역 다자주의의 중요성, 남중국해 및 대만 해협에서의 평화와 안정, 인권 및 법치 증진 등이 언급된 공동성명이 채택되기도 했다. 9월에는 미국 하원 군사위원회가 미국 포함 5개국 간 기밀 정보 공유 동맹인 '파이브 아이즈(Five Eyes)'에 한국 등 4개국을 추가할 것을 검토하라는 지침을 통과시킨 바 있다. 무엇보다 한미 동맹 또는 주한미군의 역할 범위가 인도·태평양으로 확장될 수 있음을 시사하는 발언들이 이어졌다. 2021년 7월 취임한 라카메라 주한미군 사령관은 5월 상원 인사청문회에서 한반도를 넘은 한미 동맹의 협력과 지역적 위협에 대한 주한미군의 도움에 대해 낙관적 전망을 드러냈다. 9월에는 위에서 언급된 하원 군사위원회가 주한미군이 인도·태평양 안보를 위해 중요한 지원 플랫폼이 되어야 한다는 입장을 분명히 했다.

(2) 가치의 강조

 이상과 같이 확장된 대중국 외교 전선에서 바이든 행정부는, 미국의 이
익을 전면에 내세웠던 트럼프 행정부와 달리, 미국의 가치를 중심으로 대
중 단결할 것을 호소해 왔다. 예를 들어, 바이든은 2021년 2월 뮌헨안보회
의 특별회의와 3월 INSSG에서 세계는 민주주의와 권위주의 사이의 변곡점
에 놓여 있다고 진단하며 미국은 동맹·파트너와 함께 부상하는 권위주의
체제(중국)를 억제하고 민주주의를 회복시켜야 한다고 했다. 로라 로젠버거
국가안보회의 중국담당 선임국장은 2020년 12월 〈포린 어페어스〉를 통해
가치가 미국 또는 민주주의 국가들의 힘이자 권위주의 체제에 대한 주요한
비교우위라고 한 바 있다. 바이든은 그의 대선 공약에 따라 임기 1년이 지
나기 전인 2021년 12월에 '민주주의를 위한 정상회의(Summit for Democracy)'
를 개최할 예정이다. 이러한 발언들과 계획은 인권을 포함한 민주적 가치
를 내세워 대중 억제 또는 규제의 정당성 또는 정치적 명분을 확보하려는
미국의 노력이라 하겠다.

(3) '일대일로' 대안 프로젝트의 확대

 트럼프 행정부는 2019년 11월 〈FOIP〉에서 인도·태평양 지역의 인프라
개발을 지원하기 위한 일련의 프로그램들을 발표했다. 같은 달, 미국은 일
본, 호주와 함께 일종의 인프라 프로젝트 인증제도라고 할 수 있는 '푸른 점
네트워크(Blue Dot Network, BDN)'를 발족시키기도 했다. 바이든 행정부는
2021년 6월 OECD를 통해 첫 BDN 경영자문단 회의를 개최함으로써 트럼프
시기 만들어진 BDN을 재가동시켰을 뿐만 아니라, 나아가 같은 달 열린 G7
정상회담을 통해 중국과의 전략적 경쟁을 위한 구체적 행동으로 '더 나은
세계 재건(Build Back Better World, B3W)' 계획을 발표했다. B3W는 2035년

까지 개발도상국들의 인프라 구축을 위해 수천억 달러를 투자한다는 계획으로, 중국의 일대일로에 맞서는 또 하나의 '마셜 플랜'으로 평가된다.

(4) 대중국 군 예산 증가

미 의회는 트럼프 임기 말인 2021년 1월 '2021 국방수권법안(National Defense Authorization Act)'의 일부로 '태평양 억지 구상(Pacific Deterrence Initiative, PDI)'을 신설했다. 인도·태평양 지역의 적대적 위협에 대한 미국과 그 동맹·파트너의 능력을 높이기 위한 본 구상은 당해(회계연도) 관련 예산으로 22억 달러를 별도로 책정했다. 바이든 취임 후 2021년 5월에 발표된 2022년 PDI는 해당 예산을 51억 달러로 두 배 이상 증액했다. "미 국방부는 중국을 제1의 추격자·도전자로 우선시하고 있다"는 문장으로 시작하는 본 구상은 전체 예산의 76.8%를 해군에, 특히 선박 건조와 개조에 57.3%를 투자하는 계획을 담고 있다.

(5) 대중국 조직 확대 개편

바이든 행정부는 국가안보회의 내에 인도·태평양 조정관 자리를 신설하고 오바마 행정부 시절 국무부 동아태 차관보로서 '아시아로의 회귀' 정책 수립을 주도했던 캠벨을 지명했다. 현재 인도·태평양팀은 국가안보회의 내 지역팀들 가운데 최대 규모로 알려져 있다. 또한 캠벨이 차관보 시절 부차관보로 함께 일했던 로젠버거를 역시 신설된 국가안보회의 내 중국 담당 선임국장 자리에 앉혔다. 국방부 내에는 한시적이긴 했지만 2021년 2월부터 6월까지 일라이 래트너가 이끈 '중국 태스크포스'가 존재했었다. 래트너는 바이든이 부통령일 때 그의 국가안보 부보좌관이었으며 현재 국방부 인도·태평양 안보담당 차관보를 맡고 있다.

3. 전망

향후 미국의 공세적 인도·태평양 전략은 아래와 같은 이유로 상당 기간 지속 강화될 것으로 전망된다.

1) 미국의 대중국 3불: 불안, 불만, 불신

미국은 구조적으로 미중 간 상대적 힘의 격차가 빠르게 좁혀지는 것에 대해 '불안'해하고 있는 것으로 보인다. 즉, 미국은 중국의 부상으로 그 패권적 지위를 상실할 수 있다는 우려를 하는 것이다. 구매력으로 평가한 GDP에 있어 중국이 이미 7년 전 미국을 추월한 것, 중국의 군함 수가 미국의 군함 수보다 많아졌다는 것 등은 주지의 사실이다. 한편, 미국은 중국과의 비대칭 상호의존, 즉 불공정 또는 불균형한 경제관계가 자국의 중산층에게 피해를 주고 있는 것에 대해 '불만'을 가지고 있다. 예를 들어, 2020년 상품무역에 있어 미국의 적자는 역대 최고치인 9,158억 달러였는데 그 가운데 중국에 의해 초래된 적자 비율은 33.8%였다. 물론, 미국은 중국에 대해 뿌리 깊은 '불신'을 이어오고 있기도 하다. 즉, 정체성에 있어 중국을 매우 이질적인 권위주의적 체제로 인식하는 것이다.

2) 대중국 담당 고위직의 경직된 인식

예를 들어, 래트너는 2019년 1월 상원 군사위원회에서 미국은 중국과의 경쟁에서 지고 있다고 자신의 의견을 진술한 바 있다. 일찍이 2018년 봄 래트너와 쓴 〈포린 어페어스〉 글에서 중국에 대한 희망적 사고를 버려야 한다고 했던 캠벨은 2021년 5월 스탠포드 대학에서 중국과 관여(engagement) 하던 시기는 끝났다고 선언하기도 했다. 그의 피후견인으로 통하는 도시는 당해 7월 그의 박사 논문을 기반으로 〈오랜 게임: 미국의 질서를 대체하려는 중국의 대전략〉(The Long Game: China's Grand Strategy to Displace American Order)을 출간하여, 중국이 미국의 지역 그리고 세계 패권을 대신하고자 길고도 치밀한 게임을 해오고 있다는 주장을 폈다. 참고로 래트너와 도시는 미국의 대중 불만이 가중되던 시기에 그들의 커리어를 시작했기에 일정 정도의 반중 정서를 내재하고 있을 것으로 추측된다.

3) 대중국 전선에 있어 민주당과 공화당의 초당적 협력

예를 들면, 양당은 PDI를 포함하고 있는 '2021 국방수권법안,' 2021년 5월 상원 외교위원회가 중국 공산당의 악영향에 대응하고자 4년간 12억 달러의 예산을 책정한 '2021 미국 전략적 경쟁법(U.S. Strategic Competition Act),' '2021 미국 전략적 경쟁법' 포함, 상원에서 발의된 6개 대중 지정·지경학적 법안들을 망라한, 5년간 최소 2,000억 달러 예산의 '2021 미국 혁신 경쟁법 (U.S. Innovation and Competition Act)' 등을 잡음이나 상호 갈등 없이 처리해오고 있다.

4) 반중 여론

흔히 외교는 국내 정치의 연장으로 해석된다. 예를 들어 국내 여론을 무시한 외교를 전망하기는 어렵다. 미국 내 반중 정서는 크며 이에 따라 미국의 대중 공세가 지속될 것으로 전망하는 이유다. 실제로, 갤럽 조사에 따르면, 2020년에서 2021년 사이 중국을 가장 큰 적으로 보는 미국인 비율은 22%에서 45%로 두 배 이상 증가했다. 러시아에 대한 비율이 23%에서 26%로 증가한 것과 비교하면 대폭 증가라 할 수 있다. 또한, 퓨 리서치 센터의 대중 감정온도 조사에 따르면 100도를 최대치로 했을 때 50도 미만을 표시한 미국인 비율이 2018년 46%에서 2021년 67%로 증가했다. 물론, 2021년 현재, 50도 미만을 표시한 공화당원 또는 공화당계만의 비율은 79%, 민주당원 또는 민주당계만의 비율은 61%로 소속(감을 느끼는) 당에 따라 대중 온도 차이는 있지만, 두 그룹 모두 그 비율에 있어 지난 3년간 각각 22%와 23%의 큰 증가를 보였다. 무엇보다 인권 문제에 있어서는 초당적 합의를 보여주었다. 예를 들어 72%의 공화당원/계와 69%의 민주당원/계가 "미국은 (미중) 경제관계를 해치더라도 중국의 인권을 개선해야 한다."라고 응답했다.

인도·태평양 재균형과 '일대일로'

쉐리(薛力)*

코로나 팬데믹이 국제 정세를 바꾼 것은 아니지만 지역화, 탈세계화(半球化), 문명경쟁 등 국제 정세 변화의 조짐이 일고 있다. 인도·태평양 지역의 경우 코로나 사태 이후 인도·태평양 재균형 전략과 '일대일로' 이니셔티브 사이의 경쟁 관계가 뚜렷해졌다. 따라서 인도·태평양 재균형 전략의 성격을 정확히 파악하는 것은 중국이 코로나 팬데믹의 영향 아래에서 '일대일로'의 세밀한 그림(工筆劃)을 어떻게 그릴 것인지에 있어 중요한 의미를 지닌다.

인도·태평양 재균형 전략의 성격을 놓고 학계에서 보편적으로는 '미국의 대중국 신전략'으로 보고 있지만 학자에 따라서는 세밀한 차이가 있다. 첫 번째 시각은 트럼프 정부의 '인도·태평양 전략'이 오바마 대통령의 '아시아·태평양 재균형 전략'의 보강 버전이라는 것이다. 즉 '인도·태평양 재균형'은 중국을 겨냥한 의미가 짙고, 특히 군사·안보 분야에서 그러하다는

---

* 중국사회과학원 세계경제정치연구소 연구원.

것이다. 두 번째 시각은 미국이 지정학적 전략의 필요에 따라 아시아 태평양의 '허브 앤 스포크'(軸輻) 안전체제를 인도양 지역까지 확대함으로써 정치·경제·안보 등 다양한 분야를 아우르는 포괄적 전략을 수립하여 '초승달형 동맹국 네트워크'(大月牙形同盟與夥伴國網路)를 구축하고 '협력과 규제'의 방식을 통해 부상하는 중국과 인도 모두를 미국 주도의 체제와 질서에 두려는 의도라는 것이다. 세 번째 시각은 트럼프의 '인도·태평양 재균형' 전략은 오바마의 '아시아·태평양 재균형' 전략을 수정한 것이며 미일 동맹, 미·인도 관계 및 미국, 일본, 인도, 호주 '주요 4개국(QUAD)'의 3대 축을 포괄하는 것으로, 여전히 '일대일로' 이니셔티브와 경쟁관계에 있다는 것이다.

필자는 인도·태평양 재균형이 단순히 미국의 새로운 대중전략이 아니라고 간주한다. 총체적 또는 전략적 관점에서 볼 때, 인도·태평양 재균형은 중국과 경쟁 관계를 맺고 있는 인도·태평양 지역의 몇몇 국가가 이 지역에서 중국의 영향력 확대와 균형을 맞추기 위해 구축한 일종의 '약한 기제(弱機制)'이다. 이 국가들은 중국이 소련과 다르기 때문에 냉전 모델을 중국에 적용할 수 없다는 점을 인식하고 있지만 아직 적절한 대응책을 찾지는 못했다. 인도·태평양 재균형 전략은 그들에게는 일종의 시도로서, 군사와 비전통적 안보에 치중되어 있고 경제, 문화, 이데올로기 등 분야에도 관련되어 있지만 국가마다 취하는 선택은 각각 다르다.

중국의 평화적 부상은 인도·태평양 지역 국가들이 직면한 '세기적 도전'으로, 국가별 대응은 세 가지 유형으로 나뉜다. 첫 번째 유형은 지지하고 협력하는 가운데 이익을 취하려는 것으로 파키스탄과 캄보디아가 대표적이다. 두 번째 유형은 지지와 억지(防範)를 모두 중시하며 대다수 아세안 회원국과 한국이 여기에 속한다. 세 번째는 억지를 위주로 하고 제한적으로 지지하는 유형으로, 일본, 미국, 호주, 인도가 이 유형의 대표국이며 쿼드(QUAD)는 인도 · 태평양 재균형의 전형적인 모습이다.

1. 쿼드(QUAD) 4개국의 관점

일본과 인도, 호주 및 미국은 모두 인도 · 태평양 지역에서 중국이 가져올 힘과 영향력 확장을 견제하기 위해 쿼드를 구축하고 강화할 용의가 있지만, 네 국가의 동기와 목표가 일치하지 않고, 쿼드 역시 인도 · 태평양 버전의 군사동맹이나 '인도 · 태평양 군사동맹'으로 발전하기는 어렵다는 점이 강조될 필요가 있다.

1) 일본

일본의 경우 소수의 사람들은 중국의 국력이 일본을 능가하는 것은 '역사적인 상태로의 회귀'에 불과하다고 인식한다. 대부분의 일본인의 경우 몇 세대 동안 중국보다 발달하고 강대한 환경에서 살아 왔지만, 장래엔 중국이 일본을 추월하고 일본보다 더 강대해진 상황과 마주해야 할 것이며, 동아시아 지역에서 일본이 지닌 경제 주도권은 총체적으로 상실되어 다시는 돌아오지 않을 것이다. 그러므로 이런 배경 아래 일본은 중국과 어떻게 지내야 할지 고민하지 않을 수 없다. "경제적 · 문화적으로는 중국과 긴밀한 관계를 유지하면서 정치적 · 군사적으로 중국을 억지하고, 전략적으로는 중국과 균형을 유지하는 것"이 현실적인 선택이다. 가치관을 내세워 '자유와 번영의 호'를 구축하는 것은, 그 '비교우위'를 발현하기 위한 시도이다. 예를 들어 "아세안+3에 반대하고 아세안+6을 지지한다"는 것은 중국의 힘에 대한 균형전략이지만, CPTPP(포괄적·점진적 환태평양경제동반자협정)를 내세우는 것은 자신의 비교우위를 지키겠다는 뜻이다. '인도·태평양 전략'을 주창하고 추진하는 것은 인도·태평양 지역의 역량을 결집하여 중국의 확장에 균형을 맞추려는 큰 시도이며, 아세안 국가들의 반대로 '인도·태평양 전략' 대신 '인도·태평양 구상'을 채택하긴 했지만, 결국 '일본이 인도·태평양 전략의 구상자이자 추진자'라는 사실이 변하는 것은 아니다. 그리고 일본이 인도·태평양 전략을 추진하고 쿼드에 적극적으로 참여하는 것은 중국과 균형을 맞추어 아시아·태평양 지역에서 자신의 지위를 유지하고 궁극적으로는 정상국가화를 이루기 위해서이다.

2) 호주

호주의 경우 경제적으로는 중국을 필요로 하지만 문화·정치적으로는 뿌리 깊은 '서구 정체성'을 갖고 있고, '아시아·태평양경제협력체(APEC)'의 주창자로서 아시아 국가들을 대할 때 모종의 심리적 우월감을 가지고 아시아와 서구의 국가들을 연결하는 가교 역할을 담당하고자 한다. 따라서 전략적으로도 미국 이외의 국가가 인도·태평양 지역의 또 다른 주도세력이 되는 것을 받아들이기 어려워하며, 중국의 '일대일로' 이니셔티브에 회의적인 태도를 가진다. 이를 위해 각종 조치를 취하고 있다. 예를 들어 2018년 2월 호주는 미국, 일본, 영국, 호주가 힘을 합쳐 중국의 '일대일로' 구상을 대체할 방안을 수립할 것을 주장한 바 있으며, 최근 몇 년 동안 화웨이 5G 기술 사용 금지, 코로나 바이러스 발원지 추적, 남중국해 군함 순항, 말라바르 군사훈련 참가 등 미국의 제안에 적극 대응해 중국을 자극, 도발하고 있다. 사실상 '인도·태평양 전략'이라는 개념은 호주 학자들에 의해 최초로 제안 및 보급된 것이기도 하다. 2021년 9월에는 영국, 미국과 함께 '3자 안보협의체(AUKUS)'를 맺었는데 이는 호주가 쿼드의 기능에 만족하지 못한다는 것을 의미한다. 단면에서 보면 쿼드는 기능이 비교적 약한 기제라는 사실이 드러났고, 특히 안보 분야에서 그러하다.

3) 인도

인도의 경우, 역사적 전통, 문화적 자신감, 인구 수 등 여러 가지 요인을 배경으로 독립 이래 인도 외교의 최우선 원칙은 '전략적 자주성 유지'이다. 그래서 인도는 냉전시대에 이집트, 유고슬라비아 등 개발도상국들과 연대해 '비동맹운동'을 주창했고, 소련과 매우 밀접한 관계를 맺으면서도 동맹은 거부했다. 냉전 이후에도 마찬가지로 어떤 대국과도 정식으로 군사동맹을 맺으려 하지 않았다. 수십 년 동안 인도는 중국을 제1의 적수로 간주했으며 지난 몇 년간 중국을 지속적으로 도발하고 자극하기 위해 몇 가지 조치들을 취했지만(예컨대 도클람 사건, 판공호 충돌) 중국을 과도하게 자극하는 것을 원하지는 않았다. 전형적인 예로 2020년 이전 호주의 말라바르 연례 군사훈련 참가를 줄곧 원하지 않았다는 것을 들 수 있다.

미국·일본과의 관계를 더욱 강화하여 원자력 활용과 핵물질 획득 등 측면에서 실질적인 이익을 얻을 수 있고, 미국, 일본, 호주와의 관계를 강화했을 때 중국과의 갈등에서 우군으로 가세해 줄 수 있다는 점은 쿼드기구 강화가 증명하고 있다. 그러나 인도가 전략적 자율성의 원칙을 근본적으로 포기하면서까지 위의 3개국과 정식 동맹을 맺을 수는 없을 것이다. 인도는 중국이 중시하는 것이 대미관계이며 인도와의 관계는 심지어 파키스탄과의 관계보다도 아래임을 매우 분명히 알고 있다.

4) 미국

미국의 경우, 글로벌 리더의 역할을 계속 맡을 주관적 의지는 분명하게 약화되었고 객관적 능력 역시 힘에 부치는 상태이므로 글로벌 역할과 위상이 '리더'에서 '협조자'로 빠르게 바뀌고 있다. 부시 대통령 시기는 이런 전환의 출발점이었다. 오바마 시기에는 경제 분야의 '공동화(空心化)'와 같은 미국 내부의 문제점을 분명히 인식하고 '재산업화'를 추진하면서도 또한 민주당 대통령으로서 글로벌 리더십의 책임을 강조할 수밖에 없었다. 하지만 실제적으로는 독일의 지도자로 하여금 아프간에 주둔해있는 다국적군을 이끌게 하고, 영국·프랑스 지도자에게 카다피를 무너뜨리도록 하는 등의 '선택적 리더십'을 발휘했다. 아시아에서도 '아시아로의 회귀(Pivot to Asia)'라는 표현이 부정확하다고 여겨 2010년 '아시아 재균형'으로 빠르게 수정함으로 오랫동안 지켜온 '힘의 균형'이라는 전략적 전통을 드러냈다. '아시아·태평양 재균형'을 '인도·태평양 재균형'으로 확대한 것은 물론 중국의 힘과 균형을 맞추기 위한 것이지만 미국의 부담을 덜어주는 데에도 도움이 되었다. 트럼프 시기에는 미국의 세계화에 대한 믿음이 지나쳤으며 너무 많은 국제적 의무를 지게 되어 미국은 손해를 보게 되었다고 판단하여 '미국 제일주의'를 적극 추진하여 해외 지출을 줄였고, 미국 본토 내 산업사슬, 특히 제조업을 강화하여 블루칼라 노동자들을 위한 실리를 챙겼다.

중국과 미국이 서로 다른 문명에 속해 있다는 것은 부인할 수 없는 사실이다. 국가는 블랙박스가 아니며 문명마다 '천하통치' 이념에는 현저한 차이가 있기에 미국인이 믿는 세계 통치 이념이 반드시 인도인의 지지를 받는다고는 할 수 없다. 따라서 미국이 부상하는 중국에 대응하기 위해 냉전시기 대소정책의 경험과 모델을 직접 적용하기는 어렵겠지만, 미국, 일본,

호주, 인도 모두가 중국에 균형전략을 펼칠 필요가 있기 때문에 4개국의 이익을 조정하여 중국과의 균형을 위한 4국 체제를 구축해 중국의 영향력이 이 지역에 확산되는 것을 제한하려는 것이다.

오바마 시기에는 '인도 · 태평양 재균형' 개념을 제시한 것뿐만 아니라 '아시아 · 태평양 재균형'에서 '인도 · 태평양 재균형'으로의 대대적 전략전환을 이루었지만, 트럼프 시기에는 '인도 · 태평양 재균형' 구현에 있어 일부만 강화됐을 뿐이라는 점을 지적할 필요가 있다. '미국 제일'을 강조하는 대통령으로서 트럼프는 글로벌 축소 전략을 구사했다. 인도 · 태평양 지역이 중요하다는 점을 의식하면서도 '글로벌 리더'의 역할을 담당하는 것은 꺼렸기 때문에 '선택적 개입방침 및 동맹국과 파트너 국가의 책임과 의무를 늘리는 것'은 필연적인 선택이었다.

2. 중국의 대응

지난 수백 년 동안 전쟁과 식민지 건설은 여러 유럽 국가들이 번갈아 가며 세계를 주도할 수 있었던 주요 원인이었다. 미국은 두 차례의 세계대전과 유럽과의 문명적 유사함을 이용하여 제2차 세계대전 이후 유럽을 대신해 세계질서의 주도자와 리더 국가가 되었다. 제2차 세계대전 이후의 국제환경에서는 민족 독립운동이 확산됨에 따라 국가가 전쟁을 수단으로 영토확장과 국가 부상을 실현시키는 데에는 비용이 많이 들고 국제적 정당성도 부족하게 되었다. 따라서 중국은 역사상 굴기했던 나라들의 경험을 따를 수 없으며 평화적 굴기의 길을 갈 수밖에 없다. 이는 중국이 다른 나라가 수용할 수 있는 평화적 수단을 통해서만 자신의 대외적 이익을 확장할 수 있다는 것을 의미하고 있으므로 '협력과 상생'(合作共贏)만이 현실적으로 가능한 선택지이다. 이로써 "어떻게 다른 나라가 중국과 협력할 수 있도록 만들 것인가"가 필연적인 과제가 되었다.

신시대 중국이 '두 개의 백년 목표' 달성에 주력한다는 것은 곧 민족의 전면적인 부흥과 중국몽의 실현을 의미한다. 2020년 중국은 정확하게 '빈곤 구제' 목표를 달성하였고, 중화민족은 사상 처음으로 국가 전체가 절대 빈곤 상태를 완전히 벗어나게 되었다. 다음 목표는 2035년까지 중등 선진국(中等發達國家)이 되고, 2049년까지 사회주의 현대화 국가가 되는 것이다. 이를 실현했을 경우 중국은 비자본주의 국가 중 처음으로 14억 인구가 현대화 국가 단계로 진입하게 되는데 이는 선진국 인구 총계를 넘어서는 수준이다. 또한 무력이나 동맹체제를 활용하지 않고 글로벌 군사기지 네트워크 또한 가지지 않은 상황에서 실현하게 되는 것이기도 하다. 중국이 건설하려는 인류운명공동체는 평화적 굴기에 대한 목표와 신념을 보여주는 것이며, 2013년 선보인 '일대일로' 구상은 중국몽과 인류운명공동체를 실현할 유력한 도구이다.

신시대의 중국 외교는 '일대일로' 건설에 복무할 것이다. 세기적 프로젝트인 '일대일로'는 끊임없는 조정과 개선이 필요하다. 2015년 발표된 『비전과 행동』(願景與行動)에서는 "'일대일로'를 함께 건설하고 아시아, 유럽, 아프리카 및 인근 해양을 연결하는 데 주력한다"고 언급한 바 있으며, 2017년 '제1차 일대일로 국제협력정상포럼'은 전 세계로 확대되어 어느 나라든 중국과 '일대일로'를 함께 만들겠다는 의지만 있다면 중국은 모두 환영하고 있다. 2018년에는 "'일대일로 건설'이 '간결하게 그리는(大寫意) 단계'에서 '세밀하게 그리는(工筆劃) 단계'로 진입해야 한다"고 제시하였고, 2019년 제2차 '일대일로' 국제협력정상포럼에서는 '고품질 친환경'적인 '일대일로' 건설이

제시되었다. 총체적으로 보자면, '뚜렷한 성과와 부각된 도전'이라는 말로 2013년부터 시작된 '일대일로'의 효과를 개괄할 수 있을 것이다.

중국의 부상은 또한 예상치 못한 결과를 초래했다. 중국은 120개 이상 국가의 최대 교역 파트너가 되었지만 중국의 국제적 이미지는 크게 개선되지 않았다. 퓨 리서치센터(Pew Research Center)의 2020년 4월 조사에서 미국인의 66%가 중국에 대해 부정적 인식을 갖고 있는데, 2012년의 40%보다 현저하게 높아졌으며, 일본에서 중국에 대해 부정적인 인상을 가진 사람이 최근 몇 해 동안 줄곧 75% 이상이었고, 독일인의 76%가 중국에 부정적인 인상을 갖고 있다고 발표했다. 여기에는 중국 스스로의 원인도 있고, 다른 나라의 원인도 있다. 전자는 중국이 현대 민족국가체제로 진입한 지 오래되지 않은 탓에 존재하는 문제들로서, 급부상하는 과정에서 노정된 일부 외교정책 상의 한계는 개선될 여지가 있다. 후자는 구미 국가들에서 중국에 대한 의심이 커지면서 출현한 "중국이 스스로의 방식으로 세계를 주도할 것"이라는 우려로 인한 것이다. 그 전형적인 예로서 미국의 대중 정책 변화를 들 수 있는데, 중국의 지위가 '협력 파트너'에서 '전략적 라이벌'로 조정되었고 전 정부부처가 각 방면에서 중국을 압박하고 핍박했다. 일부 주변국들은 중국이 영토 분쟁에서 더 강경한 입장을 취할 것을 우려하고 있으며, 바이든 정부는 출범 이후 미국의 대중정책을 조정하기보다는 여전히 중국을 주요 전략 경쟁의 라이벌로 간주하고 있다. 이것은 중국이 다음 단계에서 어떻게 '일대일로'를 추진할 것인가에 대한 새로운 도전을 가져다주었다.

중국의 '일대일로' 구상은 세기적 프로젝트인 만큼 상황에 따라 시행 방식과 중점을 비정기적으로 조정해야만 한다. 코로나19의 심각한 영향과 국제정세, 특히 미중관계 변화를 바탕으로 중국의 글로벌 외교 방침에는 조정이 필요하다. 필자는 이러한 조정의 원칙이 '총체적 수축·중점의 강화'가 되어야 한다고 본다. 여기에서 중점이란 '중점 지역', '중점 국가', '중점 분야'를 포괄한다. 구체적으로, 앞으로 몇 년 동안 중국의 대응전략에는 적어도 다음의 몇 가지 사항이 포함되어야 한다.

1) 스스로 부상하고자 하는 목표를 분명히 정한다. 다문명 경쟁의 시대적 배경 속에서 어느 문명도 세계를 완전히 지배할 수 없으며, 각 문명의 경쟁 목표는 '지역 또는 영역의 우위를 확보'하는 것이다. 중국이 '일대일로'를 지속적으로 추진하는 까닭은 자국 문명의 종합적인 실력과 총체적인 흡인력을 향상시키기 위한 것이지, 미국의 세계적 역할을 대신하는 것이 아니다. 전형적인 지역문명으로서 중화 문명은 객관적으로 전 세계적으로 팽창할 만한 유전자를 갖고 있지 않고, 미국의 전 세계적 역할을 대체할만한 능력을 가지고 있지도 않으며, 주관적으로 그러한 의지를 갖고 있지도 않다. 중국은 외부 특히 기독교 세계의 중국 미래에 대한 판단이 기독교 역사 및 기독교적 시야에 기초한 좁은 소견임을 명확하게 선언하고 시간과 행동으로 증명해야 한다.

2) '고품질 일대일로 건설'을 효과적으로 실천한다. "세계 각국의 발전을 촉진하는 것"은 중국의 책임도 아니고, 중국의 능력을 벗어나는 일이다. 코로나19와 미중 전략경쟁 상황 속에서 '고품질 일대일로'의 건설은 반드시 일련의 방침 조정이 요구되며 이는 구체적으로 다음과 같다. 전선을 적절하게 축소하고 중점을 강화하고, 중점 지역, 중점 국가 및 중점 분야를 확정한다. 주변 개발 도상국 및 아프리카 국가를 더욱 중시해야 하며, 선진국에 대해서는 미국 이외의 국가와 협력을 강화한다. 그리고 미국과의 협력에서 새로운 방침을 마련한다.

3) 중점지역은 주변지역 외에도 아프리카를 포함한다. 개발도상국은 중

국 외교의 기반이며 그중 아프리카는 그 근간으로서 반세기 이상의 두터운 교분이 있으며 대체 불가능한 역할을 가지고 있다. 주변국에서 전략적 지원 벨트를 구축하는 것은 중국의 부상에 반드시 필요한 연결 고리이며 신시대의 전반적인 외교 상황에서 중요한 위치를 차지한다. 다만 주변국과 아프리카 지역에 대해 중국은 중점 협력 대상국을 정해야 할 필요가 있다.(예: 태국, 말레이시아, 우즈베키스탄, 캄보디아, 파키스탄) 비중점 지역 및 비중점 국가의 경우 협력 영역이 특정 분야 및 사업으로 제한될 필요가 있다.(예: 핵심 교통 사업, 핵심 에너지 사업)

4) 선진국들 가운데 유럽의 위상이 높아졌다. 중국-EU 투자 협정은 2021년 1월 초에 체결되었다. 이는 유럽의 외교적 자주성을 보여주는 한 예이며 중국도 이를 긍정적으로 보고 있다. 그러나 중국은 대유럽 방략을 마련해야 하며 특히 각기 다른 국가들과 각각 어느 정도의 협력관계를 맺을지 확정해야 한다. 유럽 연합 내에서 프랑스는 특히 정치, 안보 및 제3자 시장협력[1] 분야(특히 불어권 국가)의 핵심 파트너 국가이다. 독일과의 협력 중점은 경제, 기술 및 제3자 시장이 될 것이다.(특히 중부 및 동부 유럽, 아프리카와 오세아니아의 몇몇 국가) 스페인과의 협력은 주로 경제 및 기술 분야이며 스페인어 사용 국가의 제3자 시장협력도 포함한다. 북유럽 지역에서 중국의 중점 협력 국가는 의심할 여지 없이 핀란드이다. 유럽 연합 외에, 영국은 브렉시트 이후 '글로벌 브리튼(Global Britain)'이 되기 위해 주력하고 있으며 비록 중국과의 '일대일로' 공동 건설 문서에 서명하고자 하지는 않았지만, 금융, 법률서비스 등 분야에서 비교우위를 발휘하기 위해 실질적인 협력은 원한다는 점에서 영국 또한 중국의 중점 협력 대상이다.

---

1) 편집자 주 – '제3자 시장협력(第三方市場合作)'이란 중국기업이 외국기업과 제3국에서 해당 국가의 산업 발전, 인프라 수준 제고, 민생개선의 3가지 목표를 위해 협력 및 제휴하는 것을 지칭한다.

일본과 한국은 선진국이자 이웃국가로서 의심의 여지 없이 중국이 마음을 얻어야 할 대상이다. 중국은 이미 "CPTPP 참여를 적극 검토하겠다"고 밝혔으며, 다음 단계는 한중일 자유무역협정의 조속한 체결을 쟁취하는 것이다. 한중일 시장의 진일보한 통합은 이미 추세 속에 있으며, 세계 최대 시장으로서의 중국의 위상은 끊임없이 강화될 것이다. 따라서 중국은 이를 위해 어느 정도 양보하더라도 한중일 자유무역지대 협정 체결을 추진함에 있어 힘을 더 내야 한다. 그리고 중일, 중한의 제3자 시장협력은 앞으로 강화할 가치가 있다. 이는 장기적으로 보았을 때 중국과 선진국이 제3자 시장에서 협력하는 모델이 될 가능성이 있다.

5) 대미 외교에는 새로운 전략이 있어야 한다. 2020년 중국 GDP가 미국의 70%를 넘었고, 영국과 일본의 여러 기관들은 모두 2028년에 중국의 GDP가 미국을 추월할 것이라 보고 있다. 미국으로서는 의심할 여지 없이 '백년간 없었던 대변화 국면'으로, 이에 대중전략을 수정해 중국을 전략적 경쟁자로 규정하고 '선 경쟁, 후 협력'의 전략을 추진했다. 그러나 미국은 이를 운용하는 방법에 있어 경험이 부족해 어떤 합의에도 이르지 못하고 있다. 어느 한 파에서는 '중국 억압'에 치중하는데 지난 몇 년간 트럼프 정부의 방식이 대표적이다. 다른 한 파는 '미국의 실력과 우위를 제고'하는 데 치중하는데, 바이든 정부가 이 방면의 대표적 사례가 될 수 있을 것이다.

미국은 자신의 우위 분야를 유지하면서 해당 분야 제품의 중국 시장 내 점유율을 높이면서도, 자신은 중국의 저가 제품을 계속 수입하기를 바란다. 미국의 선택 사항은 '중국과의 디커플링'이 아니라 "첨단기술 분야에서 중국의 발전을 제한하는 것"이 될 수밖에 없다. 따라서 '미국과의 디커플링'은 중국의 선택 사항 또한 될 수 없으며 '미국과의 진흙탕 싸움(纏斗)'만이 유일한 선택지이며, 이는 중국이 미국의 우위 분야 및 제품을 계속 사용하는 데 유리할 것이다. 과학 기술 분야에서 중국이 전반적으로 미국을 앞지르기는 어렵지만 몇몇 분야를 선택하여 중점적인 돌파를 실현하는 것은 필요하고 가능하다. 경제 분야에서 중국은 소비시장, 온전한 산업 체인, 높은 가성비의 중저가 공산품 등 미국이 대체품을 찾을 수 없는 우위 부분을 명확하게 인식해야 한다.

⑥ 국가의 이미지와 흡인력을 높인다. "운명공동체 건설", "공동 논의, 공동 건설, 공동 향유"(共商共建共享)", "화목한 이웃, 선한 이웃, 부유한 이웃"(睦邻善邻富邻)과 같은 정책적 선서는 의심할 여지 없이 중국의 국가 이미지와 다른 국가들, 특히 주변 국가들에게 흡인력을 높이는 데 도움이 될 것이다. 중국은 영토와 해양 권익의 분쟁을 처리하면서 이미 "스스로 자제하고 먼저 시비는 걸지 않는" 특징을 보여주었다. 수십 년 동안 전쟁을 하지 않은 것도 다른 부상국들은 하지 못한 일이며, 나아가 중국은 여전히 그들보다 나아질 여지가 있다. 급부상 중인 대국의 경우 "자세를 낮추고 타협을 잘하여 합의를 구하는 것"이 특히 중요하다. 이것은 '타협하지 않는 것'보다 어려운 일이지만 장기적으로는 중국의 국익에 더 도움이 되고 협력과 상생에 도움이 될 것이다.

3. 결론

코로나19가 세계에 미치는 영향이 막중하지만 그 절정기가 지나고 글로벌 경제가 점차 회복되고 있다. 미중 전략경쟁이 중요한 추세인 만큼 바이든은 집권 이후에도 대중 정책을 근본적으로 조정하지 않았다. 하지만 바이든 정부의 외교정책은 총체적으로 '개인전'에서 '단체전'으로 수정되었다.

인도·태평양 재균형 문제에서 드러난 것은 미국이 쿼드 협의체를 통해 일본, 인도, 호주와의 관계를 강화하고, 유럽 연합이 인도·태평양 지역에 입지를 굳히도록 장려하며, 중국과는 경쟁과 협력을 병행하면서도 일부 문제에 대해서는 적절히 양보하여 중국의 협력을 얻어냈다는 것이다.

하지만 인도·태평양 재균형 전략에 있어 '약한 기제'인 쿼드가 발휘할 수 있는 기능은 제한적이고 특히 안보 문제에서 그러하다. 이는 일본이 아직 '정상국가'를 이루지 못했기 때문이며, 인도 역시 전략적 자주성을 포기하고 다른 나라의 군사 동맹국이 되는 것을 원치 않기 때문이다. 따라서 미국, 호주, 영국은 쿼드의 부족을 어느 정도 보완하기 위해 3자 안보 체제인 AUKUS를 구축하였다. 그러나 미국이 중국과의 경쟁을 강화했을지라도 중국과의 대규모 전쟁을 바라는 것은 아니다. 따라서 인도·태평양 재균형이 비록 미국, 일본, 인도, 호주와 유럽연합의 의지의 결과물이긴 하지만, 중국에 대해 전면적이고 힘 있는 억지 효과를 달성할 수 있는 강력한 체제를 만들기란 어려운 일이다.

중국의 경우, 스스로 발전을 멈추거나 혼란을 일으키지 않는 한 어떠한 외부적 힘도 근본적인 전복을 일으킬 수 없다. 코로나19가 중국에 미친 영향은 다른 강대국들보다 훨씬 미미하다. 2021년 이후로 대외무역 수출은 오히려 큰 폭으로 증가하였다. 외부로부터의 압력이 현저히 증가함에 따라, 전략적 결단력을 유지하는 것이 여전히 매우 중요하다. 이는 중국이 다음 단계에서 추진하는 '일대일로'의 방침이 '총체적 수축과 중점의 강화'로 조정되어야 한다는 점을 시사한다.

시진핑 시기 중국의 동북아 전략과 동북아협력의 미래

차정미(車正美)*

1. '세기의 대변화(世界百年未有之大變局)'와 중국의 새로운 '지역화'

2017년 12월 중국 시진핑 주석은 해외공관장회의에서 "세계가 100년 동안 보지 못한 큰 변화에 직면해 있다"고 언급하였다. '100년간 본 적 없는 세계의 거대한 변화(世界百年未有之大變局)'라는 이 담론은 오늘날 국제질서에 근본적 힘의 변화가 전개되고 있다는 중국의 인식을 보여주는 것이라 할 수 있다. 중국이 바라보는 국제질서 변화의 핵심은 중국의 부상이고, 서구의 상대적 쇠락과 개발도상국 진영의 부상에 있다. 중국의 부상에 따라 서구에서 아시아로의 힘의 이동이 일어나고 있다고 인식하고 있다. 중국은 이러한 글로벌 질서 인식과 함께 일대일로를 기반으로 한 글로벌 영향력 확장을 본격화하고 있다.

* 국회미래연구원 국제전략연구센터장.

1990년대 탈냉전과 함께 부상한 동아시아 지역주의, 동아시아 공동체 논의에서 중국은 동아시아 공동체 논의를 활성화하고 공동체 비전을 실현해 가는 데 적극적 역할을 모색하였다. 1997년 금융위기 이후 중국은 동아시아 지역의 책임 있는 강대국으로서 한국, 일본 등과 함께 동아시아 다자협력, 나아가 동아시아 공동체 구상의 주요한 동력을 만들어가는 데 역할 하고자 하였다. 이후 한중일 3국과 아세안이 함께 하는 동아시아 공동체 논의가 본격화하였고, 한중일 3국은 이러한 동아시아 협력의 구심력으로서 다자협력을 강화하기 위한 역할을 모색하였다. 이러한 노력은 아세안+3(한중일), 한중일 3국정상회의 등 동북아 3국 간 소다자주의로 이어졌다. 그리고 2000년대 초 6자회담 의장국으로 역할하면서 동아시아지역의 책임대국으로서의 위상을 보여주기도 하였다.

이러한 동아시아 지역의 책임대국으로서 역할을 모색하던 중국은 2008년 세계금융위기 이후 초래된 질서의 변화와 중국의 상대적 부상의 가속화 속에서 지역 강국을 넘어 글로벌 강국으로서의 목표를 구체화하기 시작했다고 할 수 있다. 이러한 글로벌 강국화의 목표는 시진핑 체제 출범 이후 구체화, 본격화되고 있다. 일대일로는 중국이 유라시아, 아프리카까지 연결되는 글로벌 네트워크 구상으로 중국이 동북아, 동아시아 강국으로서의 위상을 넘어 글로벌 영향권을 구축해 가는 모습을 보여주는 것이라 할 수 있다. 중국의 부상과 21세기 중엽 세계일류 강국이 되겠다는 중국몽은 중국이 인식하는 지정학적 위치와 전략적 지향을 변화시키고 있다.

카첸스타인(Katzenstein)은 '지역화(regionalisation)'는 세계 경제과정의 지리적 선언을 말하는 것이고, '지역주의'는 정부, 기업, 비정부기구와 사회운동의 전략을 반영하는 정치적 구조라고 강조하였다. '지역(region)'은 정치를 통해 만들어진 사회적 구조물이라는 것이다. 개별 국가들이 강조하는 '지역'

은 전략적·정치적 필요에 의해서 재구성될 수 있고 지역주의는 고정된 지리적 조건이 아니라 전략적 조건에 의해 다른 모습으로 전개될 수 있다는 것이다. 지역의 다자제도는 정치적 상상의 산물이라고 할 수 있다. 중국의 지정학적 정체성, 지역주의에 대한 접근 또한 카첸스타인의 언급처럼 전략적 정치적 필요에 의해 재구성되고 있다고 할 수 있다. 과거 동북아, 동아시아 책임대국으로서의 중국은 이제 글로벌 강대국으로서의 위상을 목표로 그 지역적 중점을 변화시켜 가고 있다. 탈냉전기 직후인 1990년대부터 2000년대 초까지 아시아공동체와 동아시아 다자협력에 주력하여왔던 중국은 시진핑 체제 들어 그 외교협력의 범위를 급격히 확대해 가고 있다. 시진핑 시대 중국의 지역적 정체성과 지역화는 21세기 중엽 세계일류강국을 목표로 한 중국몽, 국가목표와 전략의 새로운 상상과 함께 변화하고 있다고 할 수 있다. 일대일로를 통한 글로벌 다자협력체제의 구축은 물론 중국+X(지역다자체제)—중국－아프리카(FOCAC), 중국－중남미(CCF), 중국－중동(CASCF), 중국－중동부유럽(17+1) 등—의 구도로 중국주도의 글로벌 다자협력을 확대해 가고 있는 것이다.

중국은 2008년 세계금융위기 이후 미국을 중심으로 한 서구의 상대적 쇠락과 아시아의 부상이라는 힘의 이동에 주목하고 있으며, 중국은 동북아, 아시아 지역의 강국을 넘어 글로벌 강국으로 나아가고 있다. 중국의 일대일로가 동북아지역을 완전히 배제하지는 않았지만 동북아에 대한 내용이 상대적으로 취약하다고 할 수 있다.[1] 일대일로가 유라시아, 아프리카, 중남미 등 서쪽과 남쪽으로의 진출이 중심이 되면서 실제 동북아 지역의 통합과 연계는 전략적 중점에서 비켜나 있다. 시진핑 체제 중국은 유라시아와

---

1) 吳昊, 李征, 「東北亞地區: 在'一帶一路'戰略中的地位──應否從邊緣區提升爲重點合作區？」, 『東北亞論壇』 第2期 (2016), pp.46-57.

아프리카까지 연결되는 일대일로 구상과 해양국가로서의 면모를 강화하는 육해통합의 지정학으로 동아시아 동북아 강국에서 글로벌 강국으로 그 영향력의 범위를 적극 확대해 가고 있다고 할 수 있다.

2. 미중 전략경쟁의 심화와 동북아 지역의 긴장

중국의 부상에 따른 영향력 공간과 지역화의 변화는 동북아 지역의 질서 변화와 맞물리면서 동북아 협력의 공간이 위축되고 공동체 구축의 동력은 약화되는 현실에 직면해 있다고 할 수 있다. 2011년 중국이 일본을 추월하여 세계 2위의 경제대국으로 부상하면서 역내 세력균형에 변화가 전개되고, 이후 미중 간 국력격차가 축소되는 상황에서 동북아 질서는 강대국 간 전략경쟁의 핵심 공간으로 부상하고 있다.

미중 전략경쟁의 심화와 역내 국가 간 역사, 영토갈등 등의 복합갈등 속에서 동아시아 질서는 동맹지향적 소다자주의(alliance-oriented minilateralism)가 확대되면서, 기능주의적 소다자주의(functional minilateralism)와 지역주의적 소다자주의(regional minilateralism)가 상대적으로 힘이 약화되는 구조에 있다고 할 수 있다. 2000년대 초 북핵문제해결을 위한 남·북·미·중·일·러의 6자회담, 1997년 아시아경제위기 이후 동아시아 공동체 발전을 이끌었던 아세안+3와 이러한 동아시아 공동체 논의의 주요한 동력이었던 한중일 3국정상회의 등 다양한 기능주의적, 지역주의적 소다자주의는 미중 패권경쟁의 부상과 역내 갈등의 복합 작용 속에서 새로운 동력을 얻지 못하고 있다. 이와 달리 쿼드 등 새로운 안보협력체의 부상과 함께 중러군사협력의 강화 등 역내 전략경쟁의 심화를 반영하는 안보협력 경쟁이 부상하

고 있다. 동북아는 전통적으로 '강한 양자체제'와 '느슨한 다자체제'의 구조
속에서 역내 다자체제의 구심력과 구속력이 양자체제의 긴밀성과 구속력
을 따라가지 못하는 상황이었다면 최근 미중전략 경쟁의 심화는 동북아 지
역의 통합적 구심력을 약화시키고 있다고 할 수 있다.

한중일 3국정상회의는 2008년 1차 정상회의가 개최된 이후 전략적 동반
자 수준의 협력을 모색하기로 합의하고 3국협력사무국을 설치하면서 동북
아지역의 다자협력에 주요한 진전을 이뤘다. 그럼에도 불구하고 정치적 전
략적 환경에 따라 회의가 부정기적으로 개최되는 등 여전히 제도적 구속력
과 공고성이 취약한 현실이다. 쿼드 등 미국주도의 안보동맹이 강화되는
상황에서 중국은 러시아, 상하이협력기구 등과의 군사협력을 강화하고 있
다. 중러 양국은 2021년 10월 해상연합군사훈련 시기 중러 군함 10척이 최
초로 쓰가루해협을 동시에 통과하고, 2020년 연합훈련 시기 중러 군용기
19대가 KADIZ에 진입하는 등 역내 군사협력을 확대 강화해 가고 있다.

바이든 정부 출범이후 미국이 민주주의 가치동맹을 내세우면서 동맹회
복에 나서고, 권위주의 중국의 부상에 대한 동맹과 연대의 필요성을 강조
하고 있는 상황에서 트럼프 정부시기 미중 무역갈등과 경쟁은 가치갈등과
경쟁으로 확산될 수 있다. 일본 기시다 총리는 취임 이후 "자유, 민주주의,
인권이라는 보편적 가치를 위협하는 움직임이 있다"고 언급하면서 가치규
범 수호를 내세운 미일동맹이 한층 강화될 수 있음을 보여주고 있다.

3. 바이든 정부 시기 미중 패권경쟁과 중국의 동북아 전략

중국은 바이든 정부 출범 이후 미국이 쿼드(QUAD), 오커스(AUKUS) 등

소다자안보체제를 강화하고 민주주의 연대 등 가치규범을 내세운 동맹과 연대를 확대 강화해 가는 상황에서 미국의 대중국견제 확산을 억지하기 위한 주변국외교에 나서고 있다. 아세안 등 지역다자제도를 통해 역내 군사동맹의 강화를 반대하고, 동북아지역의 중국주도 경제협력, 안보연대를 강화하고, 주변국들에 미국주도 소다자 안보체제에의 참여를 억지하면서 대중국 견제의 다자구조에 대응하고 중국에 우호적인 주변환경 구축에 나서고 있다. 중국은 다자적, 양자적 외교 접근으로 미국의 대중국 견제 연대 확대에 대응하고 있다.

중국은 미국의 안보다자체제를 비판하고 억지하기 위한 주변국 외교를 적극 강화하고 있다. 중국은 2021년 10월 비동맹운동정상회의에 참석하여 "지역 국가의 공동 의지를 꺾고 역내 평화와 안정을 훼손하려는 시도"라면서 AUKUS를 비판하였고, 2021년 11월에는 시진핑 주석이 직접 참여하는 아세안과의 특별정상회의를 개최하여 AUKUS 등 미국의 안보동맹이 역내 평화안정을 위협한다는 중국의 입장에 대한 공감과 지지를 이끌어내고자 하는 등 주변국 외교를 강화하고 있다. 최근 북한 또한 미국의 대만정책이 한반도에도 위협이 된다고 주장하면서 중국의 입장을 지지한 바 있다.

중국은 또한 중국주도의 경제협력을 토대로 한 역내 우호그룹 구축에 적극 나서고 있다. 러시아, 몽골과의 북방경제회랑을 일대일로의 중요권역으로 강조하면서 중국－러시아－몽골 경제협력을 강화해 가고 있다. 특히 러시아와의 군사협력은 역내 전략경쟁의 주요한 대응축이 되고 있다. 또한 미국과의 기술경쟁에 대응해 중러 '데이터보안협력', '우주협력'에 나서는 등 첨단기술분야의 협력을 강화해 가고 있다. 러시아, 몽골 등 북방경제협력은 물론 동북아지역의 경제협력을 주변정세 안정과 대외환경 개선의 주요한 요소로 인식하면서 경제협력을 주축으로 한 동북아 우호환경 구축전략에 주력하고 있다. 2021년 9월 시진핑 주석은 6차 동방경제포럼 개막식 연설에서 동북아 지역협력 증진을 위한 세 가지 측면의 힘(力)을 강조한 바 있다. 첫째는 코로나 극복 협력(코로나19의 정치화 반대), 둘째는 기후환경 등 지속가능발전을 위한 협력, 셋째는 주변정세안정 협력이다. 이는 동북아에서 중국의 중점을 보여주는 것이라 할 수 있다. 중국은 아시아운명공동체(亞洲命運共同體)를 비전으로 지역협력을 강화해가는 데 동북아 협력을 주요한 동력으로 활용하고자 하고 있다. 특히 중일 양국 간의 제3시장협력(第三方市場合作)은 아시아운명공동체 실현의 주요한 동력이면서 중일양국관계 발전을 위한 창의적 아이디어로 인식되고 있다.

중국은 또한 북한과의 우호관계를 한층 긴밀화하는 한편 북러협력을 지지하는 등 중국—러시아—북한의 전략협력구조도 강화하고 있다. 북한 전체 교역에서 중국이 차지하는 비중은 2018년도 95.8%, 2019년도 95.4% 등 2년 연속 95%를 넘겨 높은 무역의존도를 기록했고, 러시아는 북한의 두 번째 교역대상국을 유지하고 있다. 2018년과 2019년 한반도 평화프로세스 과정에서 중국은 북한과 수차례 정상회담을 가지면서 북한과의 혈맹관계를 더욱 강화하는 한편, 북러 정상회담 개최를 지지하는 등 북중러 간의 전략 협력 관계 강화를 역내 세력균형 유지의 주요한 축으로 인식하고 있다.

4. 중국의 미래와 동북아 지역협력의 미래

중국은 오늘날의 국제질서를 100년간 보지 못한 세계 대변혁의 시대로 규정하고 있다. 중국은 질서 대변화의 역사적 기회를 활용하여 강대국 관계를 관리하면서 주변국외교를 통해 적극적으로 지역질서와 안보의 안정을 추구하고 중화민족의 위대한 부흥, 중국몽의 실현을 목표로 나아가고 있다. 이러한 대변혁의 시대 동북아 지역 질서도 전환적 시기를 맞이하고 있다. 100년간 보지 못한 세계의 대변혁이라는 시진핑 주석의 지적은 동북아에서 특히 두드러지게 나타나고 있다. 2011년 중국이 일본을 제치고 세계 2위의 경제대국으로 부상하였고, 미중 국력격차 축소로 동북아지역 내 세력균형에 변화가 전개되고 있다. 이러한 질서 변화 속에서 미중 간 전략경쟁이 심화되면서 동북아 지역은 경제협력, 전략협력의 중요성에도 불구하고 지정학경쟁의 핵심 공간으로 부상하고 있다. 미중전략경쟁의 심화와 함께 동북아는 통합적 협력질서의 구조가 공고화되지 못하고 균열적 갈등 구조 속에 정체되어 있다.

그럼에도 불구하고 동북아 지역은 중국의 평화적 부상에 핵심적 공간이라고 할 수 있다. 지리적으로 러시아, 일본, 한국 등 경제적 외교적 위상을 가진 국가들이 밀집해 있을 뿐만 아니라 한반도 문제 등 주변정세안정에 영향을 미칠 수 있는 핵심요소들이 상존하고 있는 공간이다. 또한 동북아는 세계에서 가장 큰 경제발전 잠재력과 가장 빠른 성장률을 기록하면서 중국의 지속가능 발전을 위한 경제적 이해의 핵심지역이라고 할 수 있다. 러시아, 북한, 몽골 등 동북아 국가들의 최대 교역 상대국은 모두 중국이며, 일본과 한국은 중국의 2, 3위 교역 상대국으로, 중국경제의 지속발전에 주요한 전략적 가치를 가지고 있다고 할 수 있다. 2020년에도 미국, 일본, 한국 순으로 중국의 최대교역파트너를 기록하였다. 그만큼 동북아지역은 전략적 경쟁의 심화에도 불구하고 중국의 경제발전의 핵심동력으로 역할하여 왔으며, 21세기 중국몽 실현에도 경제이해의 핵심 지역이 될 것으로 전망된다.

2021년 8월 개최되는 제3차 중국－동북아엑스포(中國—東北亞博覽會)를 앞두고 개최된 기자회견에서 상무부차관 런훙빈(任鴻斌)은 중국의 일대일로 구상과 러시아의 '유라시아경제연맹' 한국의 '신북방정책' 몽고의 '초원길 구상' 등 동북아 국가들의 발전전략의 상호 연계가 지속 심화되고 있으며 북중우호협력관계가 지속 제고되어 새로운 단계로 나아가고 있다고 언급하였다. 중일 양국 또한 제3지역 협력의 성과가 나타나면서 역내 호련호통 협력이 점차 심화되고 있다고 강조하였다. 런훙빈은 또한 "2020년 중국과 동북아 5개국 간 총 교역 규모는 약 7,177억 달러로 중국 대외교역의 약 6분의 1을 차지하고, 2021년 교역액은 약 4179억 달러로 전년 동기 대비 26% 증가했다"고 밝히고, 한중, 중러 교역량이 사상최대가 될 것으로 전망하였다. 미중 간의 전략경쟁이 심화되고, 동북아 지역 다자협력의 동력이 약화되고 있으나 여전히 동북아 지역의 경제적 상호의존은 심화되고 있으며, 중국의 지속 발전에 있어서 동북아 지역과의 경제협력을 핵심동력이라고 할 수 있다.

로즈만(Roman)은 중국의 지역주의 인식이 지역 정치와 문화의 문제라기보다는 경제적 측면에 중점을 두고 있다고 강조한 바 있다.[2] 글로벌 질서와 강대국 전략경쟁의 심화는 중국에게 새로운 '지역화'의 필요성과 목표를 만들어내고 있으며 이러한 새로운 지역에 대한 상상은 동북아 협력의 구심력 약화로 이어지고 있으나, 여전히 동북아 지역의 경제적 상호의존과 평화를 위한 전략적 연대의 필요성은 중국의 '동북아 지역' 중점을 다시 강화할 것으로 전망된다. 동북아 지역의 전략경쟁의 심화에도 이와 분리된 경제협력 지속의 틀을 강화하고자 하는 중국의 모습은 여전히 중국의 동북아 지역에 대한 전략인식을 보여주는 것이라 할 수 있다. 미래 권력경쟁 속에

---

2) Gilbert Rozman, *Northeast Asia's Stunted Regionalism : Bilateral Distrust in the Shadow of Globalization* (Cambridge University Press, 2004), p.315.

서도 세계평화와 번영에 있어 동북아 지역의 협력과 대화는 주요한 요소라고 할 수 있다. 동북아 국가들이 전략경쟁의 구도와 갈등의 심화에도 불구하고 다자대화의 틀을 적극 모색하고 지속해 가는 것이 미래 평화와 번영에 주요한 요소라고 할 수 있다. 전략경쟁 속에서도 동북아 국가들이 공동 협력할 수 있는 아젠다들을 중심으로 협력과 교류의 공간들을 만들어갈 필요가 있다. 미중 양국의 이중리더십체제(中美雙領導體制)를 구축하기 위한 전략적 합의 달성의 필요성이 언급되기도 하나,[3] 실제 동북아는 중국과 미국은 물론 한국, 일본 등 경제력과 외교력을 가진 동북아의 국가들이 함께 전략적 협력을 구축할 수 있는 다원리더십체제(多元領導體制)를 모색할 필요가 있다. 동북아 다자주의의 위기라는 현실 속에서도 기후환경 등 협력할 수 있는 현안들을 중심으로 동북아 다자대화를 적극 활성화하고 단계적, 점진적으로 동북아 전략협력의 틀을 모색해 가는 접근이 필요하다.

---

3) 王俊生, 「中國在東北亞地區的利益:爭論, 共識及超越」, 『教學與硏究』 第4期 (2020), p.62.

완화와 조정
: 미중경쟁 속 중국의 동아시아 전략

장무후이(張暮輝)*

1. 들어가는 말

2018년부터 중국과 미국이 무역 전쟁에 돌입한 이래 아시아 태평양 지역에서 양국의 갈등과 충돌은 지속적으로 심화되어 국가안보, 경제적 이익, 산업 배치, 정치 구조 및 이데올로기 이념 등 전면적인 대립 양상을 형성하였다. 국제관계의 관점에서 볼 때 미중관계의 대립은 두 나라 관계의 범위를 넘어 갈수록 두 개의 국제 및 지역 질서의 대결과 투쟁으로 나타나고 있다. 특히 동아시아 지역에서 이런 추세가 두드러진다. 오바마 대통령 집권 시절부터 이미 미국은 동북아 지역에서 '재균형' 전략을 제시했고, 트럼프 대통령 집권 후 무역전쟁에 이어 다자외교를 주축으로 중국 봉쇄를 목적으로 한 '인도·태평양 전략'을 내놓았으며, 바이든이 미국 대통령직을 승계하

* 성균관대학교 동아시아학술원 조교수.

고부터는 일본, 한국 등 동아시아 지역의 전통적 동맹들과 파트너십을 더욱 완화하거나 강화함으로써 중국에 대한 전략적 압박을 실현하고 있다. 이 글은 국제 정치적 시각으로 바이든 정부 시기 중국의 동아시아 전략을 검토하고 분석하며, 중국 주변외교의 미래에 대해 제언하고자 한다.

2. 미중 대결 속 중국의 동아시아 전략

중국의 개혁개방 이후의 이념과 실천으로 볼 때, '대국 외교'는 줄곧 중국 외교 전략의 가장 핵심적인 고려사항이었고, '주변 외교'는 '대국 외교'와 상호보완적 관계를 이루는 일부분이었다. 이런 전략적 사고 아래 미중관계는 종종 중국 외교 전략의 핵심 축이 되었고, 일본, 한국, 동남아 등 아시아 주변국과의 외교 방침은 미중관계의 총체적 흐름에 따라 유연하게 적용되었다. 다시 말해 미중관계가 건전하고 안정적으로 상승하는 추세가 유지되는 상황에서 중국의 주변외교는 자주권과 확장성을 더욱 가질 수 있다. 반면 미중관계가 소극적이거나 하락하는 궤도에 진입한 후에는 많은 동아시아 주변국이 미국의 동맹국이라는 점을 감안해 중국은 더욱 자제하는 태도를 취하게 되고 이로써 주변국들을 미중 사이에 끌어들여 중립과 균형을 유지하게 한다.

미중 무역전쟁 이후 트럼프 정부는 중국을 '전략적 경쟁자'로 명시했고, 그 후로 '인도-태평양 전략'을 적극 추진하면서 미국, 일본, 인도, 호주의 '4개국 대화협의체' 재개를 추진했다. 미중 대결이 고조되는 큰 배경 아래 필자는 중국의 주변 전략 역시 뚜렷한 조정기에 접어들었다고 여기며, 특히 일본, 한국 및 동남아 등 동아시아 국가들에 대한 외교는 기본적으로 '조정, 완화, 양보, 협력'의 양상을 드러내며 역량을 집중시켜 미국에 대응하는 외교적 효과를 달성하였다고 보고 있다.

현재 동아시아에서 미중 양국의 세력균형과 국제정세에 대해 여러 중국 학자들은 지역경제의 중심인 중국과 지역안보의 중심인 미국을 '이원적 구조의 균형'으로 제시하고 있으며,[1] 나아가 일부 중국학자들은 중국이 주도하는 '일대일로'와 미국이 주도하는 '인도·태평양 전략'을 배경으로 미중 '라이벌 지역주의'(Rival Regionalism)[2] 개념을 제시하기도 한다. 구체적으로 말하면, 중국이 자국의 시장 우위 및 경제력을 바탕으로 동아시아 주변국들과 적극적으로 관계를 완화하고 주변국에 더 많은 공공재를 공급한다는 것이다. 예를 들어 중국이 주변 외교 환경을 개선하려는 적극적인 자세는 포괄적·점진적 환태평양경제동반자협정(CPTPP) 가입을 공식적으로 신청한 데서 일부 엿볼 수 있다. 시진핑 주석은 2020년 말 아시아태평양경제협력체(APEC) 회의를 계기로 처음으로 중국의 CPTPP 참여 의사를 공식화했다. 물론 현 상황으로 보면 중국이 CPTPP 가입 협상의 후속 조치를 취할지는 불분명하다. 즉, 중국이 관련한 새로운 국내 경제체제 개혁을 시작할 수 있을지, 또 CPTPP의 높은 기준을 수용하여 실질적인 양보를 하게 될지는 좀 더 지켜봐야 할 것이다. 다만 적어도 중국은 미국의 TPP 탈퇴가 아시아 태평양 지역주의 및 자유무역 환경에 악영향을 미치고 있는 배경 속에서 자신이 '미국보다 먼저 자유무역을 추진하고 세계화를 수호하는 책임 있는 대국'이라는 이미지를 만들고자 하는 것으로 보인다. 아래에서는 동북아와 동남아 두 지역의 각도에서 중국의 동아시아 외교에 대한 '조정, 완화, 양

---

1) 李岩, 達巍, 「中美在亞太地區的安全矛盾: 演變與邏輯」, 『國際安全研究』 第二期 (2020), pp.3-22.
2) 張弛, 「競爭性地區主義與亞洲合作的現狀及未來」, 『東北亞論壇』 第二期 (2021), pp.85-96.

보, 협력'의 총체적 발상과 정책적 전환을 각각 설명하고자 한다.

3. 중국의 동북아 전략

동북아 지역에서 미중관계가 악화된 이래로 중일관계와 한중관계가 각각 어느 정도 완화와 조정을 보이고 있으며, 이러한 호조의 주된 원인은 중국 정부의 적극적인 관계 개선 의지와 행보에서 기인한다.

2017~2018년은 중일관계의 중요한 전환점으로 여겨진다. 2012년 아베 정권 이후 중일관계는 역사문제와 영토분쟁으로 점차 바닥으로 치달으면서 양국 정상 및 고위층 간 교류가 중단되었다. 양국 관계의 정체는 2012~2015년과 2016~2017년 사이의 한중일 3국 정상회의의 중단으로 이어졌다. 중일관계가 본격적으로 회복될 기미를 보인 것은 2018년 미중 무역전쟁이 시작된 이후다. 2018년 5월 리커창 중국 총리는 일본을 방문하였고, 한중일 정상회의에 참석하였다. 그리고 이 기회를 빌려 중국 지도부는 수년 만에 일본 방문 여행 재개를 결정하고 중일관계에 가로놓여 있던 얼음을 깼다. 2018년 말 중일 양측은 아베 총리의 방중을 추진하면서 양국 관계 회복의 시작을 알렸다. 특히 주목할 만한 점은 중국의 제안 및 주도로 중일 양국이 처음으로 '제3자 시장 협력'이라는 새로운 방식에 대해 합의를 달성하였다는 사실이다. 일본이 '일대일로'(一帶一路) 참여를 공식적으로는 꺼리는 가운데에서도 아시아 다른 지역에서 중국과의 출혈 경쟁을 피하고 이익 조정에서 원원하는 정책적 선택을 다룬 연구가 적지 않고, 또한 중일 경제무역협력 강화에 대한 일본 기업계와 경제계의 기대도 점차 커지고 있다. 현재 중국과 '제3자 시장 협력'을 벌이고 있는 국가들 가운데 중일 '제3자 시장 협력'이

다루는 사업이 가장 심도 있고 광범위하다. 현재 태국은 중일 '제3자 시장 협력'의 핵심 대상국이 되었으며 협력 범위에는 기반 시설, 공업 단지, 산업 체인의 분업 및 협력 등이 포함된다. 예를 들어 일본 최대 화물 운송회사인 '일본통운(日本通運)'은 일찍이 중국철도총공사와 합작해 중국에 있는 일본 기업이 중국-유럽 간 화물열차를 통해 중앙 아시아 및 유럽으로 가는 정기 운송 업무에 협조하고 있다.

같은 맥락에서 최근의 중일관계를 보면, 양측 사이에 여전히 많은 마찰이 있지만 아베 집권 초기와 비교하면 양국 관계는 기본적으로 안정적이고 통제 가능한 양상을 보이고 있다. 여기에서 특히 중국 정부의 저자세가 중요하다. 2021년 4월 미일 '2+2' 공동성명은 댜오위다오, 남중국해를 비롯한 인도·태평양 지역의 거의 모든 '민감한 문제'를 언급했고, 처음으로 신장과 홍콩의 인권 문제를 포함시켰으며, 대만 및 미래 국제 산업체인과 첨단과학기술 경쟁 등 이전에는 드물게 언급되던 주제까지 포함하였다. 그럼에도 불구하고 중국 정부는 아베 정권 때 취했던 거센 반대 입장에 비해 보다 절제된 자세를 유지하였다. 중국은 여전히 중일관계의 기본적 안정을 기대하면서 미중관계와 중일관계의 동시 악화를 피하려 하고 있다. 아울러 2021년 도쿄 올림픽의 경우 중국은 700명 이상의 방대한 대표단을 파견해 코로나19 상황에서도 올림픽 개최를 고집했던 일본에 강력한 지지를 보내주었다.

마찬가지로 한중관계 또한 최근 들어 점차 완화되는 양상을 보이고 있다. 2016년 한국이 사드(THAAD·고고도미사일방어체계) 배치를 발표하자 중국 정부는 문화·엔터테인먼트 측면의 '한한령(限韓令)'과 한국 여행 제한 등 보복 수단을 취하였다. 필자는 문재인 정부가 '추가 배치하지 않고, 미국 미사일 방어체제(MD)에 가입하지 않고, 한미일 3자 안보동맹을 구축하지 않겠다'는 '3불' 공약 이후 중국이 그동안의 강경 자세를 점차 약화시켰다고 판단한다. 특히 2018년 미중 무역전쟁 이후 중국은 기정사실화된 사드 배치에 대한 후속 보복조치를 하지 않았는데, 중국의 태도 변화와 양보가 한중관계 정상화에 관건적인 요소가 되었다. 2018년 이후 중국의 '한한령' 역시 부분적으로 풀리기 시작했다. 2018년 남북관계에 다시 서광이 떠오르자 중국 정부와 학자들은 한반도의 철도·도로 연결 계획을 일대일로에 포함시키자고 적극 제안했다. 이미 중국 학자들은 한중 양국의 협력을 통해 북한에 경제 개혁과 개방이 실현되도록 하는 '중-남-북 경제권'(中韓朝經濟圈) 개념을 제시하기 시작했다. 아울러 문재인 정부의 '신북방정책'과 '신남방정책'을 결합하여 많은 중국 학자들은 한중 '제3자 시장' 협력의 실천 모델에도 주목하기 시작했다.

전반적으로 보면 중일관계보다 중한관계가 분명히 더 안정적이고 통제 가능하다. 최근 한중관계의 추세로 보면 사드 위기의 부정적 영향이 완전히 해소되지는 않았지만 양국 정부 모두 북핵 문제가 양국 관계에 미치는 충격을 줄이려 하고 있다. 특히 중국 측 입장에선 2018년 미중관계가 악화된 후로 한국에 대한 정책을 조율하기 시작하였고, 남북한 문제와 지역 협력 문제에서도 호의를 표명했다. 2021년 들어 바이든 정부는 한일 동맹 파트너십 복원에 적극 나섰고 한국을 끌어들여 중국에 대항하고자 했다. 한국도 이 기회를 빌어 옵서버 자격으로 2021년 G7 정상회의에 참석하였다. 그럼에도 불구하고 중국은 한국에 대해 별다른 이의를 제시하거나 비난하지 않았다. 이는 일본이 미국의 지정학적 전략을 확고하게 추종하는 것에 비해 한국이 최근 몇 년 동안 미중 사이에서 균형과 중립을 유지하려 노력해왔고, 중국 정부도 이를 사실상 묵인하고 있음을 보여준다. 필자는 이것이 한중 간에 여전히 소통과 신뢰 및 외교적 묵계가 있으며, 중국은 미중 사이에 처해 있는 한국의 딜레마적 위치에 대해서도 어느 정도 이해하고 있음을 보여주는 것이라 생각한다.

4. '일대일로'와 중국의 동남아 전략

동시에 중국의 동남아 외교 전략도 어느 정도 수축하는 모습을 보이고 있는데 이것은 주변국과의 갈등을 완화하고 미중 대결에 집중하려는 목적에서다. 이것은 특히 '일대일로' 이니셔티브의 재조정 및 위치 설정에 집중되어 있다. 실제로 중국은 2013년 '일대일로'를 제창한 이래 그 넓이에서는 비록 동남아·중앙아시아·남아시아·동유럽은 물론 아프리카까지 폭넓게 아우르고 있지만 협력 성과의 깊이에 있어서는 동남아시아에서 독보적이라 할 수 있다. 동남아는 전통적으로 중국의 지정학적 영향력의 '배후지' 중 하나였고, 아세안 국가들 역시 역사적으로 중국 외교의 굳건한 파트너였다. 현재 '일대일로'에서 구상하고 있는 6대 경제회랑 가운데 2개는 동남아시아와 관련되는데 각각 '방글라데시-중국-인도-미얀마 경제 회랑'과 '중국-인도차이나 반도 경제 회랑'이다. 만약 '일대일로'를 육지와 해양 두 개의 전략으로 나눈다면, 동남아 지역은 의심할 여지없이 두 개의 전략이 서로 중첩되는 핵심 지역이다.

2020년 전 세계적으로 코로나19가 창궐한 후로 세계적 범위 내에 있는 모든 '일대일로'의 각종 공정은 전방위적으로 충격과 영향을 받았다. 사실 전염병이 발발하기 이전 중국정부는 '일대일로' 추진 전략에 의식적으로 조정을 가했다. 예를 들어 중국 정부의 홍보 활동으로 볼 때, 2018년 미중 간 충돌이 격화되는 큰 배경에서 '일대일로'의 확충은 더욱 조용하고 실용화되어 연선 국가들의 의혹과 여론의 반발을 피하고자 했다. 2018년 2월 신화통신이 배포한 공식 신문기사 용어 사용에서는 '일대일로 전략'(一帶一路戰略)이라는 명칭 대신 '일대일로 이니셔티브'(一帶一路倡议)로 되돌릴 것을 명확히 규정하였다. 그 의도는 '일대일로'에 대한 세계 여론의 의구심과 저항을 피하려는 데 있음이 분명하다. 동시에 일부 중국 내 싱크탱크에서는 '일대일로'의 각종 사업이 겪는 어려움을 보다 객관적으로 보고 '일대일로' 이니셔티브의 장기화, 현지화, 탈정치화 등 구체적인 정책 제언을 하고 있다.

구체적인 사례로 보면, 중국은 동남아 지역의 '일대일로'에서도 점차적으로 이전의 단순한 양적 추구 노선에서 벗어나 사업의 질적 측면과 수익성을 중시하고 있으며 '일대일로' 상대국과의 소통과 조화를 강화하고 있다. 가장 전형적인 사례는 2018년 말레이시아에서 정권교체가 실현되어 줄곧 '친중'으로 불렸던 마하티르 말레이시아 전 총리가 재집권한 뒤 외국채무와 공공지출 삭감의 선거공약을 이행하기 위해 즉시 중국과 협력했던 '동해안 철도 계획'을 중단하고 또 두 개의 천연가스 파이프라인의 협력 사업도 함께 중단했다. 이 문제에 대한 중국 정부의 공식적인 반응은 비교적 조용한 편이었고, 중국 내에서의 대규모 언론 보도도 보이지 않았다. 이후 말레이시아 정부와 중국 정부의 협상 끝에 양국은 동해안 철도 공정의 새로운 합의를 체결하고, 사업 규모를 축소하고 경비를 3분의 1 수준인 106억 달러까지 낮추었으며, 2019년에 사업의 재가동을 선언했다. 한편, 일대일로의 시행과정 속에서 겪었던 사업 품질 부실, 현지 정치인의 반대, 민중의 저항 및 현지화 수준의 미진함 등 문제에 대해 중국도 유연한 '제3자 시장 협력' 방식으로 일본, 한국, 유럽 등의 기업들과 합작 사업의 모델을 통해 3자가 함께 윈윈하는 것을 달성하고 또 위에 언급한 국가 및 지역 기업들의 해외운영 경험과 국제적 명성을 빌어 국제여론의 '일대일로'에 대한 부정적 충격을 완화하고자 한다. 현재 중일 '제3자 시장 협력'은 태국의 기초 설비 건설 및 산업 협력 위주로의 진전에서 두드러지고 있다. 한중의 '제3자 시장 협력'은 미얀마, 태국 등지에서 진전되고 있으며 구체적으로 전자, 기계, 에너지 등 다양한 분야와 관련되어 있다. 이로 보건대, '일대일로'는 최근 몇 년 사이에 재정립되기 시작했고, 중국도 보다 개방적인 자세로 다른 회원국을 받아들이기 시작했으며 보다 다원화된 방식으로 각각의 사업을 추진하고 있음을 알 수 있다.

5. 결론과 전망

위의 내용을 종합하면, 중국 정부는 2018년 이후부터 동아시아 외교전략을 대대적으로 수정해 주변국과의 관계를 조정하고 개선해 나가기 시작했음을 알 수 있다. 본질적으로 이런 정책 조정들은 모두 미중 대결 국면의 출현과 확대에서 비롯됐다. 이후 중국 정부는 이에 상응하는 일련의 외교적 대응책을 택했는데, 그 목적은 미국의 압력과 도전에 정면으로 대응하는 동시에 최대한 주변국들의 중립을 얻어내어 '앞뒤로 여러 적의 공격을 받는'(多線作戰, 腹背受敵) 수동적 국면을 피하려는 것이다. 앞서 밝힌 대로 2018년 이후 중국의 동아시아 외교정책은 '조정, 완화, 양보, 협력'의 4단계로 요약할 수 있으며, 이 방침은 중국의 대 일본, 한국, 동남아 외교를 관통하고 있다. 최근 몇 년간 중일, 중한관계가 역사적 문제와 '사드'문제로 인한 침체기에서 각각 벗어나고 있는 것이 그 명확한 증거다. 동시에 중국이 더욱 조용하고 실무적인 방식으로 '일대일로'를 추진하기 시작한 것 역시 중국이 동남아 국가들과의 관계 개선을 시도하고 있음을 보여주는 것이다.

물론 이 같은 외교 방침이 트럼프 집권 시기 어느 정도 효과를 거둔 근본적인 원인에는, 트럼프의 일방주의적 외교노선으로 인해 일부 전통적 동맹국들의 이익을 해쳤기 때문에 일본, 한국 등이 미중 사이에서 애매한 중립적 전략을 취하게 되었다는 점에도 주의할 필요가 있다. 그러나 바이든 정부는 트럼프 시기의 외교노선을 뒤집고 동맹국과의 관계를 복원하는 한편 인도·태평양 지역에서 미국, 인도, 호주, 일본과의 다자외교에 의존하는 방식으로 중국을 압박하려 하고 있다. 이런 환경에서는 중국이 최근 몇 년간 추진한 비교적 온건한 주변외교 정책이 새로운 시련을 맞게 될 수 있다. 주변국들이 미중 사이에서 지속적으로 중립을 유지할지의 여부는 여전히 좀 더 지켜봐야 할 문제이다.

제2부
새로운 동북아 안보
아키텍처(architecture)

미중 전략경쟁 속 한반도 정세 변화와 전망*

첸융(千勇)**

  한반도 문제는 주로 중국, 미국, 북한, 한국, 일본, 러시아 등 6개국과 관련되어 있으며, 그중에서도 북한, 미국, 남한의 3개국이 한반도 정세에 가장 직접적인 영향을 미치고 있다. 최근 몇 년간 한반도 정세 변화 속에서 북미, 남북, 한미 간의 교류가 잦아졌고, 이 세 가지 양자관계의 심한 기복이 한반도 정세의 방향을 상당부분 결정해 왔다. 트럼프 집권 후반기에 한반도 정세가 교착상태에 빠지고 북미, 남북, 한미관계가 전반적으로 냉랭해졌지만 미국 바이든 정부의 출범과 함께 이 3자들 간에 형성된 양자 관계는 대화 창구의 조정 국면을 맞이했다. 바이든 정부가 트럼프 정부의 대중 강경 태도를 계승하고 더욱 심화함에 따라, 미중관계가 한반도 정세에 미치는 영향력은 더욱 부각될 것이며, 향후 북미, 남북, 한미 교류에 중요한 영향을 미치게 될 것이다.

---

* 이 글은 저장성 철학사회과학계획 프로젝트(19NDJC181YB)의 단계적 성과이다.
** 저장대학교 한국연구소 부교수.

1. 미중 전략 경쟁의 형성

현재 바이든 정부의 대중 정책은 크게 협력(Cooperation), 경쟁(Competition), 대결(Confrontation)로 귀결된다. 우선 주목해야 할 것은 트럼프 정부 시기인 2017년 12월 『국가안보전략』에서 강조된 대외정책의 세 가지 특징이다. 첫째, 중국과 러시아가 나란히 '수정주의 세력'(revisionist powers)으로 지칭되었다. 둘째, 기후변화를 미국 안보에 대한 위협으로 간주하였고, 이 보고서가 나오기 전에 미국은 이미 〈파리 협정〉에서 정식으로 탈퇴했다.[1] 셋째, 전 세계를 각축장(競技場)으로 여겨 미국의 이익을 위해서는 전통적인 동맹국과 파트너를 포함한 모든 국가와 주저하지 않고 관계를 맺는 방향으로 태도를 바꾸었다.

바이든 정부는 다음과 같은 면에서 트럼프 정부와 극명한 대조를 이룬다. 첫째, 중국에 대한 포지셔닝이다. 바이든 정부는 기본적으로는 중국을 주요 경쟁자로 보는 트럼프 정부의 포지셔닝에 대체로 동의한다. 하지만 바이든 정부는 중국의 도전에 대한 최우선성과 유일성을 더욱 부각시켰으며 "중국만이 미국에 도전할만한 경제 · 외교 · 군사 · 기술력을 가진 유일한 국가로 미국에 도전할 수 있는 종합적인 국력을 가졌다"고 여기고 있다. 둘째, 동맹국과의 파트너십이다. 미국의 동맹체제는 미국 국력의 중요한 원천이지만 트럼프 정부가 중미관계를 다룰 때 동맹국을 종종 무시하고는 했다. 이에 반해, 바이든 정부는 동맹국과 파트너국들을 단결시켜 함께 중국을 압박하고자 한다. 이렇게 중첩된 힘의 효과를 중국은 더욱 무시할 수 없을

---

1) 트럼프 시기 '파리협정'에서 탈퇴한 것 외에도, 2017년 1월 23일 미국 정부는 환태평양경제동반자협정(TPP)에서 탈퇴, 2017년 10월에는 유네스코를 탈퇴, 2019년 8월 2일에는 "중거리핵전력조약"에서 탈퇴, 2020년 11월 22일에는 "항공자유화조약"을 탈퇴하였다.

것이다. 셋째, 국제기구와 다자주의로의 회귀이다. 이와 관련하여 트럼프 대통령은 일련의 다자제도 탈퇴와 계약 파기 등의 행동을 취했는데, 미국이 탈퇴하면 중국이 그 빈자리를 메웠다. 그러나 바이든 정부는 이들 다자간 국제기구에서 다시 리더십을 발휘해야 한다고 여기고 있다. 넷째, 미국이 신봉하는 인권과 민주적 가치이다. 트럼프는 중국 인권 문제에 관심이 없으면서도 인권 문제를 가지고 종종 중국과 거래했지만, 바이든 정부는 중국의 인권 문제 또한 미국의 힘이 자리하고 때문에 목소리를 내야 한다고 여긴다. 이밖에도 바이든은 "임기 내에 중국이 미국을 제치고 세계 최강국이 되는 일은 없을 것"이라고 공개적으로 선언했다.

　요컨대 미국은 이미 대중국 전략 경쟁의 막을 완전히 열어젖혔다고 말할수 있다. 중국과 미국이 이미 전면적인 전략 경쟁 상황에 접어들었고, 일부 사람들은 현재의 미중관계를 '신냉전'개념을 통해 규정하기도 한다. 그리고 미중관계의 추세가 한반도 정세에 미치는 영향은 과거에 비해 더욱 증가할 것이다.

2. 전략 경쟁 배경 속 미중 양국의 한반도 외교정책 변화

　바이든의 중국 정책은 국제동맹 구축을 주요 외교전략 목표로 삼고 동맹국 간의 안보 동맹, 경제 동맹, 민주 동맹 강화를 수단으로 삼아 전면적으로 중국의 부상을 억제하는 것이다. 구체적으로 미국은 '동맹 냉전'(結盟冷戰)으로 중국에 대한 전략 경쟁을 전개하여 정치적으로 가치관을 중심으로 정치안보동맹의 구축을 시도하고자 한다. 또한 동맹국 간의 경제적 상호의존관계를 이용하여 진영을 구분하고 미중 사이에 특정 분야의 장벽을 만들어 상대적으로 분리된 공급 네트워크를 형성함으로써 중국과 미국 동맹국 간의 경제 협력 관계를 견제하고 분리시키는 목적을 달성하고자 한다.

미국의 이러한 대중 외교전략은 미국의 대중 전략 경쟁에서 한반도의 가치를 더욱 끌어 올렸으며, 또한 미국의 한반도 정책에도 새로운 변화를 가져왔다. 과거 미국은 북핵 문제에 더 많은 관심을 기울이고 북한을 중국을 이용하기 위한 교란 변수로 간주했으며, 한국과의 관계에서는 중국에 대한 안보와 군사 억제력에 더 많은 관심을 기울인 한편, 한중 경제협력에 대해서는 상대적으로 묵인하는 태도를 유지했다. 그러나 현재 이러한 전략은 한반도 전체를 하나의 변수로 삼아 중국을 전방위로 억제하는 것으로 전환되었다. 특히 한국을 끌어들이려는 의지가 점점 더 뚜렷해지고 있다. 이는 인도-태평양 전략, QUAD(미국, 일본, 인도, 호주의 4자 간 협의체), EPN(경제번영네트워크)에 한국을 끌어들여 한국과 중국의 연결고리를 끊으려는 시도에서 주로 드러나고 있다. 얼마 전 한미정상회담에서 체결된 〈한미공동성명〉도 미국이 한반도 정책에 대해 적극적으로 전환된 단계적 결과로 볼 수 있다.

한미공동성명이 한중관계에 미치는 영향을 살펴보면 첫째, 문재인 정부의 한미공동성명은 새 정부와 향후 한중관계 발전에 있어 정책적 융통성을 어느 정도 제한하고 있다. 둘째, 문재인 정부는 역대 진보파 정부 가운데 미국의 지지를 가장 많이 받은 정부이지만, 사실 진보파 정부는 예로부터 한미관계와 한중관계에서 균형 잡힌 발전을 위해 한중관계 발전에 주력해 왔다. 이번 문재인 정부의 변화가 한중관계에 지대한 영향을 미칠 것이라고 하지 않을 수 없다. 셋째, 한미공동성명은 남중국해, 대만 등 관련 현안을 처음으로 언급했을 뿐 아니라, 미사일 사거리 제한 개정 문제, 5G와 6G 등 첨단기술 분야의 협력 등 중국의 안보 이익에 관련된 분야와 관련되어 있어 한중관계에 있어 불안정한 요소를 가중시켰다. 내년은 한중 수교 30주년이 되는 해로, 향후 한중관계가 어떻게 더 깊어질 것인지는 한국이 중국과 미국 간의 장기적인 전략적 경쟁에서 적극적이고 건설적인 역할을 할 수 있는지의 여부에 크게 좌우된다.

미국의 한반도 전략 변화는 중국의 한반도 외교 전략에도 영향을 미치고 있다. 첫째, 한반도 문제와 관련하여 장기적·전반적인 관점에서는 미중 간 경쟁관계가 주된 양상이지만, 특정 현안과 특정 시기에 있어서 협력 가능성을 배제할 수는 없다. 둘째, 과거 중국의 한반도 전략은 '남과 북을 함께 중시'(南北並重)하는 가운데 경제·문화는 남한에 더욱 치중하고, 정치·안보는 북한에 치중하였다. 그러나 현재 추세는 중국 외교 전략에 따라 한반도를 총체적으로 보고 있다. 셋째, 미국의 중국 억제 전략에서 한반도의 위상이 높아져 중국 외교에서의 한반도 문제와 미국 문제와의 연계성이 증대되었다. 이에 따라 중국은 미국 문제를 포함한 대외전략에 대한 해결책으로 한반도 전체의 외교적 위상을 격상시켰다. 넷째, 중국은 미중 경쟁에서 한반도의 역할과 영향력이 증대됨에 따라 중국도 자신의 정책을 한반도 정세의 새로운 변화에 맞게 끊임없이 평가하고 조정해 나갈 것이다.

한반도 문제에 대한 미중의 상호작용은 줄곧 상당히 복잡한 과정이었으며, 미국의 대국 경쟁 전략은 의심할 여지 없이 한반도 문제에 대한 불확실성과 위험성을 증폭시킬 것이다. 냉전 종식 이후 한반도 정세에 비교적 유리했던 국제 협력 분위기도 달라지고 있다. 앞으로는 한반도 문제에 관해 미국과 중국이 협력하고 있는 사안이라도 경쟁적 게임의 속성이 부각될 것이다. 또 미중 전략경쟁이 한반도 문제에 대한 양국의 정책 선택과 협력을 제약할 수는 있지만, 미중이 한반도 문제에서 전략적 경쟁 속에 호의적인 상호작용을 가질 가능성도 배제할 수 없다. 새로운 정세에서 미국과 중국이 한반도 문제에 있어 호의적인 상호작용을 이룰 수 있을 지의 문제는 한반도 정세뿐만 아니라 지역과 세계 정세에까지 중요한 영향을 미칠 것이다.

3. 전략 경쟁 속 미중관계와 북핵 문제

트럼프 집권 초기 한동안 미중 간에 북핵 문제에 대한 호의적인 상호작용 시기가 있었다고 볼 수 있다. 당시 북한의 잇따른 핵미사일 실험은 미국을 압박했고, 미국은 유엔의 대북 결의안을 중국이 지지하도록 지속적으로 방법을 모색했다. 국제 핵 비확산 체제의 보호 및 동북아 지역의 평화적 안정을 위해 국제협력을 지지하여 북핵문제에 대응하는 것에 대해 중국도 북한 핵실험에 대한 유엔 안보리 결의 2375호의 전면적이고 완전한 이행을 바란다고 밝혔다. 하지만 북미 싱가포르정상회담 직후 얼마 지나지 않아 트럼프 전 대통령은 이미 북한 문제에 대한 통제권을 장악했다고 생각하고, 중국에 대한 이른바 '관세 무역전쟁'을 일으켰다. '무역전쟁' 이래로 미중 간의 전략적 상호 신뢰는 지속적으로 하락하고 있다. 이에 미국의 '전략 경쟁'이라는 것은 전략적 대립과 중국에 대한 압박을 만드는 것으로 변화하였다. 미국은 바이든 정부 출범 이후 중국을 미국 패권의 제1 경쟁자로 직시하고, '다자 동맹 외교' 방침 아래 동맹국들을 끌어들여 중국과 '필요한 모든 분야에서 경쟁'을 펼치고 있다. 이는 냉전 종식 이후 북핵문제 해결에 비교적 유리한 국제협력 분위기를 변화시키고 있고 북핵을 둘러싼 강대국들의 게임을 더욱 복잡하게 만들었다.

전략 경쟁의 배경 속에서 국제관계의 상호작용은 충돌형, 경쟁형, 협력형으로 구분된다. 충돌형 상호작용에서는 이견을 일으키는 요인이 협력의 요인보다 훨씬 크고, 협력형 상호작용은 그와 정반대이며, 경쟁형 상호작용은 둘 사이에 있다. 이전에는 북핵 문제에서의 미중 게임이 경쟁적 협력에 치우친 복합형 게임이었으며 많은 경우에 제로섬 게임이 아닌 포지티브섬 게임이었다.

사실 미중 양국은 북핵 문제의 이해당사국으로서 한반도에 대한 공통된 이익의 고려와 이익의 교차점이 있다. 먼저, 미중 양국은 모두 한반도 비핵화와 핵 확산 방지를 추진해 왔다. 북한의 '핵 보유'는 미중 양국의 핵 안보를 위협하게 될 것이기 때문이다. 2008년 12월 6자회담이 중단된 후로 중국과 미국은 북한의 핵 보유국 지위 불인정, 북한의 핵실험 반대와 북한의 핵확산 방지 문제 등에 대해 거의 기본적으로 일치된 입장을 유지해왔다. 다만 핵 확산 방지에 있어서 미중이 치중하는 점이 다르다고 한다면, 미국은 전 세계적 차원으로 더욱 고려하는 반면 중국은 동아시아에 국한되어 있다는 점이다.

그 다음으로는, 한반도 비핵화 실현을 위한 경로에 있어서 중국과 미국 두 나라는 다자간 협력을 중요한 수단으로 여기고 있다. 제2차 북핵 위기 이후 미국은 여러 차례 "북핵 문제가 '지역 문제'이지 미국과 북한의 양자 문제가 아니"라고 강조했다. 중국이 추진하여 성사된 3자회담이나 나중에 확대된 6자회담은 사실상 대부분 미국의 요구로 북미 협상을 위한 여건을 조성한 것이다. 2016년 이후로 북한의 핵실험에 직면한 미국은 6자회담에 복귀할 생각이 없다고 밝혔고 이후 미국과 북한은 여러 차례 양자 회담을 가졌지만, 결국 미국은 다자적 경로로 북핵 문제를 해결한다는 기존 입장을 바꾸지는 않았다. 중국은 지금도 각국을 6자회담 테이블로 끌어내기 위해 노력하고 있고, 한결같이 6자회담을 북핵 문제 해결의 효과적인 플랫폼으로 여기고 있다.

이와 동시에 중국과 미국은 북핵 문제에 대해 항상 큰 이견과 모순을 갖고 있다. 이러한 이견과 모순은 중국과 미국이 북핵 문제에 대해 호의적인 상호작용을 지속할 수 없는 근본적인 원인이기도 하다. 우선 북핵 문제 해결 방식에 있어 미국과 중국 간에 이견이 존재한다. 비록 미중 모두 북한을 압박하는 데는 동의하고 있지만 미국과 중국의 정책에는 매우 큰 차이가 있다. 북핵 문제 해결과 관련해 미국은 경제제재와 심지어 군사적 타격에 더욱 치중해 있다. 그러나 미국의 이런 정책방향이야말로 북핵 문제가 '제재 대 실험'의 악순환에서 벗어나지 못하게 하는 것이다.

반면 중국은 제재 수단을 과신하는 것에는 동의하지 않고 정권교체 작업에 반대하며 군사적 수단의 사용 대신 정치·외교적 수단을 통한 북핵 문제해결을 강조했다. 중국은 북한 외교에 대해 '무핵(無核), 부전(不戰), 불란(不亂)'의 세 원칙을 유지하고 있다.[2] 그 다음으로, 미국과 중국 모두 한반도 비핵화를 견지하면서도 북핵 문제 해결에 대해서는 뚜렷한 견해 차이를 보이고 있다. 중국은 전력으로 협상을 추진해야 문제가 해결될 수 있다고 여기고 있지만, 미국의 방안은 "대화는 할 수 있지만 안 되면 때린다"는 것이다. 미국에게 있어 협상의 전제조건은 북한의 핵 포기다. 북한의 핵 포기 여부는 한일 군사력의 건설, 발전과 배치에 직접적으로 관련되어 있고 동북아에서의 미국의 전략적 이해와 직결되기 때문이다.

앞으로의 미중 간 전략적 경쟁이 심화됨에 따라서 북핵 문제에서 미중간 기존의 포지티브섬 게임이 급격히 약화되고, 제로섬 게임의 가능성이 커질 것이다. 우선, 미국 바이든 정부의 중국을 겨냥한 '동맹 전략'은 한미

---

2) '비핵화'(無核)는 한반도 평화의 기본 조건이며, '혼란이 발생하지 않는 것'(不亂)은 노력하여 실현해야 할 목표이며, '전쟁이 없는 것'(不戰)은 반드시 엄수해야 할 마지노선이다. 何亞非, 「以'無核, 不亂, 不戰'應對朝鮮新核試」, 『中國新聞週刊』 14 (2016).

나 미일 동맹관계의 강화로 이어질 것이 틀림없으며, 2021년 새롭게 체결된 〈한미공동성명〉과 〈미일공동성명〉이 이를 증명해 주었다. 미국이 냉전 시대 '남3각'의 형세를 갖게 될 수 있으나, 이는 동북아를 다시 분열 상태에 처하게 하는 것이며 더욱이 북핵 문제의 평화적 해결에 도움이 되지 않는다. 다음으로, 과거 북핵 문제는 미중관계 안정의 불안정한 요인이었지만, 특정 시기 북핵문제에 있어서 미중의 호의적인 상호 작용이 미중관계 구축과 발전에 긍정적인 영향을 미쳤음을 부인할 수 없다. 그러나 현재 미중이 경쟁, 대결이라는 큰 틀에서 북핵 문제가 미중관계에 긍정적으로 작용할 가능성은 크게 낮아졌다.

그동안 미중은 북핵 문제에 대한 상호 인식에서 양면성을 가지고 있었다. 중국은 한반도 문제에서 미국과의 협력을 유지하면서도 미국의 의도에 대해서는 일정한 경계심을 갖고자 했다. 미국은 북한에 대한 중국의 영향력을 빌어 북핵 문제를 해결하려는 동시에 또 중국을 잠재적 위협으로 보았다. 향후 북핵 문제에 있어서 미국의 의도에 대한 중국의 경계심과 중국의 위협에 대한 미국의 전면적인 억제가 북핵 문제에 있어서의 미중 간 주요 의제가 될 것이다. 이는 또한 이 문제의 불확실성과 위험성을 더욱 증가시킬 것이다.

4. 한반도 정세 전망

포스트 코로나 시대의 한반도의 정세를 전망해보면, 코로나19의 세계적 확산에 따라 미중관계가 계속 악화되고 있으며, 포스트 코로나 시대에 세계 가운데 양극화 구도가 형성될 것인지에 많은 관심이 모아지고 있다. 양극 구도가 형성되면 많은 국가들이 강제적으로 한 쪽을 선택해야 하고, 설령 경제적으로 미국, 중국과 등거리 관계를 유지할 수 있다 하더라도 안보, 기술, 이념적 면에서는 모두 스스로 한 가지 선택을 해야만 한다. 한반도 정세 또한 이에 따라 새로운 양상을 띠게 될 것이다.

먼저, 북한은 전염병 사태 기간 동안에도 '쌍중단(雙暫停)' 약속을 위반하지 않았으며, 가까운 시일 내에 북한이 이른바 '전략적 도발'을 통해 북미관계를 뒤흔들 가능성은 크지 않다. 강한 자극을 받지만 않는다면, 북한이 경솔하게 전략 무기를 시험하지는 않을 것이다. 또한, 북한은 지속되는 미국에서의 전염병 사태 악화와 중국의 전염병 사태에 대한 기본 통제 및 전염병 기간 동안 자국의 경제가 받은 심각한 피해 등 국내외 정세에 직면하여 한편으로는 중국과의 경제 무역 협력 채널을 재개하여 국내 경제와 인민의 생활에 대한 압박을 완화할 것이다. 다른 한편으로는 방역 협력과 방역 지원을 돌파구로 삼아 국제적 제재로 인한 외부 압력을 완화시킬 것이다. 이 목표를 달성하기 위해 북한은 부드럽고 강경한 두 가지 태도를 모두 사용하여 한국을 압박하고 한국을 매개체로 미국의 양보를 이끌어 낼 것이다.

다음으로는, 한국에 있어서 한미 동맹은 안보의 초석이지만, 미중 경쟁구도에서 미국이 한미 동맹을 중국을 겨냥한 방향으로 전면 전환하는 추세가 이미 뚜렷하여 한국이 신봉하는 '안미경중'(안보는 미국에, 경제는 중국에 중점) 전략은 전례 없는 도전을 받게 될 것이다. 문재인 정부가 미중 사이에서 시행한 '모호한 전략'도 『한미공동성명』 발표로 인해 그 모호성이 크게 줄었다. 한국은 2022년 대선을 앞두고, 차기 정부가 진보파냐 보수파냐를 막론하고 외교상의 유연성을 유지할 수 있을지, 미중 경쟁 가운데 어떻게 처신할지에 따라 한반도 전체의 안보 상황은 지대한 영향을 받게 될 것이다.

마지막으로, 향후 북핵 문제에 있어서는 여전히 미국과 북한이 한반도 비핵화 실현의 주역이 될 것이며, 북미 간 대화가 주요 통로가 될 것이다. 미국 바이든 정부가 밝힌 대북 정책 개요를 보면 바이든의 '실제적인 효과 없이는 북핵 문제를 해결하지 않겠다'는 입장이 오바마의 '전략적 인내', 트럼프의 '북핵 문제 성급하게 해결하지 않겠다'는 입장에 비해 실질적인 돌파를 이루지는 못했지만 그 중점은 여전히 한반도 정세 격화를 막는 데 초점이 맞춰져 있다. 그러나 바이든이 대화채널을 폐쇄하지 않겠다고 강조하고 협상단에 더 많은 권한을 부여하는 방식으로 북한과 '바텀 업' 외교접촉에 나선 것은 트럼프 시절의 '탑 다운' 방식과는 확연히 차이가 있다. 현재 북한은 지속적으로 미국과의 대화를 거부하고 있지만 북미 대화에 대한 기대는 여전하다. 따라서 한반도 핵문제는 여전히 평화적인 대화로 풀어나갈 수 있는 기반을 갖추고 있다고 할 수 있다. 그러나 이와 동시에 중국과 미국의 전략적 경쟁과 새로운 외부 변수로서의 코로나19가 북핵 문제에 새로운 불확실성을 가중시켰다. 그리고 이러한 불확실성이 북핵 문제 해결에 새로운 기회를 가져다줄지 아니면 난국을 가져올지는 더 지켜봐야 할 것이다.

탈냉전기 북한의 대외전략과 바이든 시대 북미관계

안경모(安京模)[*]

하노이 노딜 이후 교착되며 미국 대선을 계기로 멈추어 버린 한반도 평화프로세스는 다시 가동될 수 있을 것인가? 이하에서는 북한의 탈냉전기 대외전략 전반을 개괄하고 그 연장선에서 북한 대외관계의 가장 핵심적인 변수인 북미관계와 관련한 몇 가지의 시나리오를 중심으로 향후 정세를 전망해 보고자 한다.

일종의 냉전 엔드게임으로서 탈냉전기 북한의 최초 대응은 관계적 평화전략에 더욱 가까웠다. 남한과 화해, 불가침, 교류협력, 그리고 비핵화와 관련한 파격적인 합의를 도출한 남북기본합의서와 비핵화 공동선언을 통해 "서울을 거쳐 워싱턴으로" 향하려 했던 일련의 교차승인 전략, 즉 남방전략이 그것이다. 그러나 남한의 대선정국, IAEA의 조직적 이해, 북미 간의 근본적 불신, 그리고 북한의 불투명성 등이 핵의혹을 핵위기로 악화시킨 끝

---

[*] 국방대학교 안보정책학과 부교수.

에 이러한 시도는 철저히 실패했다. 결국 이와 같은 실패는 '붕괴론'과 '선군정치'라는 이면의 충돌을 내재한 미봉책으로서의 성격을 지니고 있었던 제네바 합의 체제의 탄생으로 이어졌다.

남방전략의 실패과정에서 북한의 대외전략을 아우르는 가장 핵심적인 원칙으로 부상한 것이 바로 현재까지도 일관되게 유지되고 있는 북한의 '조선반도 비핵화'론이다. 이를 이해하기 위해서는 한반도의 구체적 맥락에서 '탄생'한 새로운 용어라 할 수 있는 '비핵화(denuclearization)' 개념을 먼저 이해할 필요가 있다. 원래 핵통제와 관련한 개념은 두 가지 형태로 구분된다. 우선 일반적으로 말하는 비핵지대, 즉 '비핵무기지대(nuclear weapon free zone)' 개념으로 해당 개념은 당사국들이 어떤 형태의 핵폭발장치도 개발, 제조, 저장, 획득, 보유, 통제할 수 없으며 관련한 활동을 지원할 수도 없다는 것을 의미한다. 반면 보다 엄격한 의미의 '비핵지대(nuclear free zone)'는 여기에 더해 평화적 핵연구나 원자력발전의 금지까지 포함한다. 냉전기 북한의 기본 입장은 내용적으로 '비핵무기지대론'에 가까운 "핵 및 로케트 무기가 없는 지역"으로서의 '평화지대'론이었다.

문제는 '주한미군'의 존재가 가져오는 특수성이었다. 북한의 입장에서 한반도라는 '지역'의 비핵화는 당연하게도 미국의 핵무기 문제, 즉 핵의 '출입, 통과' 문제에 대한 논의 없이는 불가능한 것이었다. 따라서 북한은 출입, 통과 문제를 보다 구체적으로 적시한 '비핵지대'론을 기존의 평화지대론과 결합함으로써 비핵화에 대한 입장을 재정리해 나갔다. 관련한 최초의 공식선언이라 할 수 있는 1986년 6월 23일 정부 성명이 〈조선반도에서 비핵지대, 평화지대를 창설할 데 대한 제안〉이라는 명칭을 가진 이유였다. 해당 선언에서 북한은 자신들이 말하는 조선반도의 핵문제 해결이 남북 양자의 문제가 아닌 남북미 삼자의 문제임을 명확히 했다. 이는 주한미군 문제는 남북 간의 문제가 아닌 주권의 문제임을 지속적으로 주장해 왔던 한미로서는 당연히 받아들일 수 없는 주장이었음은 물론이다. 미국과 남한이 북한의 '비핵지대'론에 맞서 기존에 없던 개념인 '비핵화'라는 개념을 북한에 요구하기 시작한 이유였다.

한미 측에 대한 일방적 '요구'의 성격을 지닌 상기 제안을 행동의 '원칙'으로 확장시켜 나간 것은 당연하게도 북한이 핵개발의 당사자가 된 이후였다. 북한 측이 힘의 열세 속에 '출입, 통과' 관련 논의를 제기하지 못했던 1992년 남북 간 〈한반도의 비핵화에 대한 공동선언〉을 부정하고 핵 개발 이후 남한이 제안한 '비핵화'개념을 빌어 기존의 '비핵지대론'을 자신들의 원칙으로 재정립한 결과가 바로 현재까지 지속되고 있는 '조선반도 비핵화'론이다. 자신들의 비핵화뿐만이 아니라 '미국의 적대시 정책과 핵위협 철회', 그리고 더 나아가 평화체제의 구축이 남북미를 아우르는 조선반도 비핵화의 필수적 구성요소임을 주장해온 이유이다.

주지하듯 그 핵심은 현재의 문제가 '북한 핵문제' 즉 '불량국가'의 탈규범적 행동이 초래한 결과가 아니라 비대칭적 위협에 대한 자위적 조치로 불가피하게 핵개발을 진행하며 생겨난 것으로 문제의 근원인 '비대칭적 위협'의 제거와 평화구축을 통해서만 근본적인 해결이 가능하며 바로 이와 같은 차원에서 '북한 핵문제'가 아니라 '조선반도 핵문제'라 불러야 한다는 것이다. 이후 핵위기를 거치며 궁극적인 안보위협의 제거와 평화구축의 핵심 고리로서 국가 대전략의 지위로 격상된 '조선반도 비핵화'론은 탈냉전기 대외전략 전반을 관통하는 원칙으로 작동하기 시작했으며 이후의 변이들은 이러한 원칙을 전제로 이루어졌다.

먼저 전방위 전략이다. 선군정치를 통해 핵과 미사일이라는 새로운 레버리지를 장착한 북한의 대전략은 제네바 체제를 무력화한 또 하나의 원인이었던 1994년 공화당 혁명의 충격을 딛고 출범한 클린턴 2기 행정부의 페리 프로세스, 그리고 남한의 정권교체와 공명하며 '전방위전략'으로 전환되었다. 이는 남방전략과 기본적인 목표는 동일하되 그 순서에 있어 남한을 통해 미국으로 가는 방식에서 벗어나 핵과 미사일이라는 새로운 레버리지를 활용해 남북트랙과 북미트랙을 '동시에' 가동시키고, 더 나아가 탈냉전과 함께 작동이 정지된 중국, 러시아와의 북방 3각관계를 복원하며, '불량국가' 프레임 속에 단절된 여타의 외교관계를 회복하는 말 그대로의 '전방위' 전략으로서의 성격을 지니고 있었다.

그러나 부시행정부의 등장 이후 2차 북핵위기가 발발하며 전방위전략의 미래가 매우 불투명해진 상황에서 2009년 후계체제가 가동되며 북한의 국가 대전략은 관계적 평화보다는 구조적 평화 전략에 우선한 내적균형전략으로 전환되었다. 이는 비록 '갈등적' 형태라는 변용에도 불구하고 기본적으로 '편승' 전략의 성격을 지녔던 이전의 남방전략이나 전방위전략에서 벗어나 남한을 평화의 트랙에서 배제한 일종의 통미봉남의 접근법 속에 핵개발을 가속화하는 '마이 웨이(my way)'전략으로 나타났다. 2013년 김정은 정권의 출범 이후 공식화된 '경제 핵무력 건설 병진노선'은 바로 이와 같은 마이웨이 전략의 북한식 명칭에 다름 아니었다.

그렇다면 병진노선의 현재는 어떠하며 2018년 이후의 북미관계는 어떻게 이해해야 할까? 남북정상회담과 북미정상회담을 목전에 둔 2018년 4월 20일 김정은은 당대회를 제외하고는 가장 중요한 정치행사 중 하나라 할 수 있는 당중앙위원회 전원회의를 통해 북한의 핵심 엘리트들을 모두 모아놓고 경제건설과 핵건설을 병행하는 '병진노선'의 종료를 선언하는 동시에 경제건설에 모든 힘을 집중하는 '새로운 전략적 노선'을 추진해 나갈 것을 분명히 했다. 실제 2018년 북한의 대외행보는 신(新) 국가 대전략으로서 '새로운 전략적 노선'을 실현하는 데 초점을 맞춰 매우 과감하게 진행되었다. 등소평의 개혁개방 디자인처럼 경제건설의 핵심적인 전제조건으로 평화롭고 안정된 국제환경을 추구하는 것을 대외전략의 최우선적 과제로 선정한 것이다. 전격적인 정상회담트랙을 통해 북한이 비핵화와 안전보장을 맞바꾸는 '모험'을 강행한 이유였다. 물론 이와 같은 시나리오는 '노딜'로 귀결되었고 현재 평화프로세스는 사실상 멈추어선 상태이다. 그렇다면 바이든 행정부 이후의 북미관계는 어디로 갈 것인가?

첫 번째 시나리오는 중단기적으로 가장 가능성이 높은 시나리오로 바이든 행정부가 오바마 행정부의 전략적 인내나 트럼프 행정부의 일괄타결 방식 모두와 다른 새로운 전략으로 내세운 "조정되고 실용적인 접근"(calibrated practical approach)이 '사실상의'(de facto) 전략적 인내로 귀결되는 상황이다. 물론 바이든 행정부의 접근이 완전한 비핵화를 지향하면서도 부분적 비핵화와 부분적 제재해제의 교환을 배제하지 않는 '실용적 접근'을 지향하고 있다는 점은 긍정적으로 평가할 수 있다. 또한 누차 밝힌 바와 같이 북한 이슈의 높은 정책 우선순위를 유지하는 동시에 외교적 접근을 선호하고 있다는 점도 마찬가지의 맥락에서 긍정적이다. 그러나 문제는 '시간'이다.

주지하듯 현재는 일종의 정중동(靜中動)의 상황으로 사실 교착이라는 말은 정확한 표현이 아니다. 이미 공약이 상당히 훼손되기는 했으나 핵과 ICBM실험과 한미군사훈련의 쌍중단을 통해 시작된 상호 자제에도 불구하고 핵개발과 제재라는 능력 대 능력의 격렬한 충돌은 중단없이 지속되는 상황이기 때문이다. 특히 제8차 당대회를 통해 경제발전 5개년 전략의 실패를 자인한 데 이어 제2의 고난의 행군이 입에 오르내리며 제재의 효과가 가시화되고 있는 북한에게 현재의 상황은 강력한 현상타파 압력이 작동하는 '손실의 영역'(domain of losses)으로 평가될 가능성이 높다. 미국의 의도와 무관하게 시간이라는 물리적 변수가 북한으로 하여금 미국의 접근법을 전략적 인내와 다름없는 '말려 죽이기' 전략으로 느껴지게 할 가능성이 높다는 것이다.

특히 탑 다운 방식이 아닌 실무협상 중심의 바텀 업 방식을 선호하고 있다는 점, 그리고 북핵 본토타격 위협에 대한 미국의 위협인식이 쌍중단 속에 무뎌져 가는 징후들이 나타나고 있다는 점은 이러한 우려를 더욱 크게 한다. 또한 끝을 모르고 지속되고 있는 코로나 팬데믹과 미국, 특히 민주당 정부에게 악재로 부상하고 있는 아프가니스탄 철군은 북한 이슈의 우선순위를 위협하는 주요한 장애물이 될 가능성이 높다.

둘째, 미국의 대북전략이 의도와 무관한 결과적인 전략적 인내가 아닌 북한의 '굴복'을 전제로 한 '실질적인' 전략적 인내로 복귀하는 상황이다. 주지하듯 제재의 목표는 당연히 굴복이다. 강압정책(coercive diplomacy)의 성공은 상대의 행동이 원하는 방식으로 변화될 때만이 담보될 수 있기 때문이다. 따라서 북한의 '굴복'은 당파와 입장을 막론하고 미국에게는 너무나 매력적인 시나리오일 수밖에 없다.

특히 미중갈등의 악화와 연계되어 강화되고 있는 이른바 '정체성의 정치', 즉 가치와 규범의 충돌로서의 북미갈등의 악화는 굴복론의 주요한 기반이 될 수 있다. 북한에 대한 굴복론, 혹은 협상불가론의 이면에 '합리적 계산' 뿐만이 아니라 '불량국가'로서의 비도덕성에 대한 거부감이 강력하게 작동하고 있음은 주지의 사실이기 때문이다. 따라서 '인권'을 강조하며 체제 자체의 도덕성을 문제삼고 있는 민주당 행정부의 전통적인 자유주의적 접근이 기존의 굴복론과 결합할 가능성은 상존한다고 보아야 할 것이다.

또한 제재의 파급력이 점차 가시화되고 있는 현 상황은 많은 우려를 낳고 있다. '시간은 우리의 편'이라며 '조금만 더'를 외치는 굴복의 프레임이 부활하는데 고통의 신호들만큼 강력한 논거는 없기 때문이다. 그러나 북한 정권에게 굴복은 최악의 선택지이자 레드라인일 수밖에 없다. 1차 북미정상회담이 바로 그 '굴복모델'의 상징인 리비아 모델론을 내세웠던 볼턴의 발언을 계기로 좌초 위기를 겪은 이유이다.

세 번째는 가장 긍정적인 시나리오로 지난 기간 평행선을 걸어온 북한의 단계적 접근법과 미국의 포괄적 일괄 접근법이 접점을 찾아나가며 멈춰버린 평화 프로세스를 다시 진전시키는 상황이다.

주지하듯 북한은 안보위협의 상호성을 강조하며 단계적 합의와 동시 이행(step by step approach)을 주장해온 데 반해 미국은 북한 핵개발의 불법성을 강조하며 '완전하고 검증가능하며 불가역적인 비핵화'를 엔드 스테이트로 명시하는 포괄적(일괄) 접근법을 주장해왔다. 이와 같은 지속된 이견에 중요한 진전이 시사된 시점이 바로 2차 북미정상회담 직전에 있었던 비건(Stephen E. Biegun)의 스탠포드대 연설이었다. 해당 연설에서 비건은 상호 간의 약속을 '동시 병행'(simultaneously and in parallel)적으로 추진해 나갈 것이라는 표현을 통해 양측의 이견이 조율될 가능성을 열어놓았다. 합의는 포괄적으로 하되 이행과 관련해서는 단계적, 동시행동의 원칙을 수용할 수 있음을 밝힌 것이다. 이른바 '국면적 접근법'(phased approach)이 그것이다.

국면적 접근법은 북한의 주장인 '단계론'을 수용했다는 비판을 피하면서도 내용적으로는 접점을 찾는 우회로로서의 성격을 지니고 있을 뿐만 아니라 김정은이 친서를 통해 직접 제시한 용어라는 점에서 상당한 의미를 지니고 있었다. 비건의 연설을 계기로 2차 북미정상회담에 대한 기대가 높아진 주요한 이유 중 하나였다. 그러나 하노이 노딜을 기점으로 미국은 이와 같은 새로운 접근법을 전면적으로 부인하기 시작했다. 합의든 이행이든 오로지 포괄적 접근을 강조하는 원래의 완고한 입장으로 돌아선 것이다.

바로 이와 같은 측면에서 바이든 행정부 들어 국면적 접근법이 새로이 주목받고 있다는 점은 긍정적 신호로 해석할 만하다. 그러나 설사 미국 측에서 '국면적 접근'이 지속적으로 부상하며 협상의 가능성을 높여간다 할지라도 문제는 남아있다. 이른바 정면돌파전으로 구체화된 북한의 '좌절감'과 이로 인해 높아진 입구의 문턱이 그것이다. 김여정 담화를 비롯해 북한이 최근 일관되게 주장하듯 정권 혹은 특정한 대통령이 아닌 '미국전체'를 고려한 전략을 세워갈 것이며 향후 협상의 틀은 '비핵화조치 대 제재해제'가 아니라 '적대시철회 대 조미협상재개'가 되어야 한다는 주장이다.

요컨대 적어도 단기간에 한반도 평화 프로세스가 2018년의 '속도'를 재현할 가능성은 높지 않다. 설사 한미 간에 '조정된' 접근을 통해 호의적 안들이 제시된다 할지라도 북한이 느끼는 절박감과 커다란 온도 차이를 보일 가능성이 높기 때문이다. 따라서 현재의 '실용적이고 조정된 접근'은 또 다른 위기를 경유한 후에야 진전의 모멘텀을 회복할 가능성이 높다. 또한 신냉전의 거대한 파고 속에 기존의 탈냉전전략 자체가 폐기되고 한반도 비핵화의 전망이 영원히 사라지는 최악의 시나리오가 가시화되고 있다는 점 역시 반드시 기억해야 할 것이다.

문재인 정부 말기의 남북관계

리자청(李家成)*

그간 남북한 양측의 소통은 이어지고 끊어지기를 반복하며 비교적 큰 불안정성을 보여 왔다. 종전 선언도 지지부진하며 한반도 평화체제의 구축은 더욱 요원해 보인다. 물론 북한은 핵실험과 대륙간탄도미사일(ICBM) 실험 중단이라는 약속을 지키며 폐기된 풍계리 핵실험장을 재가동하지는 않았지만 한편으로 핵미사일 역량을 지속적으로 강화하고 있다. 이에 한국은 한미 합동군사훈련 개최에 소극적으로 대응하며 남북대화 복원에 노력하고 있다.

1. 변화무쌍한 남북관계

2018년 김정은 북한 국무위원장은 일련의 정상외교와 카리스마 있는 공

---

* 랴오닝대학교 국제정치학과 부교수.

세를 펼쳤는데, 이는 한반도의 항구적 평화, 공존, 경제 통합을 향한 역사적인 발걸음이었다. 그러나 미국과의 실질적 화해와 타협은 물론 국제 제재라는 곤경을 타개하지도 못했다.

2019년 북미 하노이 정상회담이 아무런 성과 없이 끝난 후로 북한은 미국과의 외교에서 깊은 좌절을 맛보았고, 이는 한국과의 지속적인 외교 발전에도 파급되었다. 2020년 북한은 한국에 강경노선을 취하며 군사적 긴장이 뚜렷하게 고조되었다. 북한은 한국이 제공하는 원조와 협력, 외교적 접촉을 총체적으로 거부하였다. 2020년 6월 4일 김여정은 탈북자들의 대북 전단 살포에 공격적으로 반응했다. 동월 9일에는 북한 측에서 남북 간의 모든 연락 채널을 일방적으로 차단하였으며, 16일에는 북한이 남북공동연락사무소를 폭파시킴으로 한반도의 긴장 국면이 돌연 고조되었고 남북관계는 원점으로 돌아갔다. 9월 22일에 북한은 서해에서 한국의 공무원을 사살하였다.

그럼에도 한국은 2020년 12월 대북 전단, USB, DVD, 성경부터 시작해 심지어 현금을 담은 풍선을 북한에 반입하거나 날리는 것까지 금지하는 법안을 제정하여 위반자에게는 막대한 벌금과 감금 처분을 내릴 수 있도록 했다. 남북 정상은 2021년 4월부터 두 차례 친서를 주고받으며 남북관계 개선에 대해 소통하고, 상호 신뢰와 교착상태에 빠진 남북관계를 조속히 복원해야 한다는 공감대를 형성하였다. 문재인과 김정은이 수차례 친서를 주고받았다는 것은 남북 간의 특수하고 은밀한 연락 채널이 여전히 존재한다는 것을 설명해준다. 같은 해 5월 21일, 문재인 대통령과 조 바이든 미국 대통령의 정상회담에 앞서 청와대는 양국 정상회담 후 발표할 공동성명 문안에 "판문점 선언과 싱가포르 공동성명을 존중"한다는 내용을 포함시키려 애를 썼으며, "바이든 대통령이 남북 대화와 협력을 지지하고 있으며, 남북 간의 대화와 협력 확대가 북미 대화를 촉진시켜 선순환을 이룰 것"이라고 밝혔다. 6월 17일 김정은 위원장이 노동당 중앙위원회 전체 회의에서 "국가의 안전을 보장하려면 대화와 대결에도 다 준비되어 있어야 한다"고 언급하자 청와대는 이 발언에서 "중점은 대화에 있다"며 환영했다. 동월 24일 문재인 대통령은 시사주간지 타임지에 공개한 인터뷰에서 김 위원장을 "매우 솔직하고 열정적이며 강한 결단력을 가졌으며", "국제적 안목을 갖고 있다"고 평가하였고 "양측은 대화와 소통을 지속하는 상호 신뢰관계를 형성하였다"고 말했다. 지난 7월 27일에는 대화가 중단된 지 413일 만에 정전협정 68주년 기념일을 맞아, 두 정상이 합의한 바에 따라 김정은은 조국해방 전쟁 참전 열사묘를 참배한 뒤 남북 통신연락선을 재가동해 매일 오전 9시와 오후 5시에 정례 통화를 재개하고 7월 29일부터 하루 한 차례씩 불법조업어선 관련 정보를 교환하기로 하였다.

그러나 한미가 8월 10일 나흘간의 위기관리 참모훈련(CMST)을 시작하자 김여정 노동당 선전선동부 부부장 등은 한미 연합 훈련을 비난하는 담화를 내고 1년여 만에 재개된 남북통신연락선을 통한 정례적인 통화를 다시 중단했다. 이에 한국은 16일부터 9일간 실시하는 연합지휘소 훈련이 컴퓨터 시뮬레이션 위주로 실시되며, 야외 기동훈련은 실시되지 않는 방어적 성격의 연례 훈련이라고 강조하기도 했다.

문재인 대통령의 유엔 총회 종전선언 제안과 김여정 북한 노동당 중앙위원회 부부장의 남북정상회담 언급에 이어 김정은이 10월 초 남북 연락채널을 재개하겠다고 밝힌 만큼, 남북관계가 완화되고 발전되어 새로운 단계로 나아갈 수 있을지는 남측의 태도에 달려 있다. 김정은은 "일체의 적대행위를 중지하고 민족의 자주적 입장을 실천적으로 견지하여 근본적인 문제부터 해결하고 남북선언을 신중히 생각하며 이행해야" 함을 주장한 바 있다.

이처럼 남북관계의 주도권은 한국에 있지만 결정권은 북한에 있다고 하는 것을 어렵지 않게 볼 수 있다. 남북관계는 북미관계의 동요에 크게 영향을 받는다. 우선 이는 북한이 대미 외교를 최우선시하고 있으며, 대남 외교는 그저 대미 외교에 부속되어 있기 때문이다. 즉 미국은 한반도 정세의 주도자이며 한반도 정세 변화의 열쇠를 쥐고 있다. 다른 한편으로, 한국의 대북 외교가 한미동맹 관계의 구속을 뛰어넘기가 쉽지 않고, 미국의 압박과 유엔 제재 결의에 굴복하게 되는 등 자주성의 결핍은 북한이 대미 외교에 집중할 수밖에 없도록 만들고 있다.

　　북한은 외교적 난국을 돌파하고자, 남북한 협력이 미국으로 하여금 대북 우호 정책을 취하게 하여 최소한의 '안정적인 외부 환경'을 조성할 수 있을지를 탐색하고 있으며, 강력한 제재와 전염병 사태로 인해 장기간 봉쇄되어 곤경에 처한 경제 및 내정 문제를 회복하는데 힘을 집중시키고 있는데, 이 점에 대해서는 한국이 가장 간편한 돌파구다. 한국을 빌어 미국과 통하는(借韓通美) 방식은 북한 외교의 전통적인 운용 방식이다. 그러나 남북관계가 실질적으로 개선되기 위해서는 근본적인 문제에서 진전이 있어야 하며, 특히 북미 대화 재개 문제를 비켜갈 수 없다. 비록 바이든 정부가 대북 정책에 있어 적극적인 조정을 단행했지만 모호성과 모순성은 여전히 매우 뚜렷하며 아직까지 북한의 적극적인 반응을 얻지 못하였다. 북한의 핵심 관심사는 미국이 북한의 생존과 발전을 위협하는 적대시 정책을 파기하는지에 있지만, 바이든 신 정부는 제재 해제나 한반도 평화 체제 구축, 북미관계 정상화를 위한 구체적인 방안을 언급하지 않은 채 여전히 대화와 억제를 함께 중시하는 기본 발상을 이어가고 있다. 북한도 '강대강, 선대선' 방침에 따라 대화와 대결에 다 대비해야 한다는 입장이지만 양측이 모두 대화로 결의할 수 있는 여건은 아직 마련되지 않고 있다.

한편, 이번 남북연락선의 전면 재가동으로 문재인 정부의 지지율이 상승하고 진보 진영의 평판이 올라가며 내년 한국의 대선을 위한 판이 미리 마련되었는데, 이에 북한은 한국 내 정세 변화에도 주목해야 할 것이다.

2. 엇갈린 남북 간의 상호 수요

문재인 정부는 북한 동포의 삶의 질과 복지를 개선하는 방식으로 양국 관계를 강화할 용의가 있음을 분명히 밝혔다. 문재인 대통령은 특히 코로나19의 전 세계적 대유행을 해결하기 위해 공통의 보건 의료적 도전에 대한 협력을 호소했다. 문재인 대통령의 남은 임기가 줄어들수록 남북관계와 북핵 문제 진전 모색에도 절박함이 커지고 있다. 한국은 대북 인도적 지원을 수단으로 남북관계의 물꼬를 트고 작은 것에서부터 논의하여 소규모의 협력사업을 통해 신뢰를 회복하고 합의를 지키는 전통을 만들고자 한다.

방역, 식량문제, 장기간 제재로 인한 경기 침체 등 내부 문제가 산적한 상황에서 북한이 대외적인 행동을 취하기는 쉽지 않다. 북한의 최근 열린 노동당 정치국 확대회의에서의 문책인사는 이를 여실히 반영하고 있다. 북한은 긴급 방역 장기화 구상에서 국경지역에 콘크리트 장벽과 고압선을 설치하고, 국제기구에 백신 지원을 요청했다. 다만 팬데믹 발생을 우려해 구호 요원들의 입국은 거부하였다. 북한은 미국이나 한국과의 대화보다는 내부 통제를 더욱 중요하게 생각하는 것으로 보인다.

이에 한국이 대북 인도적 지원에 적극 나섰다. 미국 역시 대북 인도적 협력을 적극 지지하고 있다. 2019년과 2020년 한국은 유엔세계식량계획을 통해 간접적으로 북한의 어린이, 임산부, 노인 등 취약계층에 식량, 영양강화식

품과 비료 등 인도적 지원을 하였다. 통일부와 유엔 안전보장 이사회 '1718위원회(대북제재위원회)'는 한국 민간 단체의 대북 지원 프로그램(의료장비)과 코로나19 백신과 방역물자 지원 등의 보건 협력을 면제시켜 주었고, 북한에 '동북아 방역보건협력체' 참여를 요청하여 선의를 표명하였고 남북 협력 프로세스를 열었다. 그런데도 북한은 여전히 코로나19 유입을 엄격히 막기 위한 국경 봉쇄 조치를 취하고 있고, 한미 연합훈련을 이유로 남측의 지원도 거부하고 있다. 한국의 이인영 통일부장관은 비록 북한의 봉쇄 방역으로 화물 운송의 국경 통과에 제한을 가져왔지만 정부는 여전히 작은 것에서부터 시작하여 국제사회의 대북제재를 위반하지 않는 전제하에 북한과 작은 물물 교역 활동을 전개하여 남북교류의 새 국면을 열 수 있기를 기대하며 더욱 큰 정세 변화를 이끌어내는데 노력하겠다고 밝혔다.

하지만 북한은 지난해 1월 전염병이 발발한 이후로 국경을 봉쇄하고 외부의 원조를 거부하면서 대북 인도적 지원에도 영향을 미치고 있다. 북한은 인도적 지원보다는 한미 연합훈련 등 안보 문제를 중시하고 있다. 북한은 한미연합 군사훈련 문제를 먼저 해결할 것을 거듭 강조하고, 줄곧 한국과 미국에 8월의 한미연합 군사훈련을 취소하도록 촉구해 왔다. 김여정은 한미연합 군사훈련의 진행은 남북관계의 앞날을 더욱 흐리게 할 것이며 북한은 한미연합 군사훈련과 관련한 남측의 결정을 예의주시할 것이라고 밝혔다. 바꿔 말하면, 만일 훈련을 취소하면 북한이 이에 상응하는 조치를 취하겠다는 것이다.

김정은은 제 8차 당대회 보고에서 '남북관계의 근본 문제'부터 풀어야 한다고 촉구하여 안보 문제에 대해 한국으로부터 양보를 얻어냈다. 그는 "현재 남조선 당국은 방역 협력, 인도주의적 협력, 개별관광 같은 비본질적인 문제들을 꺼내 들고 북남관계 개선에 관심이 있는 듯한 인상을 주고 있다.

첨단군사 장비반입과 미국과의 합동군사연습을 중지해야 한다는 우리의 거듭되는 경고를 계속 외면하면서 조선반도의 평화와 군사적 안정을 보장할 데 대한 북남 합의 이행에 역행하고 있다. 남조선은 우리의 정정당당한 자주권에 속하는 각종 상용무기개발사업에 대해서는 '도발'이라고 걸고들면서 무력 현대화에 더욱 광분하고 있다"라고 말했다. 한편 김여정 북한노동당 부부장은 이중 잣대를 버리고 대북 적대시 정책을 철회하라는 담화를 발표했다. 이에 정의용 외교부 장관은 "한국과 미국은 북한에 적대시 정책을 갖고 있지 않다고 누누이 강조하고 있다"고 밝혔다.

만일 북한이 대화에 복귀하면 국제사회는 대북제재 완화를 적극 검토할 것이다. 비핵화는 북한과의 대화 재개의 대전제이다. 즉 남북관계 개선은 북한의 실질적인 비핵화 조치를 전제로 하는 것이다. 북한의 안보적 요구사항과 한국의 인도적 지원은 남북 간의 거리가 여전히 요원함을 분명히 보여준다. 북한은 한국을 신뢰하지 않고 있고, 한국 측에서 구체적인 장려정책을 내놓아야 대화가 진행될 수 있을 것이라 생각하며, 한국에 압박을 가해 한미동맹의 분열을 시도하고 있다. 한국의 목표는 미국과 주한 미군의 지원 속에서 반드시 군사억제와 동맹공조를 통해 한반도 정세의 안정적 통제를 실현하고, 긴장 고조를 억제해 남북 군사대결을 피하며, 인명피해를 최소화하고 한미 간 방위 및 억제에 대한 약속을 강화하는 것이 될 것이다. 또한 한국은 평양이 대화를 진행해야 구체적인 카드를 꺼낼 수 있다고 생각한다. 이렇듯 양측 사이에는 큰 인식 격차가 있고, 이것이 바로 신뢰 부족의 원인이다.

3. 남북관계의 미래

남북관계가 당면한 가장 큰 과제는 남북대화가 지속되도록 보장하고 실질적인 성과를 거두는 것이다. 남북에 주어진 시간은 이미 많지 않다. 진보 진영이 계속 집권하게 되면 남북관계가 만회할 여지가 있겠지만, 만약에 보수진영으로 정권교체가 이뤄지면 남북관계는 크게 후퇴할 것이다. 북한은 한국의 힘을 빌려 유엔과 관련국들의 대북제재 완화를 촉구하려는 '선남후미'(先韓後美) 전략을 보이고 있다. 북한은 종전선언 제안에 대해 적극적 태도를 보이며 남북대화에 여지를 남겨두었다. 한편 전염병 사태가 장기화 되면서 북한의 국경 봉쇄 조치는 아마도 지속되기 어려울 것이다. 한국은 세계보건기구(WHO)를 통해 북한으로 코로나19 치료의약품의 운송을 시도해 볼 수도 있다.

한미 연합훈련이나 군비강화, 자극적 발언은 남북 간의 불신과 적대의 도화선이다. 김정은의 '강대강, 선대선'의 논리적 틀 속에서 한국은 말로만 할 것이 아니라 실용적이고 유연하게 충분한 진정성을 보여주고, 실제 행동을 취해 적대적, 관습적 태도를 바꾸고 창조적 외교를 전개함으로써 융합점을 찾는데 노력해야 한다. 남북 간 통신선 회복을 기반으로 북한과의 대화를 추진하고, 지속적으로 국제사회와의 협력하여 북한과의 신뢰를 구축해야한다. 구체적으로는 대북 인도적 지원 프로그램과 종전선언 등을 포함하여 대북 접촉의 틀을 공고히 하도록 노력하고 남북관계와 북미관계의 선순환을 촉진해 한반도 평화체제를 구축해야 한다.

한국이 미국의 간섭 없이 남북관계를 자율적으로 발전시킬 수 있는지가 남북관계가 지속적인 진전을 이룰 수 있을지를 가르는 관건이다. 관련하여 한국이 제의하여 한미워킹그룹을 폐지한 것은 남북관계 개선의 장애물을 제거하는 유익한 시도였다. 한국은 한반도 평화 프로세스의 진전을 위한 미국 측의 지지를 지속적으로 끌어내어 대북 인도적 지원 협력 프로그램, 신뢰관계 구축 조치 등 대북 접촉 방안을 미국과 논의해야 한다.

안보리 대북제재의 틀을 넘지 않는 상황하에 한국은 '물물교환'의 방식으로 남북한 경제 협력을 고려해 볼 수 있다. 한국의 쌀, 약품, 설탕 등의 식품과 농산품을 북한의 금강산과 백두산 광천수, 대동강 맥주, 인삼주와 블루베리주 등 상품과 교환하는 것이다. 북한의 광천수나 맥주 등의 음료는 수출 제한의 대상에 속하지 않는 것들이다. 물물교환은 은행을 우회하므로 현금 흐름이 많지 않기 때문에 수출입 금지 물품만 취급하지 않으면 제재 위반의 문제가 생기지 않는다. 만전을 기하기 위해 필요하면 제 3국을 거쳐 중계 운송 등의 방법으로도 추진할 수 있다.

남북 양측은 서로 입장을 바꾸어 생각해야 하고, 상호 신뢰와 존중의 토대 위에서 상호 자제와 타협을 하며 상대방과 안보에 대한 두려움을 인식하고 제거해야 한다. 더욱이 〈9·19 남북군사합의〉를 성실히 이행하여 대화에 필요한 분위기를 조성하고 한반도 비핵화 추진과 한반도 평화 실현 및 남북관계를 개선하며, 상호 호혜와 평화의 프로세스를 열고 한반도 평화와 번영의 새 출발점을 만들어야 안정적이고 지속 가능한 '적극적 평화'가 실현될 수 있을 것이다.

남북 양측은 연락 채널 복원에 이어 남북공동연락사무소 복원을 시도하여 개성, 신의주, 나진 등 선봉지역에 연락처와 무역대표부를 설치하고 더 나아가 서울−평양 대표부를 설치할 필요가 있다. 그리고 금강산 관광사업 재개를 바탕으로 점차 협력 공간을 원산과 마식령 등지까지 확대하고 금강산과 설악산을 잇는 남북 동해안관광특별구를 구축하는 방안도 시도해 볼 필요가 있다.

코로나19로 인해 외교회담이 크게 제한되는 상황을 비추어보면 북한은 현재 전염병 상황에 매우 민감해 하고 있다. 5월 21일 한미정상회담을 전후해 남북 정상은 친서를 주고받으며 화상회담 등 비대면 정상회담의 개최 방안을 논의한 바 있다. 김정은 위원장의 반응은 미온적이지만 남북 정상이 문재인 대통령 재임 중 온라인 회담을 가질 가능성을 배제할 수 없으며, 혹은 남북 정상의 화상 회의의 가능성이 높아지고 있다고 말할 수 있다. 북한에서는 문재인 대통령을 겨냥한 직접적인 비난도 줄어들었다.

한국은 이미 북측에 화상회의 시스템 구축과 이산가족 화상상봉 개최를 제의하였고, 한국 민간 단체의 대북 인도적 협력 물품 반출 신청 2건을 승인했으며, 남북이 기존의 연락 채널을 통해 재해와 전염병 상황 정보를 교환하여 전염병 예방협력 등 관계 복원에 나서겠다고 밝혔다. 이러한 제안들이 비록 당장에 전면적인 국면전환을 만들기는 어렵겠지만 남북이 대화를 재개하고 관계를 개선하는 계기가 될 것으로 기대되며 지역 정세를 안정시키고 마찰의 리스크를 감소시키는 데 중요한 의미가 있다.

한반도 평화체제를 위한 세 가지 제안

정일영(丁一榮)*

1. 한반도 평화를 논하자

한반도에서 평화 정착을 위한 노력은 다양한 주제와 영역에서 정부의 정책으로, 시민사회의 활동으로, 그리고 전문가들의 연구로 진행되어 왔다. 대륙과 해양을 잇는 지정학적 특성을 띤 한반도는 2차 세계대전 이후 미국과 소련으로 대표되는 냉전의 최전선이었으며 2017년 북한의 핵개발과 함께 미중 간 대결이 중첩되며 긴장이 지속되고 있는 분쟁지역이다.

역사적으로 한반도는 대결의 전장이 되거나, 안정과 발전을 보장하는 평화 지대로서 역할을 담당해 왔다. 그만큼 한반도의 평화는 우리의 삶을 넘어 동북아와 세계 평화에 적지 않은 영향을 미쳐왔다.

한반도에서 평화를 정착시키기 위한 노력은 평화를 어떻게 제도화할 것

---

* 서강대학교 사회과학연구소 연구교수.

인가를 중심으로 논의되어 왔다. 즉, 한반도에서 평화체제를 구축하자는 것이다. 학술적으로 한반도 평화체제는 "전쟁의 법적 종결 및 전쟁방지와 평화유지를 위한 제도적 장치를 마련함으로써 전쟁상태를 평화상태로 전환"하는 한편, "남북 및 국제적 차원에서 상호 적대적 긴장관계를 초래했던 제반 긴장요인들을 완화·해결함으로써, 항구적 평화정착을 위한 제도적 발전의 실현 상태"를 의미한다.[1]

그렇다면 한반도에서 평화를 제도화한다는 것은 어떤 의미일까? 한반도 평화체제는 무엇보다도 한반도의 분단체제, 즉 1953년 7월 27일 체결된 정전협정[2]을 평화협정으로 대체해 전쟁을 공식적으로 종결함으로써 가능하다. 현재 한반도의 평화를 규정하는 제도는 정전협정이다. 결국, 정전체제가 유지되는 상태에서 한반도 평화를 제도화하는 것은 불가능에 가깝다. 이런 이유로 평화협정은 한반도 평화를 위한 충분조건이라 할 수 있다. 다만, 평화협정이 한반도에서 영구적인 평화를 보장하진 않는다. 평화협정이 체결된다 하더라도 양자, 혹은 다자 간 분쟁은 언제든지 발생할 수 있다.

그렇다면 한반도 평화의 제도화, 한반도 평화체제가 구축된 상황은 어떤 모습이어야 하나? 지속 가능한 한반도 평화의 제도화는 한반도 주변 관련국 간 신뢰가 깊어지며 국교를 정상화하고 안보 불안이 해소된 상황에서 평화가 이 지역의 규범으로 자리 잡는 상태라 할 수 있다.

---

1) 조민, 「한반도 평화체제 구축 방향: 평화 프로세스」, 『통일정책연구』 제16권 제1호 (2007), p.83.
2) 정전협정의 정식명칭은 "국제연합군 총사령관을 일방으로 하고 조선인민군 최고사령관 및 중국인민지원군 사령원을 다른 일방으로 하는 한국 군사정전에 관한 협정"이며 일반적으로 군사정전에 관한 협정(Military Armistice Agreement)이라 칭한다. "군사정전에 관한 협정," 통일부 남북회담본부 https://dialogue.unikorea.go.kr/ukd/c/cz/usrtalkmanage/View.do

2. 한반도 평화체제를 위한 노력

한반도에서 평화를 제도화하기 위한 노력은 서로 다른 행위자들이 참여한 가운데 시간과 사건의 배열에 따라 다양한 형태로 전개되었다. 첫 번째로, 한국전쟁 이후 미소 냉전기의 한반도는 소련과 중국, 북한의 북방 삼각동맹과 한국과 미국, 일본의 남방 삼각동맹이 충돌하며 힘의 균형을 유지하였다. 이 시기 한반도 평화는 정전체제와 함께 얽어붙어 있었다.

두 번째로, 1990년대 초반 미소 냉전의 해체와 함께 한국이 소련과 중국 등 사회주의 국가들과 국교를 수립하며 한반도 냉전의 한 축을 무너뜨린 반면, 북한은 미국, 일본과의 관계 정상화에 실패하며 고립되었다. 결국 동북아에서 고립된 북한은 핵무기 개발에 나섰으며 주변국들은 북한의 핵 개발을 저지하고 평화를 정착시키기 위한 협상을 전개해 왔다. 이 과정에서 남북, 북미, 그리고 한반도 주변 6자 간 평화체제를 구축하기 위한 일련의 합의들이 성사되었으나 결국 실패로 돌아가고 만다.

세 번째로, 2017년 북한의 핵 개발은 한반도 평화체제 구축에 가장 위협적인 장애물로 자리 잡았다. 새롭게 등장한 미국의 트럼프 행정부는 무력충돌을 불사하겠다는 의지를 보이며 한반도에 항공모함을 전개했으나 2018년 평창동계올림픽을 계기로 2차례의 남북정상회담(2018)이 개최되고 싱가포르(2018)와 하노이(2019)에서 북미정상회담이 개최되며 새로운 전기를 맞이하였다. 그러나 2019년 2월의 하노이 북미정상회담이 결렬되면서 관련국 간 대화는 중단되었고 코로나19 팬데믹 상황을 맞으며 침묵의 시간이 길어지고 있다.

이번에는 시각을 좁혀 평화체제와 관련한 한반도 관련국 간 합의들을 살펴보도록 하자. 먼저 남과 북은 1991년 12월 남북기본합의서를 체결하고 제

1장 제5조에서 "남과 북은 현 정전상태를 남북 사이의 공고한 평화상태로 전환시키기 위하여 공동으로 노력하며 이러한 평화상태가 이룩될 때까지 현 군사정전협정을 준수"함을 명시하였다. 평화의 안정적 관리와 함께 평화체제로의 이행을 위해 서로 노력할 것을 선언한 것이다.[3]

　평화체제로의 전환에 관한 남북의 합의는 상당한 시간이 흐른 뒤인 2007년 이르러 다시 등장하게 된다. 2000년에 이어 2007년 10월 마주 앉은 남북 정상은 제4항에서 "정전체제를 종식 시키고 항구적인 평화체제를 구축"해 나가기 위해 "직접 관련된 3자 또는 4자 정상들"이 종전을 선언하는 데 합의하였다. 평화협정의 체결에 앞서 종전을 '선언'하자는 제안이 등장한 것으로 2018년 판문점 선언에서도 '평화선언'이 제안된 바 있다.[4] 한반도 평화협정 체결에서 미국 또한 핵심 당사자임이 분명하다. 북한은 특히 미국과의 관계 정상화와 그에 따른 안전보장 장치로서 평화협정 체결을 요구해 왔다. 결국, 북한과 미국은 2000년 '북미 공동 코뮤니케'를 통해 "쌍방은 한반도에서 긴장 상태를 완화하고 1953년의 정전협정을 공고한 평화보장체계로 바꾸어 한국전쟁을 공식 종식 시키는 데서 4자회담 등 여러 가지 방도들이 있다는 데" 합의하게 된다. 동 합의 이후 북미 간 평화체제에 관한 합의가 언급된 것은 2018년 싱가포르 북미정상회담에 와서이다. 또한, 북핵 문제 등 한반도 문제를 해결하기 위해 진행된 6자회담은 2005년 9.19 공동성명을 통

---

3) 동 합의서에서 남북은 상호 불가침을 선언하고 그 경계선과 구역은 "1953년 7월 27일자 군사정전에 관한 협정에 규정된 군사분계선과 지금까지 쌍방이 관할하여 온 구역(11조)"으로 명시하였다. 1980년대까지 북한은 한국이 평화협정 체결의 당사자가 아니라고 주장해 왔으나 남북기본합의서를 통해 한국이 평화협정 체결의 실존적인 당사자임을 인정한 것으로 해석된다.

4) 2018년 4월 남북 정상은 '한반도의 평화와 번영, 통일을 위한 판문점 선언' 제3항에서 "남과 북은 정전협정체결 65년이 되는 올해에 종전을 선언하고 정전협정을 평화협정으로 전환하며 항구적이고 공고한 평화체제 구축을 위한 남·북·미 3자 또는 남·북·미·중 4자회담 개최를 적극 추진"해 나갈 것을 합의하였다. "한반도의 평화와 번영, 통일을 위한 판문점 선언," 통일부 남북회담본부, https://dialogue.unikorea.go.kr/ukd/c/ca/usrtalkmanage/View.do

해 "6자는 동북아시아의 항구적인 평화와 안정을 위해 공동 노력할 것을 공약"하고, "직접 관련 당사국들은 적절한 별도 포럼에서 한반도의 영구적 평화체제에 관한 협상"을 진행하도록 제안한 바 있다.

돌이켜 보면 한반도 평화체제를 구축하기 위한 노력은 1990년대 초반 미소 냉전의 해체와 함께 지속되어 왔다. 그러나 현실은 평화체제로 가는 길이 멀기만 하다. 이제까지 진행된 평화체제를 향한 노력들은 왜 실패한 것일까?

3. 한반도 평화체제의 한계 혹은 문제점

한반도에서 평화를 정착시키고 제도화하기 위한 노력은 왜 좌초되었나? 가장 먼저 언급할 수밖에 없는 문제는 상호 신뢰의 부족이다. 아무리 좋은 방법을 내놓는다 해도 신뢰가 없는 평화체제란 허상에 불과하다.

남북은 물론이고 특히 북한과 미국의 상호 신뢰는 매우 부족하다. 과거 한반도 정전체제 아래에서 미국과 북한이 서로를 악마화해 왔으며 상호 신뢰를 증진시키기 위한 노력은 매우 제한적인 제스처와 같이 다루어져 왔다. 결국, 각종 합의가 체결되었다가도 서로를 불신하는 상황에서 불이행되는 모습이 반복되어 왔다. 한반도에서 상호 신뢰는 협상을 주도하는 정부 당국자뿐만 아니라 다양한 행위자, 종국적으로는 사회 구성원 간의 신뢰에 기반할 때 지속 가능하다. 구성원 간 신뢰에 기반하지 않은 정부 주도의 문제해결은 불안정할 수밖에 없으며 합의이행의 실패가 반복됨에 따라 서로에게 피로감을 느끼고 다시 불신이 증가하는 악순환이 반복되어 왔다.

두 번째로, 북한의 핵 개발은 분명 현존하는 가장 위협적인 안보리스크이다. 다만 북한이 체제 안보에 대한 불안을 안고 핵을 포기할 꺼란 기대는 현실적이지 못하다. 결국 한반도에서 상호 안전보장이 가능한 상태에서 그들은 핵을 포기할 것이다. 일방적인 대북 제재나 무력을 통한 문제해결은 한반도에서 또 한번의 전쟁으로 이어질 수 있다는 점에서 현실을 냉정하게 판단할 필요가 있다. 북한의 안보 불안은 미국, 일본과의 관계 정상화를 통해 진전될 수 있다. 북미, 북일 간 국교 수립은 상호 신뢰에 대한 중요한 신호라 하겠다. 남북이 연락사무소를 설립한 것과 같이 우선 북미, 북일 연락사무소를 상호 설치하는 방법이 효과적일 수 있다.

마지막으로, 지금까지 한반도 평화체제를 논의하고 협의하는 과정에서 정부는 여타 행위자들의 참여에 미온적이었으며 문제해결의 책임과 권한을 독점하다시피 했다. 이러한 정부의 배타적 주도성은 한반도에서 평화를 하나의 문화로, 규범으로 만들어가는 데 장애가 될 수 있다.

남북관계뿐만 아니라 한반도 주변의 양자, 다자 관계에서도 시민사회와 전문가 영역의 역할을 매우 제한되어 왔으며 의회의 역할조차 제대로 보장되지 못했다. 한반도 평화체제는 안전보장의 문제와 동전의 양면과 같다는 점에서 안보문제의 특수성을 이유로 국가의 역할이 다소 과도하게 강조된 것이다. 그러나 정부만으로 한반도에서 평화를 제도화하는 것은 불가능에 가깝다. 특히 정부 간 불신과 대화가 단절된 상황이 지속된다면 시민사회와 연구자 그룹, 그리고 의회의 역할이 더욱 중요해질 수밖에 없다.

4. 한반도 평화체제 구축을 위한 세 가지 과제

한반도에서 평화체제를 구축하기 위한 기나긴 노력은 수많은 한계에 부딛히며 좌절되고 말았다. 우리는 이제 무엇이 문제인지 확인하고 지혜를 모아야 한다.

첫 번째로, 지금까지 우리는 한반도 평화체제를 논함에 있어 제도적 관점, 특히 정전협정을 평화협정으로 대체하는데 초점을 맞춰왔다. 그러나 상호신뢰가 없는 평화란 신기루에 불과하다. 남과 북, 북한과 미국, 그리고 한반도 주변 국가의 정부와 구성원이 서로를 더욱 이해하고 평화의 중요성을 함께 논의하며 평화 규범을 한반도에서 정착시켜 나갈 때 평화체제는 그 결과로서 자연스럽게 정착될 수 있을 것이다. 한반도에서 관련국 간 신뢰를 회복하고 평화규범을 정착시키기 위해서는 서로 다양한 행위자 간 교류와 협력을 중장기적 관점에서 진행해야 한다. 과거 남북관계뿐만 아니라 한반도 주변국 간에 서로를 이해하려는 노력, 예를 들어 사회문화 교류와 학술교류 등은 매우 부차적인 것으로 치부되어왔다. 하지만 서로를 이해하기 위한 노력은 가장 중요한 과제로, 가장 안정적으로, 그리고 인내심을 갖고 추진되어야 한다. 단순히 이벤트로만 여겨져 왔던 사회문화교류를 가장 앞선에 놓아야 한다.

두 번째로, 한반도에서 현실적으로 존재하는 안보 불안을 해소해 나가야 한다. 북한이 요구하는 안전보장은 현실적인 과제임을 자각해야 한다. 북한이 납득할 수 있는 안전보장이 이루어지지 않은 상태에서 그들이 핵무장을 해제할 가능성은 매우 적다. 제재를 통해 북한을 굴복시키려는 시도는 결국 북한의 무력도발로 돌아왔다는 점에서 위험한 모험일 수밖에 없다. 특히 북한과 군사적 대치를 지속하고 있는 상황에서 한국은 평화적 방법을 통한 문제해결을 주도해야 한다. 한반도에서 안보 불안을 해소하기 위해서는 한반도 냉전의 한 축인 북한과 미국, 일본 간의 국교를 정상화해야 한다. 이는 북한의 안보 불안을 해소하고 상호 신뢰를 회복하기 위한 가장 중요한 과제이다. 미국과 일본이 북한에 연락사무소를 개설하는 것만으로도 한반도 평화를 위한 중요한 시작점이 될 수 있다. 북한 핵 문제 또한 북미, 북일관계의 정상화 과정과 함께 진행될 때 실질적인 진전이 가능하다. 이와 더불어 한반도 주변, 동북아에서 다자안보체제를 구축하는 노력이 중장기적인 시각에서 모색되어야 할 것이다.

마지막으로, 한반도 평화체제를 위한 정부 간 협상에서 남북과 그리고 한반도 주변 6개국뿐만 아니라 유럽연합과 다양한 국제기구들까지 한반도에서 평화를 이야기하기 위해 만나고 교류할 수 있어야 한다. 이와 함께 더 많은 비정부 행위자가 참여할 수 있도록 보장해야 한다. 특히 한반도에서 평화의 규범, 문화를 만들고 이를 지속시켜 나가기 위해서 시민사회와 전문가 그룹, 예술가 집단의 역할이 강화될 필요가 있다. 다양한 행위자의 참여는 국가 간 대화가 단절된 상황을 해소하고 새로운 대화를 모색하는 힘이 될 것이다. 이들이 북핵 문제의 해법이나 평화협정의 구체적인 문항들을 합의할 필요는 없다. 다만 서로를 이해하기 위한 노력을 중단없이 지속해 나갈 때 우리는 평화를 더 많이, 더 깊이 다룰 수 있으며 국가 간 논의를 더욱 풍부하게 지원하는 토대가 될 것이다. 한반도에서 평화의 규범과 문화가 깊고 넓게 자리 잡을 때, 우리가 원하는 평화체제가 구축될 수 있음을 명심해야 한다.

바이든-시진핑 시대 중일관계 변화와 일본의 지역전략

텐칭리(田慶立)*

바이든-시진핑 시대의 중일관계 발전은 변화무쌍한 양상을 보이고 있다. 바이든 정부가 '인도·태평양 전략'과 전략 동맹 전략을 강화하면서 인도·태평양 지역에서 중국을 견제하는 일본의 미국 내 전략적 위상은 전례 없이 높아졌다. 일본은 동아시아에서의 주도적 지위를 확보하고, 나아가 전 세계에 영향력을 충분히 발휘하기 위해 미국의 '인도·태평양 전략'에 적극적으로 호응하는 한편 '4자 안보 대화'에 적극적으로 참여하며 다자외교를 통해 국제무대에서의 '우호적인 관계(朋友圈, 역자 주: 중국 SNS 위챗의 친구목록을 의미)'를 지속해서 확대하고 있다. 일본은 미국의 '인도·태평양 전략'에 대응하여 미일 동맹 강화와 외교의 지평 확대라는 이중적인 조치를 시도하고 있다. 이는 아시아 지역은 물론 세계적으로 일본의 위상을 높여 중국의 영향력 상승을 억제하려는 전략이다.

---

* 톈진외국어대학교 지역연구원 원장.

1. 바이든－시진핑 시대 중일관계 변화와 대내외 동향

2021년 4월 스가 요시히데(菅義偉) 총리의 미국 공식 방문 이후, 중미일 3자 관계에서 일본이 맡았던 조정자 역할에 큰 변화가 생겼다. 일본은 중미 사이에서 망설이고 주저했던 태도를 버리고 자국의 이익에 따라 미국의 편에 서게 된 것이다. 일본이 중국이라는 엄청난 리스크에도 아랑곳하지 않고 인도·태평양 지역에서 중국을 견제하는 미국의 기조에 보조를 맞추고 있는 이유는 스가 정권이 직면했던 일본 내 복합한 의제와 직접적인 관련이 있다. 중국의 이웃 나라인 일본이 대만, 홍콩, 신장(新疆) 등의 문제에서 미국의 전략적인 요구를 원칙 없이 수용하는 것은 동아시아 지역에 전례 없는 안보 리스크를 초래할 것이며, 다른 나라의 국익에도 중대한 손해를 가져오게 될 것이다.

첫째, 스가 정권은 중국에 대한 강경한 정책을 펼침으로써 일본 내 여론을 분산시키고자 했다. 스가 총리는 국내 정치에 능하고 외교 활동에는 서툰 것으로 잘 알려졌지만, 코로나19 사태가 일파만파로 번지는 위험한 상황에서 코로나19 확산에 대한 대비와 도쿄 올림픽 유치라는 이중적인 정치적 압박에 직면해 왔다. 스가 내각의 지지율은 일본 내 산적한 재난 의제를 해결해내는 정치적 성과가 부족했기 때문에 2021년 7월 말에는 35% 수준으로 떨어졌다. 스가 정권은 일본 국민의 불만 어린 시선을 돌리고자 외교 분야를 돌파구로 삼아 오로지 미국의 입맛에 맞추는 방식으로, 나아가 중일관계를 희생하는 대가로 강경한 대중(對中) 정책을 펼쳐왔다. 2021년 9월 27일, 일본 정부의 사이버안보전략본부(網路安全戰略本部)는 총리관저에서 진행된 회의를 통해 향후 3년간의 '사이버 안보 전략(網路安全戰略)'을 확정했다. 관련 문서는 "일본을 둘러싼 안보 상황이 날로 심각해지고 있으며, 사이버 공간은 국가 간 경쟁의 장으로 변모하며 지정학적 갈등을 반영하고 있다. 중국, 러시아, 북한은 사이버 공간에서 잠재력을 지속해서 강화해 정보 탈취를 위한 사이버 공격을 감행하는 것으로 알려져 있다"라며 미국, 호주, 인도 등의 국가와의 협력 방침을 분명히 해 두었다.

둘째, 스가 정권이 미국과 함께 중국을 견제(親美遏中)하는 정책을 추진한 배경에는 가을에 열리는 중의원 선거전에 대한 전략적 계산이 깔려 있다. 일본 정부의 부실한 코로나19 대응은 이미 일본 국민의 강력한 불만을 일으켰으며, 예정대로 열린 도쿄올림픽이 코로나로 인해 큰 타격을 입을 것을 우려하는 여론에 직면했다. 이 두 가지 국내 정치 이슈가 제대로 처리되지 않는다면, 스가 정권에 더욱 큰 충격을 줄 것이고, 중의원 선거 결과에 직접적인 영향을 주리라는 것은 분명했다. 가을 중의원 선거를 준비하는 전략적 고려에 따라 일본 국내 정치가 이렇다 할 업적을 내지 못하는 상황에서 외교정책에서는 미국의 덕을 보고, 대중 정책에서는 중국을 강하게 억제하는 것만이 스가 정권이 순조롭게 국정을 운영할 수 있는 지름길이었다. 결국 일본의 대중 정책 완화는 중의원 선거의 결과가 난 이후에 판가름 나게 되었으며, 자민당 총재 선거에서 승리한 기시다 후미오(岸田文雄) 신임 총리는 대중 정책에서 강경한 대응과 함께 유연하게 균형을 맞춰야 하는 과제를 안게 되었다.

셋째, 스가 정권은 대만 문제에 있어 과거 중일 양국이 합의한 공감대에서 벗어나 위험한 방식을 채택했다. 일본이 발표한 2021년 방위백서는 '대만 정세의 안정은 일본의 안전을 보장할 뿐만 아니라 국제 사회의 안정에도 매우 중요하다'라고 명시하면서, '중국과 대만' 간 군사적 균형이 중국에 유리한 방향으로 흐르고 있다고 주장했다. 이러한 일본 방위 정책의 중대한 변화는 대만 독립 세력에 잘못된 신호는 보내는 동시에 일본은 자발적으로 미국이라는 전차에 스스로를 묶어두게 될 것이다. 국제 분쟁을 일으키는 일본의 행동은 일본뿐만 아니라 동아시아 지역의 안보 환경도 악화시킬 것이다. 스가 정권은 미국의 대만 문제에 발맞춰 '존재감'을 과시하려 했고, 중국을 압박하는 미국의 정책에 따라 대만 문제에 바짝 다가섰다. 일본과 대만 관계는 역사적으로 복잡하게 얽혀있다. 일본은 대만과의 수교 재개 이후 중일관계가 안정적인 발전을 유지할 수 있도록 전략적인 고려를 하며 대만과의 관계 발전에서 중국의 심기를 건드려 중일관계가 악화되지 않도록 시종일관 조심스럽고 소극적인 태도를 유지해 왔다.

일본이 최근 대만 해협을 둘러싼 정세 긴장 속에서 미국을 옹호하는 태도를 보인 것은 중미관계가 경색된 틈을 노려 대만 이슈를 향후 중국을 견제할 효과적인 카드로 활용하려는 의도가 강하게 반영된 것이다. 이에 대만 여론은 다음과 같이 분석했다. "민진당 정권하에서 대만과 일본의 관계가 고조되는 것처럼 보이는 이유는 일본이 중국의 굴기를 우려하고, 반중(反中)을 위해 대만을 지지(挺台)하기 때문"이라며 "대만은 일본에게 중국의 부상에 대응할 수 있는 미일 동맹의 또 다른 카드가 되었다"고 분석했다. 이는 대만의 외교 및 전략적 안보에도 반드시 유리한 것은 아니다. 오히려 중미가 대립하는 '전략적 단층선'에 놓인 대만은 양안 긴장을 완화하고 대만 해협의 안정을 유지할 수 없는 선택을 강요당할 것이다. 고다 요지(香田 洋二) 전 일본 해상자위대 자위함대 사령관은 "중국이 대만과의 유사시 무장 통일하지 못하도록 저지할 수 있는 열쇠는 미국의 군사력이다. 일본도 동맹국으로서 중요한 역할을 할 것이다. 대만은 유사시 미군의 최전선 기지가 될 수 있지만, 일본은 현재 심리적으로나, 물질적으로 준비가 전혀 되어있지 않다. 어떤 의미에서 대만을 지킬 수 있을지 여부는 일본에 달려있다. 일본은 미국의 요구에 마지못해 따르는 것이 아닌 독립국으로서의 노력을 해야 한다. 이것이 일본이 추구해야 할 방향이다. 이는 단지 미군을 지원하느냐 마느냐 하는 문제가 아니다. 일본 주변에 배치된 미군을 중국의 공격으로부터 보호하는 것 자체가 임무다. 대만에 문제가 발생하면 일본에도 문제가 발생할 것이다"라는 의견을 밝혔다.

2021년 8월 27일, 일본 집권 여당인 자민당과 대만 민주진보당이 온라인 화상을 통해 '외교와 국방 정책 의견 교류회(2+2 안보대화)'를 진행했고, 중국은 이에 관련해 일본에 엄정한 입장을 표명했다. 사토 마사히사(佐藤正久) 교류회 의장은 회의 서두에 여당 관계자들의 교류를 통해 양측 간의 협력을 강화하기를 희망한다고 말했다. 최근 몇 년간 중국은 일방적으로 지역의 현상을 변경하며 대만의 안보뿐 아니라 일본의 안보에도 영향을 미치고 있다. 따라서 일본 측은 대만과의 교류를 강화해야 한다고 주장한다. 오쓰카 다쿠(大塚拓) 자민당 국방부회장은 일본과 대만 모두 동중국해 인근에 위치하고 있으며, 중국과 마주하고 있어 미래를 공유하는 공동체라고 지적했다. 최근 중국의 군사력이 크게 증가하여 지역 불안정을 초래하고 있으며 세계 질서에 영향을 미치고 있다. 수년 만에 일본과 중국, 대만의 관계가 다시 자민당 선거의 쟁점으로 떠올랐다. 2021년 9월 24일에 열린 온라인 토론에서 고노 다로(河野太郎)와 기시다 후미오(岸田文雄)가 대만의 포괄적·점진적 환태평양경제동반자협정(CPTPP) 가입 신청을 환영한 데 이어 다카이치 사나에(高市早苗) 전 총무장관과 노다 세이코(野田聖子) 자민당 간사장 대행 역시 대만의 의지를 지지했다.

넷째, 기시다 정권은 상대적으로 강경한 대중 정책을 계속 추진하고 있다. 자민당 총재 선거가 확정되면서 기시다가 일본 제100대 총리로 취임했으며, 그의 중국 정책의 향방이 주목받고 있다. 기시다 총리의 출마 선언을 통해 알 수 있듯이 현재 일본 정치인들의 주류 인식은 대중 강경 노선을 지향하고 있으며, 기시다 총리는 보수 세력의 가치 지향에 부응하기 위해 대중 강경 노선을 상당 부분 이어나갈 것이다. 자민당 총재 선거 기간, 기시다 총리는 미국 월스트리트저널(WSJ)과의 인터뷰에서 "중국에 대처하는 것이 집권 최우선 과제가 될 것"이라며, "베이징의 외교 및 경제적 강경 행보에 경악했다"고 말했다. 기시다 총리는 "일본은 중국, 북한 등 잠재적인 적에 맞설 수 있는 미사일 공격 능력 구축을 검토해야 한다. 미국과 협력하지 않으면 이에 대처할 수 없다"며 "따라서 워게임(war game · 가상전쟁 시뮬레이션)'을 하는 것이 매우 중요하다"고 지적했다.

2021년 9월 17일, 기시다 총리는 자민당 대선후보들의 공동 기자회견에서 대중 정책에 대해 "자유, 법치 등 보편적 가치를 수호하는 차원에서 가치관을 공유하는 국가와 협력하면서 역할을 해야 한다"고 밝혔다. 기시다 총리는 중국 홍콩과 신장(新疆) 등 지역의 이른바 '인권 문제'에 대해 인권 문제를 담당할 총리보좌관직 신설을 제안하고, 중국에 의존하지 않는 공급망 구축을 위한 경제안전보장 담당장관직 신설을 제안했다. 기시다 후미오, 고노 다로, 다카이치 사나에 모두 중국을 상대할 수 있도록 미국 등의 국가들과 협력하여 중국에 대처하겠다는 뜻을 밝혔다. 호소야 유이치(細谷雄一) 게이오기주쿠대학교 국제정치학과 교수는 "기시다 총리는 일본을 둘러싼 중국의 강경한 군사 활동에 대처하기 위해 억제력을 강화해야 한다는 것을 알고 있으며, 일본과 최대 교역국 간의 관계를 안정시켜야 한다는 중요성 또한 알고 있어 양자 간의 균형을 찾을 것"이라고 말했다.

2. 바이든 행정부의 동맹 전략이 중미일 3자 관계에 미치는 영향

첫째, 바이든 정부가 집권한다는 것은 일본에 희소식이다. 트럼프 대통령의 독단적인 행보에 일본 정치인들이 곤욕을 치렀던 일이 다소 있었는데, 다행히 아베 총리 집권 당시 트럼프 대통령과의 긴말한 관계로 인해 미일 관계는 큰 변동을 겪지 않았다. 중미관계가 급격히 악화된 상황에서 일본은 양측 모두에게 유리한 위치를 선점하고 있으며, 외교적 유연성을 충분히 가지고 있다. 안보적 차원과 장기적인 미국 내 인맥 관계 형성이라는 측면에서 일본 정치인들은 미국 대통령 선거에서 바이든의 승리를 기대했다. 일본은 오바마 시대 지일파(知日派, 일본의 사회·문화 등에 대해 깊은 이해를 가진 사람) 브레인(智囊) 등의 인맥을 십분 활용해 미국과 효율적인 소통과 정책 조율을 할 수 있을 것이다.

둘째, 바이든 행정부의 외교정책은 다자주의와 동맹체제를 지지한다. 중국의 부상 추세에 효과적으로 대응하고 이를 억제하기 위해 미국은 단합과 동맹을 추진하고 있다. 미국은 일본과 함께 협력하여 무역 문제와 인권 문제에 대해 중국에 압력을 가할 것이며, 일본은 중미 강대국 사이에서 더욱 어려운 상황을 마주하게 될 것이다. 트럼프의 장점은 미국이 중국에 법외 관세를 부과해도 일본에 동일한 조치를 취하도록 요구하지 않았다는 점이다. 바이든 시대에 미국이 중국을 포위하는 전반적인 전략적 고려를 시행함에 따라 일본은 국제정세의 흐름을 벗어나기 어렵게 되었다. 일본 외교는 미국에 영합하는 것과 중국을 배려하는 사이에서 고통스러운 선택과 어려운 조정을 해야 한다.

2021년 9월 21일, 바이든 미국 대통령은 유엔 총회 일반 토론에서 새로운 미국 외교 전략을 분명히 제시했다. 새로운 전략(新戰略)에서 바이든 대통령은 '9 · 11'로 시작된 미국 역사상 가장 길었던 전쟁이 끝났다는 점을 강조했다. 앞으로 미국은 '가장 중요한' 인도 · 태평양 지역에 국가적 역량을 집중할 것으로 보인다. 이른바 "신냉전을 추구하지 않는다"는 표현으로 긴장은 완화되었지만, 중국에 맞서 동맹국을 결집하려는 의도는 여전히 매우 분명하다. 바이든은 "미국은 전쟁의 늪에 빠지지 않으면서도 동맹국들과의 협력을 통해 패권적 지위를 유지하기를 희망하고 있으며, 코로나19와 기후변화 등 글로벌 이슈에서 중국의 협력을 얻어내는 것이 '바이든 신외교'의 의도"라고 말했다. 스가 정권이 취한 일련의 대응을 보면, 인권 의제나 대만해협 문제 등에서 일본은 확실하게 미국의 편에 서 있다.

셋째, 일본의 맹목적인 미국 추종으로 인해 중일관계에 갑작스러운 긴장국면에 조성되었다. 바이든 대통령이 백악관에 입성한 지 1년이 다 되어가면서 미국은 과거 글로벌 동맹 복원 전략으로 중국을 견제하고 균형을 잡기 위해 더욱 박차를 가하고 있다. 동아시아 지역 군사 동맹국인 일본과 한국은 바이든 시대에 과거 어느 때보다 중요한 역할을 하고 있다. 미국의 '아시아 · 태평양 재균형' 전략 설계자이자 지일파 전문가였던 커트 캠벨이 미국 동아시아태평양 차관보를 맡으면서 바이든의 외교 노선이 오바마 시대로 회귀할 것이라는 신호를 분명히 하였다. 일본은 미국이 주창하는 민주주의, 인권, 안보 등의 문제에서 미국을 따라 중국을 공격하려 한다는 점에서 중일관계에 헤아릴 수 없는 부정적인 영향을 미칠 수밖에 없다. 중일관계에 '쐐기'를 박으려는 미국의 전략은 반드시 중일 양국의 협력을 저해할 것이다.

3. 바이든–시진핑 시대 일본 지역전략의 주요 특징

첫째, 일본의 안보 전략은 '방어형'에서 '공격형'으로 바뀌었다. 2010년 대 이후 아베 정권은 적의 공격 의지를 포기하게 하는 이전의 '거부억지 (deterrence by denial)' 전략에서 점차 벗어나면서 평화 국가의 길에서 멀어지고 있으며, 적 기지에 피해를 줄 수 있는 공격능력을 보유한 '보복억지 (deterrence by retaliation)'를 채택하려는 입장을 펼치고 있다. 일본의 국가 안보 전략이 '방어형'에서 '공격형'으로 실질적인 도약을 하면서 일본이 오랫동안 고수해온 평화 국가의 속성이 크게 변질될 것이다. 이는 결국 동북아 지역의 군비 경쟁이라는 돌아갈 수 없는 길로 이어질 것이다. 스가 정권 시대의 방위 노선은 아베 내각의 연장선에 있다. 미국에 발맞춰 미일 동맹을 더욱 강화하고, 대만 해협 문제에 대해서도 52년 만에 분명한 입장을 내비치면서 중일관계는 더욱 긴장되고 있다. 기사다 정권은 이러한 '공격적' 방위 노선을 계속 유지하고 추진할 것으로 보인다.

둘째, 일본은 미국이 주도하는 '쿼드(Quad, 4자 안보대화)'에 적극적으로 응하고 있다. 2021년 3월 12일, 미국, 일본, 인도, 호주 4개국은 화상으로 열린 첫 쿼드 정상회담을 마쳤다. 바이든 미국 대통령이 주창한 이번 회담은 쿼드가 인도·태평양 지역의 외교·안보에 '새로운 역할'을 할 수 있다는 강력한 메시지를 던지고 있으며, 바이든 행정부의 아시아·태평양 정책 복귀에 대한 간절함을 반영하고 있다. 일본 교도통신은 바이든 행정부가 쿼드 체제를 '인도·태평양 정책의 근간'으로 삼고 있다고 전했다. 3월 16일 도쿄에서 열린 '미일 2+2 회담'은 바이든 행정부가 인도·태평양 지역에서 중국의 영향력 균형을 맞추는 일본의 역할을 중요하게 여기고 있음을 보여준다. 스가 내각은 중국이 '해경법'을 공포하고 시행함으로써 동해 해역과 남해상에서의 법 집행과 순찰을 한층 강화하여 일본 측의 경각심과 불만을 야기했다는 입장이다. 이번 회담 과정에서 발표된 공동성명에는 '해경법'에 대한 미일 양국의 공통된 우려를 명시하고 있으며, 중국에 대응한 안보 협력을 강화하려는 새로운 움직임이 담겼다. 2021년 9월 24일, 스가 총리는 쿼드 참석차 미국을 방문한 자리에서 "쿼드는 4개국이 주창한 매우 중요한 제안이다. 이 4개국은 법치에 기초한 자유와 개방적 국제질서를 인도·태평양 지역에서 실현하기 위해 협력하는 기본적 가치관을 공유하고 있다"고 말했다. 이를 통해 일본은 중국의 굴기를 견제하는 체제로써 쿼드를 중시하고 있음을 알 수 있다.

셋째, 일본이 다자외교를 추진하는 것은 오로지 미국에만 의존하는 전략적 위험을 해소하기 위한 것이다. 미국의 유럽 동맹이든, 인도·태평양 지역의 동맹이든 겉과 속이 다를 수 있다. 미국이 과연 존경하고 신뢰할 만한 친구인지, 아니면 자신의 국익을 지키면서 종종 흉악한 이기적인 모습을 드러내는지 알 수 없다. 동맹국들은 이미 트럼프 행정부 시절 이와 관련된 안 좋은 기억을 가지고 있다. 브루스 젠틀슨(Jentleson) 미국 듀크대학교 공공정책·정치학 교수는 "미국의 주요 동맹국들은 중국에 대한 나름대로의 우려를 갖고 있지만 한편으로는 신냉전에 휘말리게 될 것 또한 우려하고 있다. 특히 인도·태평양 지역에서 이러한 현상은 더욱 두드러진다. 각 국가들은 미국의 지원을 받는 것을 기쁘게 생각하지만, 중국과의 관계에서도 각국이 얻는 이익 역시 존재한다. 중미 충돌에서 일본이 어떤 입장을 취해야 하는지를 묻는 질문에 대해 일본 국민의 58%가 국제 협력을 중시하는 경향을 보였으며, 20%만이 미국과의 관계를 우선시하고 있다"고 말한 바 있다. 이 때문에 스가 정권이 미일 동맹을 강화하면서도 영국과 다른 국가들의 지지를 얻기 위해 애썼으며, 호주와의 연대를 통해 중국의 '경제적 협박'

에 맞서 함께 대응했다. 최근 일본과 호주 간의 방위협력이 격상되면서 일본이 호주의 방위공약을 군사적으로 지지한다는 뜻을 공개적으로 밝힌 것은 최근의 일이다. 2021년 9월 28일 모테기 도시미쓰(茂木敏充) 외상은 일본과 영국은 공동훈련 등에 관한 원활화 협정(RAA, Reciprocal Access Agreement)[1] 협상 개시에 합의했으며 10월 7일 양국 간 첫 회의가 열린다고 밝혔다. 이 협의는 일본 자위대와 영국군의 연합훈련을 위한 절차를 간소화하기 위한 것이다. 일본은 '인도양·태평양 지역'에서 영국과 방위협력을 추진할 예정이다. 일본과 영국은 2017년 8월 정상 공동선언에서 양국 간 방위 협력에 중점을 두고 합동 훈련을 원활하게 추진할 수 있는 체제를 구축하기 위해 노력하기로 약속했다. 이를 바탕으로 양국은 협정 체결을 위한 협상을 시작하기 위해 의견 조율을 추진했다. 일본 정부가 다자외교에 나선 속내를 들여다보면 사실상 겉으로 드러나지 않는 미국에 대한 불신이 숨어있다.

바이든-시진핑시기 중일관계가 급박하게 긴장감을 조성하게 된 것은 일본이 맹목적으로 미국 편에 서게 되면서 중일관계가 부정적인 방향으로 흘러간 영향이 크다. 이 시기 일본의 지역전략은 안보 차원에서는 미일동맹 체제 강화와 적극적으로 쿼드 체제를 지지한 것이다. 또한, 다자외교를 적극적으로 추진해 미국에만 의존하는 리스크를 해소하고 중국 주변 지역을 기반으로 중국을 포위하는 동맹을 구축하여 중국을 견제하고 대비하기 위한 역량을 강화하는 것이다. 경제 차원에서 일본은 CPTPP와 RCEP 협상을 주도 및 선도함으로써 지역 주도권과 리더십을 계속해서 장악하고 동아시아 권역은 물론 일본의 글로벌 영향력을 꾸준히 높여가고 있다.

---

1) RAA의 목적은 연합 훈련 중 상대국에 체류하는 동안 무기를 휴대하기 위한 입국 절차를 간소화 하는 것이다. 협정 체결 이후에는 병력의 흐름이 원활해지고 국방 협력의 범위가 확대될 수 있다.

일본의 지역전략
: '연결성의 지전략'으로서의 인도·태평양

박창건(朴昶建)*

1. 연결성의 지전략으로서의 인도·태평양

이 글은 바이든 시대 일본의 지역전략이 어떻게 전개되고 있는지를 조명하는 것이다. 논의의 초점은 연결성의 지전략이란 관점에서 미중 경쟁과 미일 동맹의 역학 관계에서 일본의 인도·태평양 구상에 대한 특징과 한계를 파악하는 데 있다. 인도·태평양은 미국과 중국을 중심으로 하는 이중적 위계 구도가 중첩되는 위치에 놓여 있는 일본에게 있어 지전략적인 경계이자 핵심이익이 충돌하는 공간이다. 흥미로운 것은 일본이 추진하고 있는 '자유롭고 열린 인도·태평양' 구상이 새로운 국제질서를 확립한다기보다는 중국의 일대일로 구상에 대응하는 전략인 반응형 성격이 강하다는 사실이다. 이는 일본이 독자적으로 지역전략을 구축하려는 노력을 기울여 왔지만,

---

* 국민대학교 일본학과 교수.

미국의 인도 · 태평양 전략에서 벗어나지 못하고 있기 때문이다.

일본은 연결성을 기반으로 인도 · 태평양 구상을 '지정학(geo-politics)적 경쟁'에서 '지경학(geo-economics)과 지문화(geo-culture)적 협력'을 내포하는 '지전략'이란 포괄적인 개념을 기반으로 지역전략을 발전시키고 있다. 파라그 카나(Parag Khanna)는 연결성의 지전략을 데이터와 인적자원으로 연결된 신국제질서를 커넥토그래피(connectography) 개념을 통해 지리적 영역에서 에너지 인적자원, 시장자원 그리고 안보자원의 연결성을 강조하고 있다. 이러한 의미에서 일본의 자유롭고 열린 인도 · 태평양을 둘러싼 논의들을 세분화 해보면, 첫째는 자유롭고 열린 인도 · 태평양(FOIP: Free and Open Indo-Pacific) 개념이 중국에 대한 경쟁과 협력전략을 모두 포함하는 전략으로 보는 견해이고, 둘째는 미국의 지역 질서를 유지하는 전략으로 보는 견해, 셋째는 일본의 지역 외교 수단으로 남아시아, 태평양, 아프리카를 포함함으로써 인도 · 태평양 지역에서 미국 주도의 전후 국제질서를 유지하는 것이며, 인도 · 태평양 구상은 이 지역의 역학 관계를 형성하기 위한 전략으로 보는 견해 등으로 요약할 수 있다.

2021년 1월 20일 제46대 미국 대통령으로 취임한 바이든은 대외정책 기조를 '미국 우선주의(America First)'에서 '미국 리더십의 회복(Renew American Leadership)'으로 전환시켰다. 그 핵심 내용은 미국의 전통적인 동맹관계의 복원, 민주적 가치를 공유하는 미래지향적인 관계로 동맹과 파트너 관계의 재구상과 일본, 한국, 호주 등 아시아국가들과의 동맹 강화로 정리할 수 있다. 이처럼 바이든 정권의 국제협조를 중시하는 모습은 일본이 주창하고 있는 '자유롭고 열린 인도 · 태평양'의 실현을 지지하는 동시에 미국, 일본, 호주, 인도 4개국에 의한 쿼드(QSDA: Quadrilateral Security Dialogue)의 제도화를 정상회담으로 발전시켰다. 같은 맥락에서 2021년 3월 3일 블링컨 국무장관은「국가안보전략 잠정 지침서(Interim National Security Strategic Guidance)」를 통해 바이든 행정부의 글로벌 안보 현황을 비롯해 외교적 우선순위를 제시하고, 권위주의 국가들이 가짜뉴스, 허위조작정보 및 무기화된 부패 활동 등과 같은 다양한 신안보의 위협이 되는 요소들을 대처하기 위한 국제적 규범 체계의 형성과 준수를 강조하고 있다. 특히 중국을 '경제, 외교, 군사, 기술력이 결합된 현재의 안정적이고 개방된 국제체제에서 지속적으로 도전할 수 있는 유일한 경쟁자'로 규정하였다.

주목할 것은 아베 정권의 외교정책을 계승한 스가 요시히데 총리는 2021년 4월 16일 미국 워싱턴 D. C.를 방문해서 바이든 대통령과의 정상회담을 개최하고「새로운 시대를 위한 미일 글로벌 파트너십(新たな時代における日米グローバル・パートナーシップ)」이라는 공동성명서를 채택했다. 이 공동성명서에서 양국 정상들은 미일 동맹, 중국 및 북한 문제, 신형 코로나19 바이러스 등 미일관계뿐만 아니라 지역 질서 전반에 영향을 미치는 다양한 주제에 대한 실질적인 정책조정에 합의했다. 중국과의 경쟁을 민주주의와 전제주의 간의 체제 경쟁으로 규정하고 있는 바이든 정권은 향후 대중국 연대망 구축을 추진함에 있어서 '자유, 인권, 민주주의' 등의 가치연대를 표방함으로써 동맹국 및 파트너 국가와의 관계를 더욱 발전시키는 데 심혈을 기울이고 있다. 이처럼 미중의 전략경쟁이 가열되는 상황에서 개최된 바이든−스가 정상회담에서 미일 양국은 중국에 대한 위협 인식을 공유하고 공동 대응을 약속했으며, 미일 동맹이 '자유롭고 열린 인도·태평양' 지역의 평화와 안전, 번영의 초석임을 재확인하였다.

2. 미중 경쟁과 미일관계

2021년 애틀랜틱 카운슬(Atlantic Council)에서 발행한 미국의 대중국 전략 보고서에 따르면, 시진핑 주석 집권 이후 중국은 더 이상 현상유지(status-quo) 국가가 아닌 수정주의(revisionist) 국가이며, 미국의 모든 국익을 위협하는 대상이라고 지적하고 있다. 이를 위해 바이든 정권은 세계적 리더십 복원과 입지 강화, 인도·태평양 전략과 다자주의 협력체인 쿼드를 구체화를 논의하기 시작했다. 백악관 국가안보회의(NSC) 인도·태평양 조정관인 커트 캠벨(Kurt Cambell)은 인도·태평양 지역의 세력균형과 질서를 저해하는 중국의 도전에 미국이 동맹 국가들과 함께 대응해 나갈 것이라 밝혔다. 특히 바이든 정부는 역내 균형을 위해 인도·태평양 지역에서 미군의 주둔을 유지하며 국가 간 군사 및 정보 파트너십 구축의 강화를 위한 현실적 방안을 제도적으로 정착시키려는 움직임을 보였다. 이를 위해 미국은 역내 국가들이 대연합을 이루기보다는 사안별로 '맞춤 또는 즉석의 성격'을 가진 민주주의 10개국(Democracy 10: D-10), 쿼드 등과 같은 협의체를 통해 인도·태평양 지역의 안전보장에 관해 중국의 포위망을 구축하려는 전략을 펼치고 있다.

반면, 중국은 미국과의 전략적 경쟁과 인도·태평양 전략을 중-장기전으로 인식하고 2020년 10월 29일 19기 5중전회의를 통해 시진핑 1인 중심체제로 단결하여 2035년까지 미국을 뛰어넘는 '중국 특색사회주의 현대화' 달성과 부국강병을 위한 신(新)대장정을 본격화하기 시작했다. 시진핑 체제는 미국의 인도·태평양 전략을 통한 대중압박을 역으로 사회주의, 애국주의와 중화민족주의 정서 고조와 내부 결집과 지지를 이끌어 나가며 선정 방문을 통한 제2의 남순강화 강조, 쌍순환전략과 과학기술 자립화를 추진하려는 움직임을 보였다. 이러한 대응을 통해 코로나19 위기로 인해 위축된 내부 경제 활성화와 시진핑 1인 중심체제 강화와 당－국가체제를 공고화시키려는 정치적 의도가 내포되어 있다. 더욱이 시진핑 체제는 미국의 본격적인 인도·태평양 전략 대응과 부국강병 차원에서 2035년까지 중국군 현대화를 달성하고 2049년에는 세계 일류 군대로 자리매김한다는 계획을 밝히고 있다. 다시 말하면 중국은 미국과의 전략적 경쟁에서 쉽게 굴복하거나 물러서지 않겠다는 강한 의지를 보여주고 있어 바이든 정권의 인도·태평양 전략 추진에 상당한 갈증과 어려움이 예상된다.

이러한 경쟁과 갈등의 상황에서 2021년 7월 26일 웬디 셔먼(Wendy R. Sherman) 미 국무부 부장관이 중국 텐진을 방문하여 셰펑(謝鋒) 중국 외교부 부부장과의 회담 및 왕이(王毅) 외교부장과 고위급회담을 개최했다. 이 회담에서 미중 양국은 타이완 및 신장위구르 인권 문제 등에서 국제질서 준수 요구와 주권문제로 맞대응하면서 날선 공방이 이루어졌다. 하지만 기후변화 등 주요 글로벌 현안에 대한 협력 의지도 교환하면서 당면한 중요한 글로벌 현안에 대한 양국의 협력 가능성도 조심스럽게 예견되고 있다. 하지만 여전히 인도·태평양 전략 추진을 두고 미중 양국이 모두 자국의 전략적 고려와 이익을 내세우며 치열한 경쟁을 펼치고 자국에 유리한 우군을 만들려고 동맹국, 우방국, 주변국가들에게 당근과 채찍을 동시에 가하고 있다. 특히 바이든 정권은 한국이 한미동맹 차원에서 한미일 3국 안보협력, 인도·태평양 전략, 쿼드에 참여할 것을 강하게 요구하고 있다. 이에 반해 중국은 한국의 인도·태평양 전략과 쿼드 참여를 예의 주시하면서 시진핑 주석의 조기 방한과 남북중 3자 협력과 같은 전략적 소통의 중요성을 내세우면서 한반도를 둘러싼 지역구상에 적극적으로 대응하려는 모습을 보인다.

2021년 3월 12일 열린 쿼드 정상회의의 공동성명서에서는 '민주적 가치에 기반하고 강압으로부터 구속받지 않으며, 개방적이며, 포괄적이고 건강한 인도·태평양 지역 만들기'를 천명했다. 이러한 구상을 구체화하기 위해 바이든 정부는 미국 주도로 소다자 안보협력 구상에 있어서 일본을 핵심 파트너로 인식하고 동맹관계를 더욱 발전시켜 인도·태평양 지역의 동맹 및 우방국과의 협력을 추구할 주요 플랫폼으로 쿼드에 힘을 싣는 모습이다. 이처럼 쿼드 정상회담은 향후 대중국 견제 성격을 강화할지, 아니면 보다 포괄적인 안보협의체를 추구할지, 혹은 제도화된 협력기구로 발전할지에 대한 방향성을 가늠할 수 있는 토대를 제공하고 있다. 왜냐하면 쿼드의 4개국 정상들은 외교장관회담을 최소 연 1회 개최하고, 4자 안보 대화를 한층 더 형식화와 정례화를 통해 인도·태평양 지역 관련 안보 및 외교협력을 논의해 나갈 제도화된 협동의 틀을 구축하려는 모습을 보이기 때문이다.

쿼드 정상회의를 시작으로 안토니 블링컨(Antonty J. Blinken) 미 국무장관과 로이드 오스틴(Lloyd Austin) 국방장관이 일본을 시작으로 쿼드 국가들을 방문하여 각국의 고위급 2+2 회담을 연이어 개최하였다. 특히 블링컨 국무장관은 방일을 앞두고 미일 동맹을 "60년 이상 인도·태평양과 전 세계의 평화, 안보, 번영의 초석 역할을 해 왔다"고 언급하면서 "깨질 수 없는 미일 동맹을 재확인"했다. 특히 2021년 3월 16일 도쿄에서 개최된 미일 안보협력위원회(United States-Japan Security Consultative Committee, 2+2회의)가 개최되었다. 이번 2+2회의에서 발표된 공동성명서에 확인된 바와 같이, 미일 동맹의 질적 양적 강화가 두드러지고 있으며, 특히 미일 간 방위협력에서의 일본의 역할을 강조했다. 구체적으로는 미일 양국은 중국에 대한 공통된 인식, 미일 동맹의 강화, 자유롭고 열린 인도·태평양 지역전략 공유 등과 같은 주요 현안을 함께 해결하기 위한 보다 긴밀한 동맹관계를 구축하기로 약속했다. 이처럼 미국 바이든 정권 출범 이후 고위급 인사의 방문으로 시작된 이번 회의는 바이든-스가 시대의 미일동맹 발전 방향을 예측할 수 있기에 그 중요성이 부각되었다.

3. 일본의 인도·태평양 구상

2020년 9월 16일 스가 요시히데(菅義偉) 내각이 출범했다. 스가 총리는 2020년 10월 19일부터 취임 이후 첫 해외 순방인 베트남과 인도네시아를 방문하여 인도·태평양 전략 추진에서 일본의 역할을 강화하는 한편 중국의 남중국해 진출을 견제하는 목소리를 냈다. 이러한 정책 기조는 스가 총리가 2020년 10월 26일 첫 의회 소신표명 연설에서 '미일 동맹을 기축으로 자유롭고 열린 인도·태평양의 실현을 목표로 ASEAN, 호주, 인도 등과의 협력을 강화'를 강조함으로써 더욱 구체화시켰다. 이처럼 일본의 인도·태평양 구상의 특징은 다음과 같다. 첫째는 과거 아세안 한중일 중심의 동아시아에서 인도, 호주, 아프리카 등으로 지역전략의 위치 변화이고, 둘째는 미국, 일본, 인도 호주의 4자 안보 대화인 쿼드를 통한 대중견제, 중국의 해경법에 관한 우려 및 남중국해에서의 중국의 불법적인 활동에 대해 반대를 표명하는 해양중심성이 강화된 대중견제전략이며, 셋째는 환태평양경제동반자협정(CPTPP)와 역내포괄적경제동반자협정(RECP)을 동시 이행하는 중층적 지역통상 전략이 내포되어 있다.

무엇보다도 일본은 역내 국가들과의 양자 간 FTA를 동시다발적으로 체결하고 있으며, 동시에 CPTPP와 RECP과 같은 다자간 FTA의 추진을 인도·태평양 지역에서 진행하고 있다. 주목할 것은 일본이 CPTPP와 RECP을 상호

보완하며 병행한 형태의 중층적인 통상정책이 제도화된 경제무역협력인 지역무역협정(RTA)을 둘러싼 FTA의 정합성 제고, 글로벌 사슬 체인의 구축, 새로운 규칙의 제정 등과 같은 다양한 효과가 기대하고 있다는 점이다. 하지만 일본은 인도·태평양 구상을 기반으로 경제와 안보를 연계한 전략적 파트너십을 고집하면서 사안별 양자협정의 강화로 이어지고 있는 것도 현실이다. [그림 1]에서 알 수 있듯이, 인도·태평양 지역은 CPTPP와 RECP의 중층적 형태의 메가 FTA가 활발히 진행되고 있다.

[그림 1] 인도·태평양 지역 EPA 및 FTA 현황

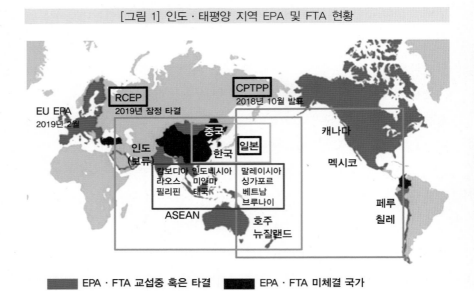

출처: 박창건, 「일본의 아태지역 통상정책: 다각적 양면─연계 이론으로 분석한 CPTPP와 RECP의 정책 수렴」, 『일본공간』 vol. 28, p. 215.

이상에서 살펴보았듯이, 일본은 호주, 미국, 인도에게 '자유롭고 열린 인도·태평양에 관해 설명하고, 쿼드에 적극적으로 참여하고 있지만, 일본의 인도·태평양 구상은 역내 국가들과 지역 개념을 공유하는 과정에서 변화를 추구하고 있다. 일본은 인도·태평양 구상이 미국의 '대중국 견제전략'에 편승하는 이미지에서 벗어나 지역구상으로서 역내 국가들과의 '연결성'을 기반으로 국제 규칙을 구축하려는 새로운 도전에 직면하고 있다. 이는 일본이 미중관계에서 자국의 역내 역할을 최대한 확대할 수 있는 전략이며, 인도·태평양의 새로운 지역 개념과 지역성을 확보하여 국가 간의 연계를 확대하려는 지속적인 노력이 필요하다. 흥미롭게도 일본의 인도·태평양 구상은 뚜렷한 지역협의체가 없으며, 미국, 인도, 호주, ASEAN 등 역내 주요 국가뿐 아니라 인도·태평양 구상에 참여하는 국가 간의 인도·태평양 지역에 대한 인식의 격차가 너무 크다. 더욱이 일본 국내에서도 아시아·태평양이나 동아시아는 익숙하게 받아들이지만, 인도·태평양에 대해서는 '우리 지역'이라는 인식이 부족하다는 것이다. 다시 말하면, 바이든 시대의 일본의 지역전략은 '동아시아'에서 '인도·태평양'으로 이동하고 있으며 프랑스, 영국, EU 등 역내 국가 범위가 더 확대되었고, 또한 지역 쟁점이 해양중심으로 이동하고 있고, 지역 경제가 연결성을 강조하는 중층화된 통상레짐으로 변화하는 특징으로 표출되고 있다.

제3부
지역 가치사슬의 재편과 중국

중미 경제 디커플링과 중국의 대응

리웨이(李巍)*

19세기 말과 20세기 초에 우리는 경제 글로벌화와 경제적 상호의존 관계가 전쟁에 의해 단절되는 것을 목격했다. 그러나 국제관계사를 돌아봤을 때, 경제적으로 밀접하게 의존하고 있는 두 나라가 평화로운 상태에서 경제적 디커플링을 선택하는 것은 매우 이례적인 일이다. 2018년 3월을 기점으로 시작된 중국과 미국 간 전면적인 경제 갈등이 지금까지 이어지고 있다. 비정상적으로 격렬한 이번 경제 갈등은 경제적 논리가 완전히 배제된 채 강대국 간의 지정학적 경쟁에 의해 주도되었으며 투자, 무역 및 금융 분야에서 중국과 미국 간의 서로 다른 수준의 디커플링을 초래했다. 중국과 미국의 경제적 디커플링은 시장의 법칙을 위반하는 것이며 그로 인해 발생하는 혼란에 대해 많은 주의를 기울일 필요가 있다. 중국은 국내 성장 성과를 확고히 하는 한편, 능동적인 경제외교적 조치를 통해 중미 디커플링을

* 중국인민대학교 국제관계학원 교수.

효과적으로 관리해야 한다. 아울러 중미 경제디커플링이 중국과 세계 경제 발전에 미치는 부정적 영향을 최소화하여 '통제가능한 중미관계'로 나아가야 한다.

1. 중미 경제 디커플링의 3가지 차원

2018년 3월 중미 무역분쟁을 기점으로 최근 4년간 중미 경제 관계에 중대한 변화가 생겼다. 양국의 전략적 경쟁으로 인해 중미 경제관계가 다방면에서 디커플링의 압박을 받고 있지만, 다른 한편으로는 강한 회복력을 보이고 있으며, 디커플링 리스크를 회피하려는 시장 동력도 매우 강하다.

1) 투자 디커플링

디커플링 현상이 가장 뚜렷하게 나타나는 분야이며, 정상 궤도로 회복하는데 어려움을 겪고 있다. 중국과 미국은 모두 외국인 투자 강국이지만 최근 몇 년간 양국의 직접투자 관계가 양국의 정치적 관계와 코로나19로 인해 심각한 영향을 받으며 디커플링 양상이 가장 뚜렷하게 나타나고 있다. 트럼프 정부 시절 양국의 정치관계 및 관련 정책 조정이 중미 투자 관계에 직격탄을 날리면서 중국의 대미 투자는 급격하게 감소했다([표 1]). 2016년 중국의 대미 직접투자 증가율은 2008년 금융위기 이후 111.50%로 역대 최고치를 기록했지만 2017년 중국의 대미 직접투자가 62.16%의 마이너스 성장을 기록한 데다 2020년 코로나19로 국경을 초월한 투자활동이 억제되는 효과까지 더해지면서 현재까지 중국의 대미 투자는 좀처럼 이전의 모습으

[표 1] 중국의 대미 직접 투자 금액 및 비중(2008~2020년)

연도	중국의 대미 직접 투자 금액 (단위: 1억 달러)	중국의 대외 직접 투자 금액 (단위: 1억 달러)	중국의 대미 투자 금액이 대외 투자 금액에서 차지하는 비중	중국의 대미 직접 투자 연간 증가율
2008	4.62	559.07	0.83%	
2009	9.09	565.29	1.61%	96.75%
2010	13.08	688.11	1.09%	43.89%
2011	18.11	746.54	2.43%	38.46%
2012	40.48	878.04	4.61%	123.52%
2013	38.73	1078.44	3.59%	-4.32%
2014	75.96	1231.20	6.17%	96.13%
2015	80.29	1456.67	5.51%	5.70%
2016	169.81	1961.49	8.66%	111.50%
2017	64.25	1582.88	4.06%	-62.16%
2018	74.77	1430.37	5.23%	16.37%
2019	38.07	1369.08	2.78%	-49.08%
2020*	60.2	1537.1	3.92%	58.13%

출처: 중국 국가 통계국.
주: 2020년 데이터 출처 '2020년도 중국 대외 직접 투자 통계 공보'

로 회복되지 못하고 있다.

중미 투자 디커플링은 주로 양국의 정치적 관계가 악화한 데 기인한다. 한편 중국 정부는 국가 안보 리스크를 막기 위해 대외 투자에 대한 규제 정책을 강화했다. 2016년 중국 정부는 대규모 자본 유출로 인한 외환보유액이 감소하는 것을 완화하기 위해 '비합리적인' 해외 투자에 대한 통제를 강화했다. 2017년 5월 중국 규제 당국은 금융 리스크를 줄이고 레버리지를 축소하기 위해 대형 민간 기업의 해외 투자 활동을 심사했다. 같은 해 8월에는 '해외 투자 방향에 관한 추가 지도 및 규범 지침 의견'을 공식 발표해 6가지 유형의 투자를 장려하고, 5가지 유형의 투자를 제한하며 5가지 유형의 금지

항목을 명시했다.

미국 정부는 국가 안보를 이유로 외자유치 절차에 간섭하는 일이 빈번하다. 트럼프 대통령은 이미 2016년 '301 조사[1]'를 원용해 중국에 무역전쟁을 벌이겠다고 위협했고, 집권 후 이를 신속하게 이행했다. 미국은 2018년 8월 13일 외국인투자심의위원회(CFIUS)의 법 집행기능 강화를 위한 입법 개혁 절차를 완료하고 '외국인 투자 위험 조사 현대화법(FIRRMA)'이 정식 발효되는 등 미국 외자유치제도의 중대한 변혁을 이뤄내며 중국의 대미 투자에 대한 심사를 강화했다. 이는 중국 기업의 미국 투자에 대한 부정적인 전망을 강화하고, 사실상 중국 기업의 대미 투자를 저해하는 요인이 됐다. 바이든 정부는 출범 후에도 미국은 이 같은 투자 심사의 안전화 흐름을 이어가고 있다. 2021년 5월 CFIUS는 중국계 사모펀드 와이즈로드캐피털(Wiseroad Capital)의 뉴욕 상장 한국 기업인 매그나칩반도체(Magnachip) 인수에 국가 안보 리스크를 이유로 강하게 개입했다. 이외에도 바이든 행정부는 '중국군 관련 기업' 투자 블랙리스트를 59개로 확대해 미국 투자자와 기관이 관련 중국 기업에 투자하는 것을 제한했다. 2021년 5월 19일, 로디움 그룹(Rhodium Group)과 중미관계 전국위원회(NCUSCR)가 공동으로 발표한 보고서에 따르면 2020년 중미 상호 직접투자액은 2009년 이후 가장 낮은 159억 달러로 감소했으며, 이 가운데 미국의 대중국 투자는 87억 달러로 2004년 이후 가장 낮았다. 중미관계가 갈수록 악화되는 현실 속에서 국제 투자 환경이 악화하는 흐름은 중미 투자관계 정상화에 큰 걸림돌이 되고 있다.

---

1) 미국 무역법 301조에 근거해 중국의 미 지식재산권 침해와 미 과학기술 도난 조사를 허용하는 조사.

2) 무역 디커플링

코로나19 상황에서 디커플링이 일부 개선되기도 했지만, 부분적인 디커플링은 피하기 어렵다. 2018년 이래 중미 간 치열한 관세 전쟁으로 양자 무역 관계에 불확실성이 가득하다. 양측은 2018~2019년에 집중적으로 고위급 중미 경제 무역 협상을 시작했지만 양자 관세 규모는 줄어들지 않고 오히려 증가했다. 2019년 중국과 미국의 양자 무역량은 10.7%의 역사적인 마이너스 성장을 기록했다. 2020년 1월 험난한 협상 끝에 '1단계 경제무역합의'를 타결하며 중미 무역전쟁을 일시적으로 중단했지만, 전례 없이 치열한 무역전쟁으로 이미 양국 무역 기업들은 상처투성이가 되었다.

중국과 미국의 치열한 무역 전쟁 이후 코로나19가 발발하며 중미 무역은 2018년 이후 감소세가 줄어들면서 예상보다 빠르게 성장했다. 통계에 따르면([그림 1, 2]) 2020년 중미 양자 무역 총액은 4조 597억 위안에 달해 전년동기 대비 8.8% 증가했으며, 2020년 중국 수출입 무역의 평균 성장률인 1.9%를 크게 웃돌았다. 그중 중국의 대미 수출액은 3조 1,279억 위안으로 8.4% 늘었고, 중국의 대미 수입액은 9조 3,187억 위안으로 10.1% 증가했다. 코로나19 사태가 반복되는 상황임에도 불구하고 2021년 첫 10개월 동안 양국 간의 무역액은 크게 증가했다. 주요 교역국 중 중국의 대미 교역 증가율이 가장 가파르다. 2021년 1월부터 10월까지 아세안, EU, 미국, 일본의 4대 무역 상대국과의 중국 수출입액은 각각 연간 4조 5,500억 위안, 4조 3,400억 위안, 3조 9,500억 위안, 1조 9,800억 위안이었다. 전년 대비 증가율은 각각 20.4%, 20.4%, 23.4%, 10.8%였다. 중미 양국 교역이 상호보완적 성격이 매우 강하다는 것을 알 수 있다. 정치적 요인에 휘둘리지 않는다면 중미 무역관계는 여전히 큰 발전 잠재력을 가지고 있다.

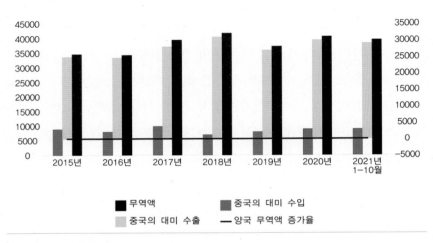

[그림 1] 2015~2021년 중미 상호 무역액 추이 (단위: 1억 위안)

■ 무역액　　■ 중국의 대미 수입
■ 중국의 대미 수출　　── 양국 무역액 증가율

출처: 중국해관본부.

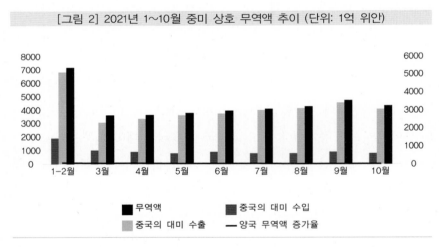

[그림 2] 2021년 1~10월 중미 상호 무역액 추이 (단위: 1억 위안)

■ 무역액　　■ 중국의 대미 수입
■ 중국의 대미 수출　　── 양국 무역액 증가율

출처: 중국해관본부.

　다만 서방, 특히 미국이 코로나19 사태에서 점차 회복함에 따라 중미 무역관계의 전반적인 흐름은 낙관적으로 보기 어렵다. 바이든 대통령은 취임 이후 중미 무역, 공급망 안보와 관련한 여러 심사를 시작했으며 동맹국들을 적극적으로 끌어들여 중국을 포위하고 있다. 2021년 10월에 캐서린 타이(Katherine Tai) 미국 무역대표는 중미 무역관계에 관한 연설에서 대중(對中) 무역 전략을 조정할 네 가지 분야를 제시했다. 여기에는 중미 1단계 무역합의 준수, 고율 관세 면제를 위한 '표적관세 배제 절차' 도입, 산업정책과 관련한 중국과의 접촉 개시, 동맹국과 공정거래 규칙 수립 등의 내용이 포함되었다. 이는 미국이 중국과의 무역 장벽을 제거할 의사가 없으며 추가 협상을 통해 양자 관세 문제를 완전히 해결하려는 신호를 보내지 않았음을 보여준다. 또한, 중미 간 약 20%의 기존 관세가 정상화될 수 있고 산업 정책 및 무역 규칙 제정과 같은 문제도 중미 무역 관계에 불확실성을 추가할 수 있음을 의미한다.

또 바이든 정부가 발표한 '탄력적인 공급망 구축, 미국 제조업 부활 및 광범위한 성장 촉진' 평가보고서는 반도체와 첨단 패키징, 대용량 배터리, 핵심 광물, 의약품, 원자재 등 4개 핵심 품목의 공급망 리스크를 평가하며 핵심 산업인 공급망 복귀와 국내 재건 지원을 강조했다.

이를 종합하면 미국은 공급망 복귀 전략과 무역 수단을 활용해 대 중국 첨단기술 분야 수출에 대해 보다 엄격한 심사와 높은 관세를 부과할 것으로 보인다. 이에 따라 핵심 품목 무역에서의 디커플링 현상이 수그러들지 않고, 이른바 '관세 면제'도 일반 무역 분야에 국한될 수 있다. 결론적으로 중미 무역관계가 완전히 디커플링화 되는 것은 아니지만 핵심 품목에서 양측의 치열한 무역마찰이 이어질 것으로 전망되며 기술 분야에서의 디커플링 흐름이 뚜렷해질 전망이다. 현재 중미 무역 수장들이 한 번의 전화 통화와 화상회의를 진행했음에도 중미 무역협상의 새로운 국면은 요원해 보인

다. 장기적으로 보면, 포스트 코로나 시대 중미 무역 관계의 장기적인 흐름
은 여전히 우려스러운 상황이다.

3) 금융 디커플링

미중 금융 관계는 전반적인 안정성은 유지되지만 여전히 변화의 위험이
있다. 중미 간에 치열한 무역 전쟁과 투자 전쟁이 벌어졌지만 금융 관계는
일부 긍정적인 요인이 작용한 덕분에 양국 관계의 '밸러스트스톤(배의 균형
을 잡기 위해 사용하는 돌)' 역할을 하고 있다. 첫째, 중미 국채 시장이 안정
적으로 성장하고 있다. 중국이 2021년 8월까지 보유한 미국 국채는 정상 변
동 범위([그림 3])에 있으며, 약 1조 800억 달러 안팎에 머무르며 최근 2년간
예상보다 강세를 보이며 변동 폭이 크지 않았다. 둘째, 중국의 금융개방 수
준이 확대되고 있으며, 美금융기관의 중국 진출이 가속화되고 있다. 씨티은
행, 골드만삭스, JP모건체이스 등은 중국의 새로운 금융 정책으로 중국 내
사업 확장을 승인받았고, 미국 스탠더드앤드푸어스(S&P), 피치(fitchratings)
도 독자적으로 중국 시장에 진출할 수 있도록 승인받았다. 마지막으로 중
국 민간 과학기술기업의 미국 상장 열기는 중미 간 긴장 관계에도 영향을
받지 않고 오히려 성장하고 있다. 데이터에 따르면, 2020년 중국 기업의 미
국 주식 투자액은 2014년에 이어 두 번째로 많은 117억 달러를 기록했다
([그림 4]). 또한, 2021년 첫 6개월 동안 35개 중국 회사가 미국에 상장했는
데, 이들 대부분은 중국 민간 과학기술 기업이었으며 그 수는 이미 2020년
상장한 기업 수보다 많았고, 이들이 조달한 126억 달러도 2020년 한 해 조
달된 전체 금액보다 많았다.

[그림 3] 중국의 미국 국채 보유량(단위: 1억 달러)

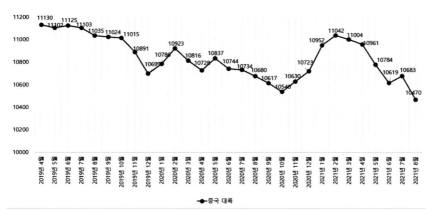

출처: 미국 재정부.

[그림 4] 미국에 상장한 중국 기업 수와 융자액

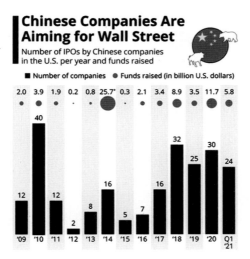

출처: statista.

다만 중미 금융 관계가 이 같은 양호한 상태를 계속 유지할 수 있을지는 여전히 불확실하며, 여전히 '전쟁 직전'의 조짐을 보이고 있다. 첫째, 미국은 홍콩과 신장(新疆) 문제에 관련하여 중국 기업 및 개인에 금융제재를 가하면서 중국의 금융 안보를 위협하고 있다. 미국이 통과시킨 홍콩자치법은 미국 행정부에 홍콩 자치권을 '보호하지 않는' 외국인과 외국 금융기관을 제재할 수 있는 권한을 부여했고 2021년 7월에는 미국 국무부, 재무부 등이 공동으로 '홍콩 사업 위험성'을 경고하기도 했다. 미국이 홍콩에 가한 금융제재가 아직 완전히 실행되지는 않았지만 미국 정부의 행보는 홍콩 내 투자자들의 신뢰를 떨어뜨릴 수 있어 홍콩 국제금융센터의 위상에 큰 위협이 되고 있다. 미국은 이미 홍콩 문제와 관련해 중국 공무원에 약 6차례의 제재를 가했다. 신장 문제와 관련된 다수의 중국 공무원들도 신장 문제로 인해 미국의 제재 명단에 올라 금융기관의 금융서비스 제공을 금지되었고 자산이 동결됐다. 중국 관료들의 해외 자산이 비록 제한적이라고 하지만 미국 측 제재로 개인의 정상적인 생활에 불편을 겪을 수밖에 없다.

둘째, 미국은 '외국기업 책임법'을 통해 중국계 기업의 미국 IPO 심사를 강화했다. 이 법안은 미국에 상장된 외국 기업들에게 다른 나라 정부와의 관계를 공개하도록 요구하고 있다. 이는 중국을 겨냥하고 있음이 자명하며, 이로 인해 미국에 상장된 많은 중국 중앙 및 지방 국영기업들이 타격을 받고 있다. 미국 경제안보검토위원회(USCC) 보고서에 따르면 2020년 10월 이후 차이나유니콤, 차이나모바일, 차이나텔레콤, 중국해양석유 등 17개 중국 기업이 미국에서 상장폐지 됐다. 결국 중국 역시 미국 상장을 추진하는 인터넷 기업에 대한 관리 감독을 강화하기에 이르렀다. 중국 기업 '디디추싱(滴滴出行)'이 2021년 7월 미국 상장을 시도한 이후 중국 정부는 안보 리스크를 고려하여 미국에 상장하려는 사용자 데이터 관련 첨단 기업에 대한 심사를 강화했다. 현재 사용자 데이터를 다루는 기업들도 미국 상장에 매우 신중한 태도를 보이고 있다. 중미 양국이 국가 안보 심사를 강화하면서 중미 금융 관계는 새로운 리스크에 직면하고 있다

이처럼 중미 금융 관계는 이미 전쟁에 가까운 양상으로 치닫고 있다. 다만 전반적으로 중국에 대한 미국의 금융 공세는 월가 자본의 저항을 받으며 일정 정도 자제력을 발휘하고 있으며, 중국도 자금조달을 위해 미국의 성숙한 자본시장이 필요한 실정이다. 그리고 양국 금융관계에는 여전히 몇 가지 긍정적인 요소가 존재하고 있다. 따라서 국지적 디커플링 리스크에도 불구하고 양국의 금융관계는 아직 '맹렬한 기세'에까지는 도달하지 않았다고 말할 수 있다.

2. 중국의 정책과 외교적 대응

지난 몇 년 동안 중미 경제 디커플링 압박에 대응해 중국은 그 잠재적 악영향을 해소하기 위한 일련의 내정 및 외교적 조치를 취해왔다.

첫째, 중미 경제 디커플링 흐름에 대처하기 위해 중국의 국제시장 내 지위를 충분히 활용했다. 먼저, 중국은 14억의 인구를 가지고 있으며, 방대한 시장 규모와 소비 잠재력을 갖고 있다. 이는 어느 경제대국도 따라올 수 없는 강점이다. 다음으로, 중국의 거대 시장을 활용해 매력을 높일 수 있다. 국제적인 측면에서 보면, 세계 1위 무역대국이자 최대 교역 상대국인 중국은 곧 발효되는 '역내포괄적경제동반자협정(RCEP)'을 통해 자신의 무역 위상을 더욱 높이게 될 것이다. 또 중국은 다자간 플랫폼을 통해 세계경제시스템의 심도 있는 통합을 이루고자 하는 '포괄적 · 점진적 환태평양경제동

반자협정(CPTPP)' 가입을 적극 추진하고 있으며, '중국-EU 포괄적투자보호협정(CAI)'의 조속한 시행, '디지털경제동반자협정(DEPA)' 가입을 통한 디지털경제와 디지털무역 발전을 촉진하기 위해 지혜를 모으고 있다. 국내적으로는 탈빈곤 정책이 활발해지고 중위소득층이 확대되면서 국민들의 생활수준이 향상되고 소비에 대한 기대도 커질 것으로 보인다. 또 중국 경제가 수출 지향형에서 내수 중심으로 빠르게 전환하고 있어 소비섹터가 경제성장의 주도적 역할을 계속 할 것으로 기대된다. 중국의 다양한 조치는 세계 각국의 상품을 중국 시장으로 더 많이 유입시켜 세계 경제 성장을 이끄는 핵심 동력으로 만들 것이다. 요컨대 세계 경제 시스템에서 중국이 대체 불가능한 역할을 맡게 되는 것은 미국의 디커플링 정책에 저항하는 가장 중요한 무기가 될 것이다.

둘째, 국내 시장 개발을 강화하고 중미 디커플링 리스크를 회피하기 위한 '국내-국제 雙순환(雙循環)[2]' 시스템을 구축했다. 중국의 거대한 시장과 점차 확대되는 대외 개방은 '쌍순환' 시스템 구축에 중요한 기반과 필요조건을 제공함으로써 다양한 부정적 영향을 피할 수 있는 능력을 갖추고 있다. '쌍순환' 시스템 구축에 따라 중국은 대규모 상품 시장과 완결성을 갖춘 산업 사슬에 의거하여 상대적으로 완전한 국내 내수 기반을 형성하게 되며, 높은 경제적 회복탄력성을 지녀 세계 경제의 변동과 충격에도 잘 견딜 수 있게 될 것이다. 또 이러한 안정적인 시장 환경은 글로벌 자본과 기술, 인재들을 중국으로 유입시킬 수 있다. 이와 동시에 중국 경제의 내순환은 국제 표준에 맞추어 국제 산업 체인과 협력하고 지속적으로 외국인 투자를 유치하며 대내외 순환시스템 구축을 촉진하려 한다. 코로나19가 가장 극심

---

2) 쌍순환은 국제 대순환(외순환)과 국내 대순환(내순환)을 상호 촉진하는 전략으로 디커플링 리스크를 극복하기 위한 중국의 전략 중 하나이다.

했던 시기에도 중국으로 유입되는 외국 자본은 여전히 40억 달러가 넘었다. 이는 국제 정치경제적 압력하에서도 외국 자본이 여전히 중국 시장을 낙관하고 있음을 보여준다. 따라서 '쌍순환' 전략은 글로벌 기업이 중국 시장에 진출할 수 있는 기회를 더 많이 창출하고 중국의 세계 경제 성장에 대한 높은 기여도를 유지하면서 세계 경제의 안정에도 도움을 줄 수 있다.

셋째, 핵심기술의 독자적 개발을 촉진하고 연구개발과 혁신을 중시하고 있다. 전례 없는 미국과의 기술 전쟁은 중국에 대한 역사적인 시험이며, 중국과 미국의 기술 경쟁도 돌이킬 수 없는 장기적인 흐름이 되었다. 중국이 제도적 개혁을 통해 압박을 견디고 혁신 분야에서 강력한 돌파구를 마련하여, '중미 간 과학기술 균형'을 빠른 시일 내에 추진하는 것은 중국 굴기 실현에 매우 중요한 문제이다. 국내적으로는 이론과 응용, 정부와 시장, 국유기업과 민간기업, 집단과 개인, 자주와 개방의 관계를 잘 관리하고 점진적 혁신과 파격적 돌파구를 모색해야 하며, 과학기술 능력에서 미국과 대등한 구도를 형성할 수 있도록 힘써야 한다. 국제적으로는 다른 나라와의 글로벌 기술 협력과 연구개발, 특히 반도체 분야에서 한국과의 협력을 중요하게 생각해야 한다. 현 단계에서 한국은 '탈(脫)일본화'를 위한 반도체 기술 향상과 산업 발전에 힘을 쏟고 있다. 최근 미국 애플(Apple)은 반도체 파운드리 공장을 삼성에서 TSMC전자로 옮겼다. 최근 한국 기업들은 영업비밀 정보를 제출하라는 미국의 압박에 불만을 터뜨리고 있는데, 이는 삼성과 TSMC가 반도체 파운드리 분야에서 어느 정도 경쟁 관계를 맺고 있음을 보여준다. 이런 배경에서 중국은 한국의 손익구조를 예의주시하면서 한국 관련 기업과의 원자재·설비 공급 강화 등 필요한 대체적 선택을 제공할 수 있다.

넷째, 동남아 국가들과의 경제·무역 협력을 지속적으로 강화하고 있다.

바이든 대통령은 중국과의 경쟁에서 영국, 호주, 인도, 일본 등의 지지를 받고 있지만 동남아 국가들은 중미 사이에서 신중한 태도를 유지하고 있다. 동남아는 세계에서 가장 중요한 무역 통로와 항구를 장악하고 있고, 경제 잠재력이 큰 아세안은 세계 4위의 경제권이 될 전망이다. 따라서 중국은 중국의 대외 경제 관계에서 동남아시아 국가가 차지하는 위상에 더 큰 관심을 가져야 한다. 현재 중국은 동남아 지역에서 아래의 세 가지 강점을 갖고 있다. 첫째, 중국은 여러 동남아시아 국가들과 국경을 접하고 있고 주요 하천을 공유하고 있는데, 이는 중국과 동남아 국가들이 지정학적으로 뗄 수 없는 운명 공동체임을 의미한다. 둘째, 중국은 동남아 국가의 최대 교역국이며, 중국인 관광객은 동남아 관광의 주역으로 경제적으로 매우 밀접하다. 이밖에도 중국은 RCEP이 발효된 뒤 관세를 인하하겠다고 밝혀 동남아 국가들의 최대 교역국으로서 대체 불가한 입지를 더욱 공고히 할 것으로 보인다. 셋째, '일대일로(一帶一路)'는 동남아 국가들에 긴급한 자금조달과 건설 능력을 제공함으로써 중국이 지역 성장의 엔진이 되었다. 중국은 위의 세 가지 강점을 십분 활용하여 동남아 국가들과의 운명 공동체와 경제적 유대관계 구축을 가속화하고 '10+1'과 '10+3' 플랫폼을 적극 활용해야 한다. 또한, 기존 협력을 지속적으로 강화하고 새로운 주제를 포함시켜 협력을 확대하는 등 다층적이고 전방위적이며 끈끈한 국가 간 관계를 구축해 나가고 있다.

미중 기술경쟁과 중국 첨단기술정책의 변화

백서인(白西寅)*

1. 기술 혁신·혁신 시스템 관점에서 본 미중 과학기술패권 경쟁

혁신이란 제도 단위(institutional unit)의 기존 상품이나 프로세스 대비 새롭거나 획기적으로 개선된 상품이나 프로세스(또는 상품과 프로세스 둘 다)로 해당 제도단위가 잠재적 사용자들에게 제공하거나 해당 제도단위가 직접 활용하고자 도입하는 상품이나 프로세스를 지칭한다.

보다 세부적으로 보면 연구개발과 실험을 통해 기존에 없던 새로운 제품을 개발해 내는 제품 혁신, 새로운 기술 장비를 도입하거나, 최적화를 통해 개발 된 제품의 생산 효율화를 도모하는 공정 혁신, 새로운 자원을 확보하고 적용하는 자원/부품 혁신, 새로운 시장을 개척하는 마케팅 혁신, 조직의 거버넌스 개혁 등을 통해 조직의 생산성을 향상시키는 조직 혁신 등으로

* 과학기술정책연구원 책임연구위원.

구분할 수 있다. 대다수의 혁신 기업과 선도국들은 이러한 창조적 파괴 (Creative Destruction) 과정을 통해 획기적인 생산성 제고와 국가 경제의 지속가능한 발전을 실현했다.

새로운 기술이 나올 때마다 늘 그렇듯 대다수의 선행 연구와 대중의 관심사는 "과연 어느 국가의 기술이 더 앞서있는가? 어느 기업·연구소의 기술이 더 우수한가?"에 집중되고 있다. 하지만, 좀 더 본질적인 관점에서 살펴보면, 보다 중요한 것은 특정 기술의 보유 여부와 성능 그 자체도 중요하지만, 이러한 기술이 탄생할 수 있었던 환경적 요인과 기술이 가치 창출로 이어질 수 있는 시장 환경을 포함하는 통합적인 시스템 구축 여부이다. 즉, 치열하게 전개 중인 글로벌 기술패권 경쟁의 핵심은 "과연 어느 나라가 더 우수한 혁신시스템을 보유하고 있는가?"와 "이러한 시스템이 지속가능한가?"에 있다.

이러한 질문에 답을 줄 수 있는 혁신시스템(Innovation System)이론은 기본적으로 특정 대상 또는 영역에서 혁신이 일어나게 된 원인을 통합적인 관점에서 분석하는데 집중한다. 예를 들어 왜 특정한 국가 또는 지역에서 혁신이 활발히 일어났는지 살펴보는 국가·지역 혁신시스템 연구와 특정 기술 영역과 산업에서 일어난 혁신을 분석하는 기술·산업 혁신 시스템 연구가 대표적이다. 혁신 시스템의 기본 구성 요소는 혁신을 일으키는 주체(Actor), 그리고 이러한 주체간의 상호작용을 의미하는 네트워크(Network), 그리고 일련의 활동이 준수해야 하는 규범이자 규칙인 제도(Institution)이다.

최근 격화되고 있는 미중 간의 기술패권 경쟁은 주로 정치·외교·경제학적인 측면에서 많이 분석 되었으나, 앞서 말한 기술혁신과 혁신시스템의 관점에서 살펴보면 그 관계를 보다 입체적으로 분석할 수 있다. 이러한 관점에서 미중 과학기술 패권 경쟁을 살펴보면, 다음과 같은 유의미한 혁신

활동 변화를 볼 수 있다.

먼저, 미중 간의 패권경쟁이 전통적 국방·안보 영역의 기술 개발 및 확보(핵탄두, 미사일, 위성)에서 신안보 분야(인공지능, 5G, 바이오)로 확대되면서 기술의 획득 핵심 축 중 하나인 도입·구매가 어려워지게 되어, 자체 개발의 압력이 강해지고 있다. 이는 대다수의 혁신 주체의 기술혁신 활동이 공정 혁신보다는 제품 혁신에 집중될 가능성이 높아질 수 있음을 의미한다. 또한, 일반적인 상황에서 특정기술에 대한 제재는 상대국의 기술 자립을 가속화시키지만, 미중 간의 경우 대립 기술군의 범위가 디지털 플랫폼(포탈, SNS, 페이 등), 주요 제조업 기술(화학, 철강, 자동차, 조선, 디스플레이, 배터리, 반도체 등), 전략 기술(우주·항공, 바이오, 양자 기술) 등 매우 광범위하기 때문에, 자원적인 관점에서 보면 자체적인 제품 혁신 활동에 기반을 둔 전반적인 기술 자립이 지연될 가능성이 높은 것이 사실이다.

두 번째, 미중이 상호의존적인 혁신 자원을 통제함으로써, 기존의 방식으로 추진되던 자원/부품 혁신의 방향이 변하게 된다. 기존에는 우수한 성능과 경제성 등을 중심으로 자원 혁신이 추진되었다면, 앞으로는 확보 가능성, 외부 충격으로 인한 조달 안정성 등이 더 핵심적인 요인이 될 가능성이 높고, 이는 곧 자원의 경제성 문제로 이어지면서, 예상치 못한 다른 문제를 유발할 가능성이 높다. 중국의 전력난, 중국 기업 가치 하락으로 인한 미국 벤처 캐피탈의 손실 등이 대표적인 사례이다.

세 번째, 미중 간의 상호 시장 진출에 많은 어려움이 생김으로써, 새로운 대안 시장 개발을 위한 신시장 개척 활동 또는 제3국 우회 수출, 현지 생산 거점 구축 등의 새로운 마케팅 혁신이 강화될 가능성이 높다. 이는 우방국 중심으로 세계 시장이 블록화 되는 것을 막기 위한 노력, 보다 내재된 형태로 생산국과 기업이 덜 조명 받는 형태로 제품을 출시하는 형태, 현지 거점에 생산기반을 마련하는 형태로 마케팅 전략이 수정될 수 있음을 의미한다. 이로 인해 기업들의 글로벌 전략이 크게 수정되고, 수익구조도 변화할 수 있음을 시사한다.

네 번째, 이러한 일련의 혁신활동 변화로 인해 각 혁신 주체의 조직혁신 압박이 커진다. 이 과정에서 조직의 구성과 구조, 그리고 목표 등이 변하게 되는지 유심히 살펴볼 필요가 있다. 특히, 미국의 제재 대상이 된 중국 기업들의 조직 혁신 형태와 중국과의 협력이 어려워진 미국 기업들의 조직 혁신의 비교가 매우 중요할 것으로 예측된다.

다섯 번째, 주요 쟁점이 되는 핵심 기술군에 대해서는 미중 양국의 혁신 시스템 구축 여부와 지속가능성을 면밀히 분석해 볼 필요가 있다. 주요 혁신 주체의 (기업, 대학, 정부, 기업) 변화가 발생하는지 주요 네트워크(로컬·글로벌, 학습·정치)는 어떻게 변화할 것으로 예측 되는지, 핵심 제도는 어떻게 변화하고 어떤 영향을 미칠 것으로 예상되는지 등을 복합적으로 분석해 볼 필요가 있다.

[표 1] 혁신연구에서 많이 다뤄지는 혁신 시스템·클러스터 관련 연구 문제

- 일본은 1990년대에 어떻게 세계 최고 제조 강국으로 거듭날 수 있었나? 한국은 어떻게 조선, 반도체, 배터리, 디스플레이 세계 최고가 될 수 있었나?
- 왜 보스턴은 바이오 기술의 최강국이 되었나? 왜 실리콘밸리는 창업과 혁신의 중심지가 되었나? 왜 미국은 세계 최고의 혁신 강국이 되었나?
- 베이징은 왜 인공지능/안면인식 기술의 상업화 허브가 되었나? 선전은 어떻게 세계 제조 혁신의 중심지로 거듭날 수 있었나?

미중 패권 경쟁으로 인해, 앞으로도 윤리, 규범에 의해 교류를 약화 시키고, 혁신 자원 조달의 비용을 증가시키는 움직임은 계속 될 것으로 예측된

다(공동 연구, 성과 이전, 사업화, 특허). 이는 혁신의 자원이 자유롭게 조달되던 시기에서, 정치적으로 조달되는 형태로 변환되고, 결국 혁신 네트워크와 제도의 단절로 이어질 것으로 예측된다.

이로 인해, 과거의 냉전시기처럼 완벽한 분리까지는 어렵겠지만, 혁신의 자원(인재, 펀드/투자, 지식 등)의 확보와 이동이 보다 까다롭고 어려워질 가능성이 높다. 다만, 과학연구를 위한 대학중심의 네트워크는 쉽게 단절되지 않을 것으로 예측된다.

2. 미중 패권 경쟁의 지속가능성

향후 지속적으로 모니터링 해야 할 부분은 과학기술·첨단산업 분야에서 미국과 중국의 대립구도가 지속가능할지에 대한 부분이다. 먼저, 미국의 입장에서 살펴보면, 현재 하원에서 검토 중인 혁신경쟁법(USICA)이 과연 목표한 바를 달성할 수 있을 것인가에 대한 분석이 필요하다. 바이든 정부에서 원하는 대로 미국 내에 다시 제조업 기반이 형성될 수 있을 것인지, 낮은 제조 경쟁력을 어떻게 극복할 수 있을 것인지, 'Made in China' 없이 미국 중산층 소비자, 미국의 기업들이 혁신을 영위할 수 있을 것인지에 대한 현실적인 분석과 고민이 필요하다.

또한, 과학자들의 교류와 공동연구를 현실적으로 금지할 수 있을 것인가에 대해서도 고민해 볼 필요가 있다. 이러한 대중국 제재가 오히려 미국의 과학기술 경쟁력을 약화시킬 가능성이 꾸준히 제기 되고 있다. 미국의 압도적인 과학기술 경쟁력은 전 세계 최고의 STEM 인재들을 흡수하고 유치하는 것에 있는데, 중국의 핵심 인재들을 끌어들이지 않고서는 과학 분야의 경쟁력 유지가 어렵다는 평가가 많은 것이 사실이다. 또한 미국의 과학계에서도 정부의 과도한 정치적인 개입에 대해 반대하고 있다.

중국의 관점에서 보면, 중국이 추진하고 있는 과학기술 자립 및 중장기 혁신 정책의 성공여부가 매우 중요할 것으로 보인다.

먼저, 미국의 강도 높은 제재와 동맹을 중심으로 한 견제 정책은 중국 기업과 혁신 시스템에 적지 않은 충격을 주고 있는 것이 사실이다. 하지만, 일각에서는 중국의 핵심 기술/전략기술에 대한 자립과 제조업 자립의 중요성에 대한 경각심이 증가하고, 이로 인해 연구개발 및 혁신 생태계 변화가 일어나며 중·단기적으로 긍정적인 역할을 발휘할 것으로 예측한 바 있다. 실제로 중국은 기초과학 10년 정책, 개방형 공모형 R&D 지원, 인재 육성 정책 등 굉장히 공격적인 과학기술혁신 정책을 수립하고 있다.

그러나 중국은 혁신 정책 측면의 승자의 저주, 경로의존성을 경계해야 할 필요가 있다. 특히, 중국 정부가 과거 40여 년의 경험을 통해 축적한 정책 성공의 경험이 오히려 발목을 잡을 가능성이 존재한다.

과거 중국이 제조업과 전통산업을 육성해왔던 방식으로 첨단과학기술 중심의 미래 산업에서는 적용되지 않을 가능성이 높다. 또한, 중국이 빠른 추격자 관점에서 실행하던 전략을 선도자 관점에서 추진하고자 할 때 많은 어려움이 따를 가능성도 매우 높다. 마지막으로 경제 성장으로 인한 사회와 정부정책의 갈등이 고조되고, 네거티브 규제의 한계에 직면하면서 정책 모순을 효과적으로 관리할 수 있는 방안도 필요하다. 중국이 정부차원에서 추진하는 중장기 정책과 전략들이 이러한 한계점을 극복하지 못한다면, 중국이 추진하는 기술자립은 큰 성공을 거두기 어려울 것으로 예측된다.

3. 주요국들의 움직임과 한중 협력의 미래

미중 간의 패권 경쟁은 그 자체로도 큰 중요한 이슈이지만, 양국을 제외한 주요국들에게도 많은 영향을 미치기 때문에 주요국의 대응으로 인한 연쇄효과에 대한 분석과 대응 전략 수립도 매우 중요하다.

최근 들어 미중 간의 패권경쟁이 글로벌 기술패권경쟁의 양상으로 확대되고 있기 때문에, 유럽, 일본을 비롯한 주요국에서 기술 주권과 전략적 자율성 확보를 위한 논의들이 활발히 전개되고 있으며, 연관 정책들이 지속적으로 발표되고 있다.

먼저, 유럽의 영국, 독일, 프랑스, 영국 등은 인접국 간의 협력 보다 중국과 더 많은 협력을 진행해 왔는데, 점차 유럽 중심의 혁신 주권 확보를 목표로 결집하고 있으며, EU 차원의 기술 주권 확보 전략이 추진되고 있다. 또한 최근, AUKUS 출범으로 인해 미-프 간 갈등이 악화됨에 따라 향후 EU-미-중의 삼각관계 변화에 보다 주목할 필요가 있다.

일본의 경우, 기본적으로 미국과의 긴밀한 협력체계를 중심으로 중국과는 개별적인 협력(민간, 대학 중심의 교류 협력은 유지)을 진행하고 있다. 이 와중에 미중 간의 패권 경쟁을 기회요인으로 삼아 기존의 산업 주도권을 상실했던 분야인 반도체, 배터리 및 미래 유망 기술 분야에서의 재흥을 노리고 있다. 쿼드 체제 구축과 대만과의 협력 강화 등이 그 대표적인 사례라고 할 수 있다.

우리나라의 경우, 지식의 원천은 미국에 가장 크게 의존하고 지식을 활용한 혁신의 확산 및 응용은 중국에 의존하고 있다. 미중 기술패권 경쟁에 대응하는 국가차원의 명확한 입장과 기준이 없어 기업과 개인이 개별적으로 대응하고 있는 형국이며, 우리나라의 지식·경제 구조상 명확한 노선 추구는 상당히 어려울 가능성이 높다.

글로벌 전문가 중에 중국과 완벽히 디커플링 되어야 한다고 생각하거나 그것이 가능하다고 생각하는 전문가는 상당히 소수라고 생각되며, 현재는 협력은 분명히 필요하지만, 어떻게 해야 하는지 파악이 어려워 두려운 상황이라고 할 수 있다.

한국을 비롯한 글로벌 혁신 주체들에 있어서 미중 패권 경쟁으로 인한 전방위적인 리스크 확대, 중국 정부의 테크 기업 규제로 인한 리스크 확대 등으로 인해 중국 내에서 중국의 혁신주체와 가장 먼저 무엇을 시도를 해보는 첫 주자가 되는 것에 대한 공포심 확대가 가장 큰 장애요인으로 작용하고 있다. 즉, 과거 중국에서 중국 주체와의 협력이 특정 영역을 제외하고 무엇이든 가능하던 확실성의 시장이었다면, 이제는 무엇을 할 수 있을지 불분명하고 언제 해당 영역이 규제 영역으로 지정될지 모르는 불안정의 시장이 되었다는 것을 의미한다.

향후, 우리는 미중 기술패권 경쟁 이슈와 함께, 디지털 전환, 탄소 중립, 포스트 코로나와 공급망 회복 등 복합 이슈에 대한 공동대응과 규범 구축에 적극적이고 전략적으로 대응해야 하며, 이와 함께 물밑에서 치열하게 진행 중인 각국의 국익을 위한 경쟁을 보다 심도 있게 분석하여 한국의 국가전략을 수립할 필요가 있다.

한중일 FTA의 쟁점과 전망

최영미(崔英美)*

1. 서론

오바마 행정부 하 '미국 주도의 환태평양경제동반자협정(Trans-Pacific Partnership: TPP) 대 중국 주도의 역내포괄적경제동반자협정(Regional Comprehensive Economic Partnership: RCEP)'의 대결구도로 가시화되었던 미중 간 FTA 경쟁은 국제 통상 질서의 불안정성을 증가시켰다. 2015년 기대보다 빠른 TPP의 타결로 미중 FTA 경쟁의 승기는 미국 측으로 기우는 듯 보였으나, 2017년 트럼프 행정부의 TPP 탈퇴와 2020년 11월 RCEP의 타결로 미중 FTA 경쟁의 결과는 여전히 미궁 속이다.

2020년 등장한 바이든 행정부는 코로나 위기가 야기한 국내 문제 해결에 방점을 찍고 있으며 기존 트럼프 행정부의 보호무역주의를 일정 기간 유지

---

* 전남대학교 정치외교학과 교수.

할 것으로 전망되고 있다. 이와 다르게 중국은 다자주의를 근간으로 한 역내 경제협력 논의에 적극적으로 참여하겠다는 입장을 강조하고 있다. 예를 들어, RCEP 타결 직후 중국의 왕이(王毅) 외교부장이 일본과 한국을 순차적으로 방문하며 한중일 FTA의 체결의 필요성을 강조하였다.

2003년 공동연구를 시작으로 2019년 16차 공식협상 이후 코로나 위기로 뚜렷한 진전을 보이지 못하고 있는 한중일 FTA는 체결 시 동아시아 및 세계 경제에 큰 변화를 가져올 것으로 예상되고 있다. 그러나 한중일 FTA에 대한 삼국의 입장 차이 및 역외 주요 행위자인 미국과 중국 간의 FTA 경쟁 등 영향력 등 한중일 FTA 체결을 위해 극복해야 하는 다양한 한계들이 존재한다. 이 글에서는 동아시아 경제 통합 논의 아래, 한중일 FTA의 쟁점을 분석함으로써 그 체결 가능성을 전망하고자 한다.

2. 동아시아 경제통합 논의

동아시아는 타 지역에 비해 가장 낮은 수준의 지역주의 논의가 발전된 지역으로, 유럽 연합 형성 당시의 유럽 국가들의 경제 통합이 가져오는 이익에 대한 열망보다는 경제-안보 연계 아래 각국의 지정학적 전략이 충돌하고 있다. 이 중 1997~98년 동아시아 금융 위기 이후, 급성장한 역내 리더십을 바탕으로 중국은 아세안과의 양자적 성격의 FTA 체결을 시작으로, [그림 1]에서 볼 수 있듯이, 한중일 FTA, 동아시아 FTA(아세안+한중일) 및 RCEP(아세안+한중일+호주+뉴질랜드+인도) 등의 다자적 경제 통합 논의를 주도적으로 이끌어왔다.

동아시아 금융 위기 이후, 지역 경제 협력에 대한 필요성을 절감한 한중일 삼국 및 아세안은 1997년 아세안+3(ASEAN Plus Three: APT) 정상회의를 출범하며 동아시아 FTA 논의를 추진하였다. 그러나 동아시아 FTA는 한중일 삼국이 아세안과의 개별 FTA를 추진하며 그 논의의 진전을 멈추었다. 이러한 동아시아 FTA 논의는 2004년 중국이 APT 정상회담에서 그 검토를 제안하며 재개되었다. 이후 중국은 '동아시아 정상회의(East Asia Summit: EAS)' 창설 제안 등 동아시아 지역경제협력의 주요 논의체로 아세안+3 형태의 동아시아 FTA를 적극적으로 추진하였다.

중국 주도의 동아시아 지역협력체의 설립을 우려한 일본은 더욱 광범위한 아태 지역의 경제협력 필요성을 강조하며, 동아시아 경제협력 논의에 인도, 호주, 뉴질랜드 등의 참여를 제안하였다. 구체적으로 일본은 위의 세 국가를 포함하여 아세안+6 형태의 '동아시아포괄적경제동반자협정(Comprehensive Economic Partnership in East Asia: CEPEA)'을 제안하였다. 일본의 CEPEA 창설의 뒷배경에는 중국을 견제할 수 있는 내수 시장을 보유하고 있는 인도 및 일본과 긴밀한 경제적 관계를 맺고 있는 호주와 뉴질랜드를 포함하여 중국 주도의 동아시아 FTA 논의를 지연시키고자 하는 일본의 전략적 의도가 반영되었다.

지역 경제 협력 논의에 중국과 일본의 전략이 충돌하는 가운데, 한중일 그리고 호주, 뉴질랜드, 인도 모두와 양자적 성격의 FTA를 체결하고 있던 아세안은 2011년 11월 APT 정상회담에서 자신의 체결하고 있던 6개의 개별 FTA를 하나로 아우르는 RCEP의 창설을 제시하였다. 이후 RCEP은 중일 경쟁과 이를 중재할 수 있는 아세안의 역량 부족으로 별다른 논의의 진전을 보이지 못하였다.

이러한 상황은 미국의 TPP 참여 선언 및 뒤 따른 일본의 참여로 전환의 국면을 맞이하였다. 오바마 정부의 '아시아로의 회귀(Pivot to Asia)' 전략의 핵심적 요소인 TPP는 중국 중심의 동아시아 경제 통합을 견제함으로써 동 지역에서 미국의 영향력을 유지하기 위한 전략이 반영된 결과로 볼 수 있다. [그림 1]에서 볼 수 있듯이, TPP는 최종적으로 APEC 전역(21개국)을 포괄하는 FTA 구상인 '아시아·태평양 자유무역권(Free Trade Area of the Asia-Pacific: FTAAP)'의 형성을 목적으로 하고 있다. 이에 미국은 역내 주요 동맹국인 일본, 한국 등에 TPP 참여를 제안하였으며, 중국 봉쇄라는 점에서 이익을 같이 한 일본은 2013년 4월 TPP 협상에 공식 참여를 선언하였다. 일본의 TPP 참여 선언 이후 CEPEA는 그 추진 동력을 잃었으며, 중국은 기존의 동아시아 FTA보다 TPP에 대응할 만한 더욱 광범위한 경제 통합 논의의 필요성을 깨닫고 아세안에 의해 주창되었던 RCEP에 집중하였다.

미국 주도의 TPP와 중국 주도의 RCEP의 경쟁 구도는 한국과 같은 역내 중견국 및 약소국가들에게 선택의 문제를 안겨주었다. 특히 오바마 행정부의 TPP 참여 제안에 한국은 당시 중국과의 양자 FTA에 부정적 변수로 작용할 것을 우려 그 제안을 보류하였다. 한중 FTA 체결을 마무리 지은 후, 한국의 TPP 참여 희망 표명에 미국은 TPP 협상 종료 후 추가로 가입이 가능하다는 이유로 한국의 참여에 난색을 표명하였다. 미중 전략 경쟁 사이 한국의 균형전략은 성공을 거두지 못할 것이라는 다양한 우려들이 제기되었다.

이러한 상황은 2017년 TPP가 미국인의 일자리를 빼앗고 미국의 이익에 반한다고 주장하며 TPP 탈퇴를 선언한 트럼프 행정부의 등장으로 반전되었다. '미국 우선주의(America First)'에 입각한 미국 제조업의 부활과 노동자 계층을 회생을 국가 목표로 내세우며 등장한 트럼프 대통령은 대중 무역 적자의 근본적인 원인은 중국의 불공정한 무역이라 강조하며 양자적 성격의 미중 무역 분쟁을 전개하였다. 그 결과 미국이 떠난 자리를 일본과 호주가 채우며 TPP는 현재 '포괄적·점진적 환태평양경제동반자협정(Comprehensive and progressive Trans-Pacific Partnership: CPTPP)'으로 새롭게 출범하여 2018년 발효되었다.

자국 위주의 통상 질서 수립을 위한 미중 간 경제적 패권 경쟁은 2021년 바이든 행정부의 등장으로 또 다른 국면을 맞이하고 있다. 바이든 행정부에서도 기존의 소위 '중국 때리기'로 대표되는 공세적 대중 정책은 지속될 것으로 예상되나, 트럼프 행정부의 양자적 접근이 아닌 동맹 네트워크 위주의 다자적 접근을 통한 중국 압박 정책이 예상되고 있다. 이에 중국은 미중 무역 분쟁에서 RCEP으로 그 통상 중심을 이동시켜 논의를 적극적으로 이끌었으며, 그 결과 바이든 대통령의 당선이 유력시 되던 지난 2020년 11월 15일 RCEP은 인도를 제외하고 최종적으로 타결되었다. 그 후 중국은 2021년 3월 국내 비준 절차도 마무리 지으며 현재 발효 준비를 마친 상태이다. RCEP은 2021년 9월 현재 중국, 일본, 싱가포르, 태국 등의 4개국이 비준 절차를 마친 상태로, 향후 아세안 4개국과 비아세안 1개국이 비준을 통과하면 발효될 예정이다.

중국 주도의 RCEP 타결은 코로나 위기 극복이라는 국내 문제에 방점을 찍으며 현재까지 구체적인 대외 통상 정책을 제시하고 있지 않고 있는 바이든 행정부에 경고음을 울리고 있다. 트럼프 행정부의 TPP 탈퇴 및 일방적 공세주의 아래 다자주의 및 자유무역질서를 강조하며 최종적으로 RCEP 타결을 이끌어낸 중국의 리더십이 국제 사회에서 인정받으며 결국 아태 통상 질서의 리더십을 구축하게 될 것이라는 우려가 제기되고 있다.

RCEP 타결 직후 중국의 왕이(王毅) 외교부장은 일본과 한국을 순차적으로 방문하며 한중일 FTA의 조기 체결을 강조하였다는 사실은 이러한 우려를 증폭시킨다. 중국이 지난(至難)한 한중일 FTA의 조기 체결을 강조하고 있는 주된 이유는 바이든 행정부하 강화될 것으로 예상되는 한미일 공조

[그림 1] 동아시아 경제협력체 논의

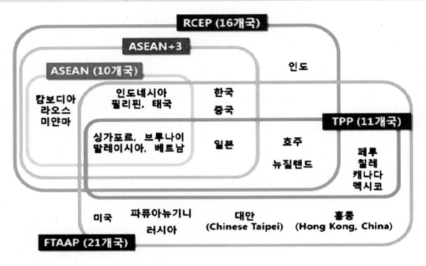

출처: 산업통상자원부.

체제의 결속을 약화시킴과 동시에 미국의 역내 영향력을 견제하려는 조치로 평가된다. RCEP의 체결로 한중일 FTA의 당위성이 상대적으로 약화된 상황 아래, 한중일 FTA를 둘러싼 쟁점 및 그에 대한 삼국의 입장을 분석함으로써 한중일 FTA의 체결 가능성을 전망하고자 한다.

3. 한중일 FTA의 쟁점과 전망

한중일 FTA는 동아시아 주요 경제인 한중일 3국 간 경제협력의 제도적 기반 마련 및 동아시아 경제통합의 기초를 마련하고자 2003년 공동연구를 시작으로 2019년 16차 공식협상까지 진행된 상태이다. 2020년 코로나 위기로 현재 협상은 교착 상태이나, 최근 중국의 적극적 지지로 한중일 FTA는 재개의 움직임을 보이고 있다.

한중일 FTA는 타결 시 세계 GDP의 약 23%, 인구의 약 21%, 그리고 교역의 약 18%를 차지하는 세계 3위의 지역 통합 시장으로 부상하게 된다. 특히, 낮은 수준의 지역 경제 통합 논의가 발전된 동아시아 지역 내 한중일 FTA 체결로 인한 역내 시장의 창출은 역외 의존도가 높고 외생변수에 취약한 동북아 교역구조의 개선에 기여할 것으로 예상되고 있다.

그러나 3국 간 높은 수준의 경제적 상호의존도를 기반으로 한 경제적 기대 효과에도 불구하고, 한중일 FTA는 한일 간 강제징용 배상 문제, 한중 간 사드 배치로 인한 경제 제재, 쿼드(Quad)를 중심으로 한 인도·태평양 지역에서의 중일 간 군사적 대치 등의 군사·정치적 문제와 더불어 반도체 분야에서의 경쟁 관계 등의 국내 산업 구조적 문제로 타결에 난항이 예상되고 있다.

특히 최근 RCEP의 타결로 한중일 FTA의 체결 당위성과 그 기대 효과에 대한 우려가 증폭되었다. 한중일 3국 모두가 참여하고 있는 RCEP이 체결된 상황하, 한국과 중국 양국 모두는 일본과 최초로 FTA를 맺게 되었다. 그러나 RCEP의 낮은 수준의 시장 개방도로 인해 CPTPP에 집중하고 있는 일본과의 FTA 체결을 통해 진정한 효과를 누리기 위해서는 더욱 높은 수준의 한중일 FTA의 체결이 필요하다는 의견들이 제기되고 있다. 또한 RCEP의 체결로 인해 한중일 FTA의 장애물들이 일정 수준 제거 및 해소될 것이라는 점에 대한 기대가 높다.

이렇듯 한중일 FTA를 둘러싼 다양한 의견들이 제기되고 있는 가운데, RCEP 타결을 적극적으로 이끌었던 중국은 경제적 기대효과뿐만 아니라, 다양한 지정학적 전략을 기반으로 한중일 3국 중 한중일 FTA에 가장 적극적인 태도를 취하고 있다. 2020년 10월 19기 5중전회에서 개혁개방 및 대외무역을 강조한 '쌍순환' 전략을 천명한 중국은 일본 주도의 CPTPP 가입 의사를 밝히는 등 동아시아 역내 무역 자유화를 적극적으로 추진하고 있다.[1] 정치적으로도 바이든 행정부 아래 더욱 강화될 것으로 예상되는 한미일 공조 체제 속에서, 한중일 FTA를 통한 3국 논의의 장이 마련되는 것 자체가 유리하다고 판단한 전략이 반영된 것으로 평가할 수 있다.

반대로 일본은 높은 기술 수준을 기반으로 한중일 FTA의 최대 수혜국이 될 것이라는 기대와 달리 미중 경쟁 등의 지정학적 요인으로 인해 3국 중 가장 소극적인 태도를 취하고 있다. 특히, 일본은 미국이 떠난 TPP 논의를 적극적으로 이끌며 CPTPP를 발효시킨 상태에서 CPTPP에 비해 낮거나 유사한 수준에서 체결될 것으로 예상되는 한중일 FTA에 대한 경제적 기대가 그다지 크지 않을 것으로 평가된다.

마지막으로 지리적으로 동북아 지역의 중심에 위치하고 있으며, 경제·군사 규모 면에서도 일본과 중국 사이 중간적 위치를 차지하고 있는 한국의 교량적 역할은 동북아 경제협력의 중요한 열쇠가 될 것이라는 의견이 만연하다. 동아시아 지역 패권을 차지하기 위한 중일 간 경쟁은 다양한 분야에서 충돌해왔으며 일본 주도의 CEPEA와 중국 주도의 동아시아 FTA 경쟁에서도 볼 수 있듯이, 중일 양국의 지역경제협력을 위한 리더십은 역내 패권 추구라는 의혹을 살 수 있으나 한국은 상대적으로 그러한 가능성이 적다.

---

1) RCEP의 체결 직후 APEC 정상회담에서 중국은 CPTPP에 가입을 적극적으로 고려하겠다고 공식 선언 하였으나 그 가능성은 높지 않다. CPTPP의 국유기업 보조금 제한 규정 및 디지털 경제 관련 규정에 대한 높은 기준 및 USMCA의 32조 10항 '비 시장경제국가와의 FTA (Non-Market Country FTA)' 조항으로 난항이 예상되고 있다.

이러한 한중일 FTA에 대한 서로 다른 3국의 입장 차이와 더불어 한중일 FTA의 체결 경로(path)에 대한 분석 역시 한중일 FTA의 체결 가능성이 그다지 높지 않음을 시사한다. 한중일 3국 간 FTA의 체결 경로는 다자적 경로(multilateral path)와 연속적 경로(sequential path)와 크게 두 가지로 나누어 볼 수 있다. 먼저 다자적 경로는 3국 모두 초기 단계부터 협상에 참여하여 최종적으로 3국 간 협상 타결에 이르는 경로를 지칭한다. 연속적 경로는 3국 중 2국가 사이 양자적 FTA가 체결된 후, 양자 FTA에 참여하지 못한 나머지 1개국에게 예상되는 경제적 타격으로 인해 배제된 국가가 향후 기체결된 양자 FTA에 참여함으로써, 3국 간 FTA가 체결되는 경로를 말한다.

먼저 다자적 경로를 고려하였을 때, 한중일 FTA와 RCEP 간 정합성 문제가 도출된다. RCEP의 낮은 시장 개방도를 고려하였을 때, 한중일 FTA의 경제적 효과를 위해서는 RCEP보다 높은 시장 개방도 수준에서 체결되어야 한다. 그러나 이는 논의를 주도적으로 이끌고 있는 중국이 현재 체결하고 있는 FTA의 시장 개방도를 고려하였을 때, 극복하기 어려운 문제이다. 한중 FTA 체결 과정에서도 드러났듯이, 중국의 비시장경제적 요소로 인한 낮은 수준의 투명성과 개방도로 인해 대부분 낮은 무역자유화 수준에서 경제협정이 체결되고 있다. 또한 한중일 FTA가 높은 자유화 수준에서 체결될 경우, RCEP은 그 동력을 잃게 될 것이며, 그 결과 아세안 회원국 위주의 RCEP의 여타 회원들의 반대에 부딪히게 될 가능성이 높다.

또한 한중 FTA가 기체결된 현 상황 아래, 한중 FTA에 일본이 참여함으로써 연속적 경로를 통해 3국 간 한중일 FTA가 체결될 가능성 역시 매우 낮은 상황이다. 사실 한중 FTA 체결로 인해 경제적 타격이 예상되었던 일본은 한중 FTA에 참여하고자 하는 의지보다는 미일 FTA 및 TPP 협상에 더욱 집중하는 태도를 취하였다. 또한 예상과 달리 국내 정치적 상황으로 인해

RCEP 체결 및 비준 절차를 조기에 처리하였으나, 현재까지는 자국이 주도하고 있으며 향후 미국과의 관계를 고려하여 RCEP보다는 CPTPP에 집중할 가능성이 높다고 평가할 수 있다.

4. 결론

한중일 FTA를 비롯한 동아시아 경제 통합 논의는 미중 간 전략 경쟁이 어떠한 방향과 방식으로 전개될 것인지에 의해 그 향방을 달리 하게 될 것으로 예상된다. 코로나 위기 및 2022 중간 선거 등 국내 문제로 인해 구체적인 대외 통상 정책 계획을 발표하고 있지 않은 바이든 행정부가 과연 CPTPP로 복귀할 지에 대한 국제 사회의 귀추가 주목되고 있다. "미국이 돌아왔다(America is back)"는 바이든의 정치적 선언 및 중국 주도의 RCEP이 타결된 상황을 고려했을 때, 결국 미국은 아·태 지역의 통상 질서 수립을 위한 장으로 복귀할 가능성이 높다. 이는 CPTPP로의 복귀, G7의 확대 버전, 혹은 경제번영네트워크(Economic Prosperity Network: EPN)의 유사 버전, 혹은 미국－멕시코－캐나다(U.S.-Mexico-Canada: USMCA) 자유무역협정을 기반으로 인도를 포함한 바이든 행정부의 새로운 버전 등 다양한 형태로 나타날 수 있다. 다만 이러한 논의는 공통적으로 중국 경제와의 디커플링(decoupling)을 목적으로 인권, 환경, 노동 문제 등에 있어 높은 기준을 요하는 경제통합 논의의 형태를 띨 것으로 예상된다.

결국 미중 전략 경쟁의 지속이 예상되는 상황 아래, 대표적인 통상국가이자 개방형 국가인 한국은 한중일 FTA를 비롯하여, 현재 일본이 주도하고 있는 CPTPP 등 다양한 자유무역을 위한 논의에 적극적으로 참여함으로써 미중 간 선택의 문제가 가져올 수 있는 위험 가능성을 낮추어야 한다. 이를 위해서는 한미 FTA 및 한—EU FTA 체결 과정에서 획득한 경험을 바탕으로, 국영기업, 환경, 지적재산권 등 신통상규범에 대한 더욱 세부적인 검토를 통해 높은 수준의 자유화 범위와 규범을 준수할 수 있도록 준비를 해야 한다. 미중 FTA 경쟁하에서, 높은 수준의 FTA 네트워크를 보유하고 있는 한국은 미국과 중국의 주요 동반국으로서 양국이 주도하는 메가 FTA 논의에 협력적 태도를 견지하고 있음을 강하게 어필해야 한다. 이를 위해서는 미중이 추진하고 있는 FTA에 대한 참여 결정이 미중 선택에 의한 것이 아닌 한국의 통상 목표 및 방향성을 기준으로 내린 결정임을 명확히 해야 할 것이다.

중일한 FTA의 기회와 도전

추이밍쉬(崔明旭)*

    중일한 3국은 동북아 지역의 중요한 경제국으로서 지리적으로 가깝고, 긴밀한 무역·투자 관계를 형성하고 있다. 중일한 FTA를 추진한다면 높은 수준의 포괄적인 협정을 맺어 지역 내 심도 있는 가치사슬 융합을 추진할 수 있으며, 동북아 경제 번영, 동북아 경제통합의 발전에 기여하며 3국 모두에 이익이 될 것이다. 관세와 비관세 장벽을 낮추고 기업의 생산, 운영 원가를 낮출 수 있다면 역내 인력과 상품 이동이 원활해지고 더 큰 시장 공간이 형성되어 더 많은 이익을 얻을 수 있으며, 소비자는 더욱 저렴한 상품을 구매할 수 있다. 중일한 FTA 구상은 이미 2002년 중일한 3국 정상회의에서 민간 타당성 검토와 정부·기업·학계의 공동연구를 거쳐 긍정적인 결론을 내린 바 있다. 2012년 제21차' 아세안 +3' 정상회의에서 중일한 3국은 FTA 협상을 본격적으로 시작하겠다고 발표했다. 중일한 FTA 협상은 2021년

* 산둥대학교 동북아학원 조교수.

9월까지 16차례에 걸쳐 진행됐으며 3국은 화물 무역, 서비스 무역, 투자, 경쟁, 전자상거래, 지식재산권, 정부 조달과 원산지 규칙 등 전방위적인 다양한 의제를 포괄적으로 논의했다.

1. 중일한 FTA: 충분한 외부 압력에 비해 부족한 내부 동력

중일한 FTA 협상은 총 16차례에 걸쳐 진행되었으며, 기본 협상 단계(2013년 3월~2014년 12월), 협상 교착 단계(2015년 4월~2016년 12월), 협상 재개 단계(2017년 1월~2018년 3월) 및 협상 복귀 가속화 단계(2018년 5월~현재)로 구분된다. 이 과정에서 중일한 3국 모두 FTA 구축이 필요하다는 것을 인지했으며, 3국의 FTA 추진이 동북아 역내 경제통합에 매우 중요한 의미를 갖는다는 점을 충분히 인식했다. 중일한 모두 자유무역 지지자이자 참여자이며 수혜자이다. 3국은 어떤 형태의 보호주의에도 반대하고 있으며, 'RCEP+'의 자유 무역 협정 조기 타결과 전면적이고 높은 수준의 호혜적인 중일한 FTA 협정을 체결하고자 노력하고 있다.

전 세계적인 코로나19 사태로 국제 생산이 일시적으로 중단되는 등 국제 무역 성장률은 급격하게 떨어졌으며, 보호무역주의와 일방주의가 성행하면서 세계화는 심각한 위기를 맞고 있다. 글로벌 공급망 재구성을 앞두고 각 국가는 자원 배치의 효율성보다는 공급망의 안전성을 강조하는 쪽으로 방향을 잡고 있다. 경제 세계화는 '현지화'와 '지역화'라는 특징을 가지고 있으며, 지역 경제 협력은 중요한 현실적인 선택이 되었다. 미국의 TPP 탈퇴와 트럼프의 '미국 우선' 정책으로 인해 아태지역의 다자간 무역 체제에 '공백'이 발생했다. 이에 중일한 3국은 어려운 시기를 함께 이겨낼 방안을 모색하였으며, 그 결과 중일한 3국이 FTA에 서명하는 것이 가장 현실적인 선택이라는 점에 동의했다. 코로나19는 전 세계 경제 무역의 운영 환경을 악화시켰고, 중일한 3국으로 하여금 3국의 협력 중요성을 더욱 부각시켰다. 3국은 관세 인하와 무역 촉진을 통해 중일한 경제에 미칠 부정적인 충격을 줄일 수 있으며, 코로나19와 보호무역주의의 성행이 FTA 협상 가속화를 이뤄낼 외부 압력을 제공한다는 점을 인지하고 있다.

코로나19 충격에 따른 외부적 요인은 중일한 FTA 협상에 새로운 기회와 도전을 가져왔다. 자국의 산업 사슬에 대한 충격에 직면하여 '디커플링(decoupling)론'과 '이전론'이 불붙기 시작했으며, 이에 각 국가는 외국으로 나간 기업들이 자국으로 철수하여 산업 사슬의 완전성을 확보할 수 있도록 장려하고 있다. 3국은 중일한 FTA 체결이라는 큰 틀에서는 동의하고 있다. FTA가 동북아 지역의 중요한 통합 협정인 만큼 각국은 중일한 FTA를 동북아 지역의 무역 규칙 방향을 설정하고 자국의 영향력을 높이는 중요한 플랫폼으로 인식하고 있다. 하지만 이로 인해 어느 국가가 FTA를 주도할 것인지가 쟁점이 되었고, 이는 내부 동력 부족과 3국이 '동상이몽' 하게 된 주요 원인이 되었다. 3국 모두 중일한 FTA를 동북아 지역 경제 협력 과정을 주도할 수 있는 중요한 발판으로 인식하고 있다. 일본은 중국이 동북아의 경제 통합 과정을 주도할 것을 우려하여 일본의 영향력과 경쟁 우위를 지키기 위해 안간힘을 쓰고 있다. 한국의 경우, 일본과 한국의 수출 분야가 겹치는 상황에서 높은 수준의 FTA가 체결된다면 한국의 제조업 경쟁력이 저하되고 산업 발전 공간이 축소될 것을 우려하고 있으며, 한국이 점유하고 있던 중국 시장 점유율을 일본이 차지하게 될 것을 우려하고 있다. 중국은 산업 고도화라는 절체절명의 시기에 높은 수준의 FTA를 체결함으로써 중국 내 제조업의 고도화를 위해 필요한 조치를 제때 제공하지 못할 것을 우려하고 있다.

2. 중일한 FTA: 전방위적 게임

중일한 3국 모두 FTA 체결이 필요하다는 것에 어느 정도 공감대를 형성하고 있지만, 경제 분야뿐 아니라 정치적 갈등과 과거사 분쟁을 포함한 역외 방해 요소도 중일한 FTA 협상을 제약하고 있다.

1) 경제 영역에서의 게임

중일한 3국은 중일한 FTA를 글로벌 수준의 개방과 질 높은 협력의 새로운 모델로 삼기 위해 노력하고 있으며, 동북아 지역의 심도 있는 통합을 위해 3자 FTA를 체결하기를 희망하고 있다. 그러나 경제발전 수준과 산업구조에 따라 '수준 높은 개방'에 대한 3국 간의 이해가 상이하며, 협상 과정에서 서로 다른 이해관계를 추구하고 있다. 이는 3국으로 하여금 자국의 취약산업을 과도하게 보호하는 동시에 상대국 시장에서의 점유율 확대를 모색하게 했다. 관세 인하와 제품 적용 범위 등의 문제를 놓고 중일한 FTA는 '제로섬 게임' 상황에 직면해 있다. 예를 들어, 일본이 주도하는 환태평양경제동반자협정(이하 'CPTPP')와 한국이 체결한 한-미, 한-유럽, 한-아세안 FTA로 양국은 이미 높은 기준의 FTA와 대외 개방을 거의 이뤄냈다. 반면, 중국은 일본과 한국의 글로벌 경쟁력에 비해 기술집약적 산업과 자본집약적 산업 분야에서 상대적으로 약세를 보이고 있다. 그렇기 때문에 점진적이고 질서 있는 시장 개방이 중국 산업의 고도화와 경제 구조 전환을 이뤄내기 위한 시공간적 요구에 더욱 부합한다. 중국은 지식재산권 보호와 법집행을 강화하고, 수출 규제 철폐, 산업 보조금 개혁 및 기타 비관세 장벽 철폐, 국유 기업의 경쟁 중립 문제, 인터넷 검열 및 국경 간 접근 제한, 데이터 지역화 규제, 투자자국가분쟁해결(ISDS, Investor State Dispute Settlement)과 서비스 무역 시장 개방에 대한 협상 압박에 직면하게 될 것이다.

2) 정치 안보 게임

동북아 역내 협력 과정에서 정치적 갈등과 역사적 분쟁은 빼놓을 수 없는 방해 요소이다. 양자 간의 정치에서 중일한은 오랫동안 상호 신뢰가 부족했으며, 이로 인해 중일한 FTA가 경제적 문제뿐 아니라 정치적 문제로까지 비화하였다. 정치적 요인은 왕왕 협상 진행 과정에 영향을 주는 주요한 변수이다. 일본 정부는 위안부 강제 징용 사실을 인정하지 않고 있으며, 심지어 일본의 일부 고위직 관리들은 난징대학살이나 중국과 한국에 대한 침략을 인정하지 않고 있다. 한일, 중일 영토분쟁부터 일본의 교과서 왜곡까지 일본과 중국, 한국 간의 갈등이 심화되고 있다. 그뿐만 아니라 '사드' 문제로 인한 전략적 상호 신뢰가 결여되어 단계적 접근을 통해 '사드' 문제에 합의했다. 중한 간 '3불(不)' 약속에 도달해 양국의 안보 갈등은 완화됐지만, 양국 관계는 여전히 슬럼프에서 벗어나지 못했다. 한국은 중국이 '지나친' 경제 제재를 하고 있다고 보고 있으며, 과도한 대중(對中) 경제 의존도를 우려해 이를 분산시키려 하고 있다. 중국은 '신뢰할 수 있는' 친구인 한국이 중국을 '배신'했다고 믿고 있고, 위안부, 독도 문제, 강제징용 근로자에 대한 배상을 둘러싼 한일 간의 대립은 장기화하고 있다. 이 가운데 일본의 대한(對韓) 수출 통제로 한일 정치 · 역사 분쟁이 양자 간 경제무역 관계에 심각한 영향을 미치고 있으며, 중일한 FTA 협상에도 악영향을 미치고 있다.

또한, 일본과 한국은 모두 중국의 군사 안보 정책에 대해 적개심과 경계심을 갖고 '중국 위협론'을 끊임없이 부각하고 있어 일본과 한국 내 대중(對中) 여론은 좋지 않다. 예를 들어, 한국의 윤석열 대통령 후보는 "한국의 국가 전략은 미국을 축으로 하고 한미동맹이 굳건해야 중일 양국이 한국을 존중할 수 있다. 중국은 미국이 사드를 철수하기를 바란다면 먼저 국경의 레이더를 제거해야 한다"고 말했다. 중미 전략 경쟁에 대해서는 "전략적 모호성 등 애매한 입장을 더는 고수할 수 없으며 단호하게 미국 편에 서야 한다"고 했다. 국제여론조사기관인 퓨리서치센터(Pew Research Center)가 실시한 '대중국 호감도 조사'에서 한국인 응답자의 77%가 '중국이 싫다'고 답할 정도로 한국 내에서 반중 감정이 심각한 것으로 나타났다. 한일 양국의 대(對)중국 정치적 대립과 신뢰 부족은 풀기 어려운 문제가 되고 있다.

3) 역외 요인 게임

중일한 FTA 체결은 동아시아 지역경제 통합을 위한 지역 구심력이 강화된다는 것을 의미한다. 이로 인해 동아시아 정세에 대한 역외 미국의 영향력은 축소될 것이며, 나아가 글로벌 제도 안배에서 미국의 이익 분배도 영향을 받을 수 있기 때문에 미국은 이를 수수방관하지 않을 것이다. 예를 들어 미국은 기존의 북미자유무역협정(NAFTA, North American Free Trade Agreement)을 대신하여 미국-멕시코-캐나다 협정인 'USMCA(The United States-Mexico-Canada Agreement)'을 채택하고 있다. USMCA 32장 10항에 따르면 회원국이 '비시장적 경제체(非市場化經濟體)'와 FTA를 체결할 때는 3개월 전에 다른 회원국에 통보해야 하며 협정문은 최소 30일 전에 다른 회원국에 제출해야 한다. '비시장적 경제체'는 체약국의 국내법에 의해 결정되는데, 로스 미 상무장관의 표현에 따르면 이는 '포이즌 필(poison pill)', 즉 '독소조항'을 의미한다. '독소조항'을 설정해 세계 무역 관계에 중국을 봉쇄하는 새로운 세계 경제 체제를 구축했다. '독소조항'은 주로 중국을 압박하기 위해 고안되었다. 미국의 '비대칭' 동맹국인 일본과 한국은 미국의 압력을 견뎌내기 어렵다. 결국 일본과 한국은 득과 실을 따지며 미국의 요구에 굴복해야 할지도 모른다. 이러한 전략과 계획은 중일한 FTA 협상에 심각한 영향을 미칠 것이다. 이는 매우 우려스러운 일이며, 미국이 중국과 가까운 나라들을 압박하고 있는 것이 분명하다. 이는 한일 양국으로 하여금 중국과의 경제교류를 발전시키고 중국 시장을 개척할 기회를 상실하게 하였고, 동북아 지역 경제통합의 발전을 심각하게 저해하였다.

더욱이 바이든 대통령 집권 이후 중국과 미국의 전략 경쟁이 과열되고 있는 상황에서 처음으로 백악관을 공식 방문한 두 외국 정상으로서 일본과 한국은 중국과 미국 사이에 치열한 경쟁의 대상이 될 수밖에 없다. 일본과 한국은 자국 기업의 중국 시장 진출에 더 유리하도록 협상 과정에서 중국에 더 높은 수준의 '문호 개방'을 요구하면서 중국에 대한 가격 인상 가능성을 배제할 수 없다는 입장이다.

4) 중일한 FTA: 추진 계획과 제언

중일한 FTA 협상은 불확실한 요소가 많지만, 중일한 FTA 협력 전망은 여전히 기대해볼 만하다. 중일한 FTA의 조속한 추진과 중일한 3국의 발전 수준과 산업 경쟁력의 차이를 인정하기 위해 3국은 각국의 이익 요구와 이견에 유연하게 대처하며 최종적으로 협정을 체결해야 한다. 공감대를 넓혀가며 이견을 봉합하고, 최대공약수 원칙에 따라 민감 분야에 상응하는 과도기를 설정하고, 시장 진입이나 규칙적 의제에서 '조기 수확(early harvest, 우선 합의 가능한 분야에서 협상을 진전시키는 것을 뜻함)' 방식으로 협상을 추진해 단계적으로 각국의 이익을 실현해 나가야 한다. 점진적인 갱신 방식을 채택하여 예외 조항을 미리 설정하고 조건이 성숙되면 일부 규칙을 점진적으로 업그레이드할 수 있다. 구체적인 실천에서 중일한 3국은 이해충돌이 집중된 가장 민감한 분야는 일단 제쳐두고 화물, 서비스, 투자 편의화 등의 광범위한 분야에서 높은 수준의 단계적 협정을 우선적으로 실현해 나가면서 점진적이고 지속적인 중일한 경제통합을 촉진하는 방안을 고려할 수 있다.

첫째, '개방주의'를 내세워 CPTPP를 비롯한 다른 지역의 FTA에 적극적으로 참여하는 것이다. CPTPP는 일본이 주도하는 지역 간 높은 수준의 자유무역협정으로 중국의 CPTPP 가입 신청은 기회이자 도전이라 할 수 있다. '높은 수준의 무역 규칙'을 준수하는 것은 중국내 개혁과 높은 수준의 FTA 네트워크 구축을 심화하는 데 도움이 된다. 중국은 2021년 9월 16일 CPTPP 비준서 수탁 국가인 뉴질랜드의 무역장관 데미언 오코너에 CPTPP 가입 신청 서한을 제출했다. CPTTP에 가입해야 하는 이유는 투자 시장을 더욱 개방하고 더 높은 수준의 투자 조항을 수용할 수 있기 때문이다. CPTTP에 가입함으로써 대미 수입을 늘려 양국의 무역적자를 줄이고, 중미 무역마찰의 무역 이전 효과를 효과적으로 완화할 수 있다. 또한, 불필요한 중미 무역마찰을 완화하고 중미관계의 구조적 갈등을 해소하는 데 도움이 될 것이다. CPTTP에 가입해야 하는 또 다른 이유는 CPTPP가 서비스 무역, 하이테크, 지식재산권, 데이터 유통 등 새로운 비즈니스 분야를 포함하고 있다는 것이다. CPTPP 가입은 중국의 디지털 경제와 서비스업의 해외 진출을 가속화할 것이며, 지식재산권 보호, 디지털 경제, 국유기업 개혁, 환경 표준, 노동 표준 등 WTO에서 해결할 수 없는 많은 문제를 CPTPP 플랫폼을 통해 해결책을 모색할 수 있어 중국은 해당 분야에서 발전을 강화할 수 있다. 중국의 서비스산업, 하이테크 산업, 디지털 경제 분야에 커다란 발전 기회를 가져다 줄 것이다. 따라서 중국의 CPTTT 가입은 '개방형 경제의 새로운 체제' 구축을 가속화할 뿐 아니라 국내 개혁과 세계 경제 회복에 안정성을 더하고, 중일한 FTA 체결 추진에 새로운 동력을 더할 것으로 기대된다.

둘째, 단기적인 충격을 충분히 고려해 공동 목표를 세우고 장기적인 수익을 발굴해야 한다. 중일한 FTA는 역내 피할 수 없는 경쟁을 가져올 것이지만 중일한 FTA 체결은 3국의 자국 내 산업구조개혁과 고도화를 촉진하고 지역 산업구조조정을 촉진하는 데 도움이 된다. 산업 내, 산업 간 국제 분업을 보다 긴밀하게 하고 이를 더욱 최적화하여 중일한 위주의 동아시아 지역 생산 네트워크를 구축해야 한다. 그 첫 번째 방안으로 동북아 지역에 중일한 공업단지 조성을 제시할 수 있다. 예를 들면, 중국의 다롄(大連), 칭다오(靑島), 한국의 부산, 일본의 후쿠오카 등 3국의 무역 관계가 밀접한 도시에 중일한 공업단지를 조성할 수 있다. 또한, 3국 중간에 있는 제주도, 충밍도(崇明島) 등의 지역에 역외무역센터를 설립하여 일본은 고령사회 서비스, 에너지 절약 기술 분야, 한국은 미용, 전자정보 분야, 중국은 광대한 시장과 양질의 노동력을 활용하여 각국이 지닌 우위를 상호 보완할 수 있다. 두 번째로 국경을 초월한 정보 산업 협력을 강화할 수 있다. 정보 산업은 중일한 3국이 모두 중점을 두고 있는 분야로 미래 산업기술 혁신 발전의 추세이다. 예를 들어, 5G 망을 아우르는 의제에서 중일한 모두 역내 로밍 요금 인하 등 기술 표준화를 추진해야 한다는 것에 공감하고 있다. 중일한 FTA 체결을 통해 중일한이 글로벌 정보기술(IT) 산업의 고지를 구축하고 관련 첨단기술과 정보기술(IT) 산업을 발전시켜 글로벌 정보화 시대 3국의 기업과 동북아 지역의 국제경쟁력을 강화하도록 해야 한다. 세 번째로 동북아 지역의 환경 관리 수요를 주목하고 환경 보호와 온실가스 감축 산업 협력을 강화할 수 있다. 일본은 해양 배출과 수산물 오염에 대한 관심이 높아졌고, 한국은 대기오염 문제가 날로 심각해지고 있으며, 중국은 환경보호와 온실가스 감축에 대한 심각한 도전에 직면하고 있다. 대기, 수원, 토양에 대한 온실가스 감축 기술과 산업 발전 수요가 많다. 중일한 3국이 상호보완적 우위에 있는 분야에서는 친환경 협력의 잠재력, 지속가능성, 실현 가능성이 가장 큰 것으로 꼽힌다. 3국이 오염과 온실가스 배출량을 줄일 수 있는 기술 개발, 기술 이전, 기술 응용, 제품과 서비스 무역, 그리고 산업 협력을 전개하는 것은 중일한 3국은 물론 동북아 지역에도 좋은 일이다. 한마디로 중국은 규칙 영역에서 일본과 한국의 요구에 객관적으로 대응해야 한다. 이는 중국으로 하여금 더 높은 수준의 개방을 추구하게 하고, 궁극적으로는 '자유주의의 기수'가 될 기회를 가져다 줄 것이다.

셋째, 정경 분리를 고수하고 중일한의 정치적 신뢰를 강화한다. 역사 분쟁과 정치적 갈등은 단기간 내에 실질적으로 해결하기 어렵고, 이러한 갈등은 동북아 지역의 구조적 문제가 되었다. 중일한 경제무역 협력에 미칠 부정적 영향을 줄일 수 있는 유일한 방법은 정치적 상호 신뢰를 강화하는 것이다. 예를 들어, 2022년 2월 베이징 올림픽을 3국 정상외교를 강화하는 기회로 삼을 수 있다. 미국의 '디커플링' 발언에 대응해 중국은 단계적인 과제에 중점을 두고 일본과 한국과의 소통을 지속해서 강화해야 한다. 중미 경쟁으로 인해 중일, 한중관계에 발생하는 충격을 줄이고 일본과 한국과의 해양 권익, 통신 기술 관리와 군축에 대한 이견을 통제 및 관리해야 한다. 중국 내 반일 및 반한 여론 지도를 강화하고, 중국에 대한 한국과 일본의 배척을 완화하며 한국과 일본이 온전히 미국 편에 서지 않도록 해야 한다. 따라서 중일한 3국은 정경 분리를 확고히 하고 정치적인 의혹과 간섭을 불식시키고, '쉬운 것부터 해결하고, 차례대로 한 걸음씩 나아간다'라는 원칙으로 중일한 FTA 협상을 차질 없이 추진해야 한다.

또한, 보호주의, 일방주의, '미국 우선주의'를 비판하면서도 중일한 3국이 이와 마찬가지로 자국의 민감한 산업을 보호한다는 명목 아래 국가 안보를 이유로 자국 산업을 과도하게 보호하는 것은 사실상 '중국 우선', '한국 우선', '일본 우선'이라는 것을 반성해야 한다. 예를 들어, 일본과 한국에게 농산물 시장 개방은 FTA 체결 시 고려해야 하는 중요한 분야다. 자국의 유치 산업을 보호하려는 보호주의가 다소 포함되어 있기 때문에 실제로 순수한 자유주의가 존재한 적은 없다. 하지만, 보호무역은 최소한의 보호조치만을 포함해야 하며 공격적인 대응이 포함되어서는 안된다. 중일한 FTA는 최대한 개방해야 한다. 3국은 '개방과 포용, 자유'의 목소리와 역량에 주목하고, 개방된 세계 경제를 굳건하게 지키고 보호무역주의에 반대한다는 공통된 입장을 국제사회에 전달해야 한다. 이는 동북아 경제의 건강한 발전과 개혁 심화를 지속하기 위한 내재적 요구다.

중국의 FDI 개방과 그 함의

이율빈(李聿彬)*

1. 코로나 시기 글로벌 FDI

코로나 팬데믹은 효율성(Just-in-time)을 중심으로 하는 기존의 글로벌 가치사슬(GVC)을 안정성과 복원력(Just-in-case)을 중시하는 글로벌 가치사슬로 변화시켰다. 이미 미중 전략경쟁이 본격화된 이후 글로벌 경제의 상호의존성에 균열이 관측되던 상황에서 터진 코로나 팬데믹은 각국 정부들로 하여금 산업의 본국회귀(Re-shoring), 보호무역주의, 공급망의 근거리 배치 등 일국화 또는 지역화(Regionalization)의 대외경제정책 경향을 강화하게끔 만들었다.

이러한 배경 아래에서 글로벌 가치사슬의 핵심적 경로인 국제직접투자(Foreign Direct Investment: FDI)에도 큰 변화가 발생하게 된다. FDI는 초국

---

* 성균관대학교 성균중국연구소 연구교수.

적 기업들이 타국에 생산라인을 설치하는 투자 및 타국기업의 지분을 취득하는 투자를 지칭하며, '생산의 국제화'가 1980년대 이후 본격화되며 FDI는 세계화의 확산과 함께 증가해 왔다.[1] 초국적 기업들이 이윤증가를 위해 FDI를 통해 해외에 사업부를 설치하고 생산을 분절화(fragmentation)한다면, 국가들은 국부의 증가, 전략산업 육성, 고용확대 등을 목적으로 FDI를 유치하려고 한다. 선진국들은 주로 마켓파워와 선진적 제도, 기술우위 등을 바탕으로 초국적기업의 FDI를 유치하려 한다면, 통상 후발공업국들은 자국의 저렴한 노동력이나 천연자원 등을 매력으로 선전하며 FDI를 유치하려 한다.

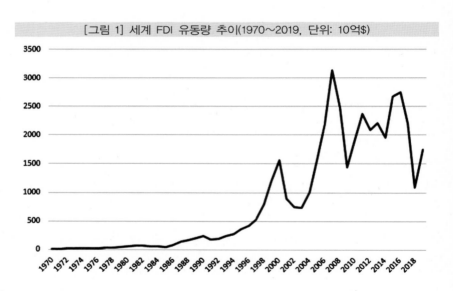

[그림 1] 세계 FDI 유동량 추이(1970~2019, 단위: 10억$)

출처: World Bank.

---

1) 통상 FDI는 유입(Inward FDI)과 유출(Outward FDI)로 구분되며, 이 글에서 언급하는 외국인투자. 혹은 외상투자는 유입 방면의 IFDI를 뜻한다.

세계화의 가장 핵심적 지표라고도 할 수 있는 FDI는 [그림 1]에서 보이듯 1980년대부터 증가하기 시작하여 2008년 글로벌 금융위기 이전까지 급증하였다가, 금융위기 이후 미중 전략경쟁 등 요인에 따라 감소 추세를 보이기 시작했다. 2020년 초 코로나 팬데믹 이후 글로벌 FDI 유동량은 큰 타격을 받게 되는데, 2019년 1.5조 달러에서 1조 달러로 무려 35% 급감했고 이는 글로벌 금융위기 직후인 2009년보다도 20% 감소한 수치이다. 코로나 시기 글로벌 FDI 현황을 지역별로 살펴보면, 먼저 유럽으로의 FDI는 80% 감소로 가장 큰 타격을 입었다. 또 아프리카는 15년 전 수준인 400억 달러(16% 감소)에 그쳤는데, 특히 그린필드 투자가 62%나 감소하여 산업화 추세에 적신호가 켜졌다. 라틴아메리카와 동남아도 각 45%, 25%로 감소하여 위축세를 보였다. 반면, 동 시기 중국으로 FDI 유입은 6% 상승하여 거의 유일하게 FDI가 상승세를 보이는 국가 혹은 지역이었는데, 특히 중국이 미국을 제치고 FDI 유치 세계 1위에 올랐다는 점은 미중 전략경쟁이 치열한 현 상황에서 상징하는 바가 자못 크다(미국의 FDI 유치액은 전년 대비 49% 감소). 나아가 사회주의 체제전환국가들이 유치한 FDI가 58% 감소했다는 사실에 미루어 보면 중국의 약진이 크게 돋보였다고 할 수 있다.

2. 중국의 FDI 개방정책

전술한 코로나 팬데믹 시기 FDI 감소세의 원인으로는 우선 미중 전략경쟁과 코로나 팬데믹 자체의 구조적 영향을 들 수 있다. 그러나 이 구조적 변수가 규제적 성격의 정책수단을 매개로 하여 투자동기 위축으로 이어졌다는 점을 지적하지 않을 수 없다. 〈World Investment Report 2021〉에 따르면 2020년에 도입된 규제정책의 숫자는 전년 대비 150% 증가하였다. 뿐만 아니라 2020년 새로 도입된 전 세계 FDI 정책 중 개방정책은 47.3%이고 규제정책은 32.8%였는데 이는 2003년에서 2016년간 FDI 정책 중 개방정책이 72.2%, 규제정책이 21%를 차지했던 것과 크게 대조되는 수치이다. 비록 이러한 추세가 경향적일지 일시적일지는 두고 보아야 하겠으나, 적어도 많은 나라들이 미중 경쟁과 코로나 팬데믹 속에서 FDI 문호를 더 크게 개방하지는 않은 셈이다.

그러나 같은 시기 중국은 대대적인 FDI 개방 드라이브를 걸고 FDI 제도체계의 개방성을 크게 제고시켰다. 중국 정부는 코로나 팬데믹 이전인 2017년부터 FDI 제도의 개방폭을 확대하였는데, 2018년 〈시장진입 네거티브리스트〉를 도입한 데 이어 2019년에는 〈외상투자법〉(外商投資法)을 제정한다. '네거티브 리스트'는 특정 규제항목을 제외한 모든 거래를 개방하는 제도로서, 제도 자체가 부여하는 투자개방의 효과도 중요하지만 해당 국가의 FDI 제도체계를 총체적 개방하겠다는 원칙 선언으로 볼 수 있다. 또 〈외상투자법〉의 제정은 기존에 3개로 나뉘어 있던 FDI 관련 법규인 이른바 '외자3법'을 하나로 통합하는 법으로서, 회사법, 동업기업법(合夥企業法) 등 국내법과의 충돌 문제를 해소하고 M&A와 청산금 재투자 등 다양한 형태의 FDI를 포괄하며 FDI를 더 진화된 제도체계 내로 편성하게 되었다. 무엇보다도 〈외상투자법〉을 통해 '내국민 대우'가 명시되며 앞서 말한 '네거티브 리스트'와 함께 FDI 개방의 원칙을 확립했다. 이로써 중국이 2001년 WTO 가입 이후 선언은 했으되 실행은 지연해 오던 투자개방체계가 본격적으로 이행하게 되었다.

〈시장진입 네거티브 리스트〉 및 〈외상투자법〉 제정으로 인한 개방성의 확대는 'OECD FDI 규제지수'에서 잘 드러난다([그림 2]). 'OECD FDI 규제지수'는 1.0에 가까울수록 폐쇄적이고 0.0에 가까울수록 개방적임을 의미한다.

중국의 FDI 규제지수는 2015년 무렵까지 대동소이하다가 최근 3년 개방정책 도입에 따라 점차 떨어져 0.214까지 도달한 상태이다. 일종의 대조군으로서 비OECD 국가들의 FDI 규제지수를 살펴볼 필요가 있는데, 브라질 0.081, 베트남 0.130, 아르헨티나 0.131, 인도 0.207, 말레이시아 0.257, 러시아 0.262, 태국 0.268, 인도네시아 0.347 등이다. 물론 중국의 FDI 개방지수는 오랫동안 초국적자본 유치를 통해 수입대체산업화를 꾀해 온 남미 국가들의 개방도에는 미치지 못하나, 인도와 러시아 같은 다른 브릭스 국가들과 동남아 국가들에 비해 뒤처지지 않는 개방수준을 가지게 되었다고 볼 수 있다. 특히 중국이 수년 전까지만 해도 타국에 비해 FDI 규제와 제한이 많은 국가에 속했으나 현재에는 다른 신흥공업국 혹은 전환국가들과 큰 차이가 없는 수준에 도달했다는 점은 최근 도입된 개방정책의 의의가 크다는 사실을 알려준다.

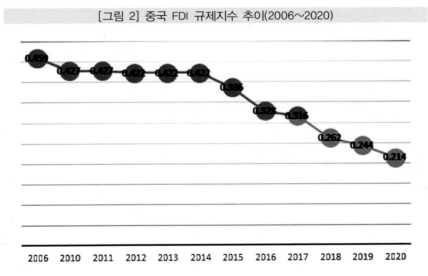

[그림 2] 중국 FDI 규제지수 추이(2006~2020)

주: 1.0으로 갈수록 폐쇄적이고 0.0으로 갈수록 개방적.
출처: OECD Regulatory Restrictiveness Index.

3. 개방의 해석

그렇다면 왜 중국은 전 세계의 FDI 개방이 정체되던 시기에 대대적 개방을 선택했는가? 결론부터 말하면 근 수년간 채택된 중국의 FDI 개방정책의 배경은 상당히 복합적이며, 이는 비단 경제적 요인에만 국한되지 않는다.

1) 제도정비

우선 제도정비를 위한 목적을 들 수 있다. 수십 년간 중국의 FDI 유치를 관장해 온 '외자 3법' 체계는 개혁개방 과정에서 신속한 외자 유치를 위해 국내 회사법 체계의 정비가 선행되지 않은 채 법제도를 도입한 결과였다. 랴오판(廖凡)은 기존 '외자 3법' 체제의 한계를 네 가지로 정리하고 있는데, ①'외자 3법'이 시기적으로 따로 입법된 관계로 법규체계가 지저분해지고 파편화되었고, ②국내의 회사법, 동업기업법(合夥企業法) 등과 충돌 및 중복되었으며, ③시장 진입단계부터 외자기업과 내자기업을 구별해서 대우하여 내국민대우 원칙이 없었다. ④마지막으로, 외자 3법은 신설투자에만 관련되어 있어 외상투자를 전반적으로 포괄하지 못한다.[2] 나아가, 중국이 체결한 양자투자협정(BIT) 및 자유무역협정(FTA)의 증가에 따라 상충적인 법체계 정비의 필요성은 더욱 커져 왔다. 따라서 오랫동안 개혁의 대상이었던 '외자 3법'의 통폐합은 최근의 제도변화를 직접적으로 설명해 주는 원인 중 하나라고 볼 수 있다.

---

2) 廖凡,「『外商投資法』: 背景, 創新與展望」,『廈門大學學報(哲學社會科學版)』第3期 (2020), pp.141.

2) 대외압력에의 대응

하지만 제도정비만으로 최근의 FDI 개방정책을 설명하는 것은 왜 하필 제도개혁이 지금에 와서야 일어나게 되었는지를 설명하기 힘들다. 따라서 외부로 눈을 돌려 그 원인을 탐색해 볼 필요가 있다. 여기에서 주목할 필요가 있는 것은 외부의 개방압력으로, 대표적 예로 미국은 그간 직접적으로 금융업 및 투자업의 개방을 요구해 왔으며 트럼프 행정부 시절 그러한 요구는 공격적으로 강화되었다. 상무부의 2017년 보고서 〈중미 무역관계에 관한 연구보고〉(關於中美經貿關系的研究報告)에 따르면 미국은 은행, 증권, 보험, 문화, 제조업 등의 투자개방을 요구해 왔고, 중국정부는 이러한 개방압력에 대한 대응으로 네거티브 리스트의 축소, 자유무역시험구 설립, 통신 및 차량용 2차전지, 주유소 등 업종에 대한 FDI 문턱을 낮췄다는 점, 외국인 투자기업에 대한 여러 인센티브 조치를 시행하고 있음을 피력하고 있다.[3] 또한 기존의 외자3법이 〈외상투자법〉으로 통폐합되며 미국이 지속적으로 제기해 온 쟁점—예컨대 지적재산권 보호와 기술이전 강요 금지—에 관련된 규정이 명시되어 미국의 압력에 대응하는 모양새를 띠고 있다. 이로 미루어 볼 때 FDI 개방의 주요 원인 중 하나는 미중 경제분쟁 속 미국의 압력으로 볼 수 있다. 실제로 트럼프 행정부는 단순히 무역적자와 환율조작만이 아니라 FDI 문호 개방을 직접 요구했는데, 이는 상기 FDI 개방정책 중 금융서비스 관련 사항이 2020년 1월 서명된 〈미중 1단계 무역합의안〉에서 다시금 재확인되었다는 면에서 드러난다.

---

3) 중국 상무부, 『關於中美經貿關系的研究報告』(2017), pp.52–53.

3) 투자자 회귀

앞의 두 변수가 국내 제도완비 및 외생변수라면, 투자자 회귀는 중국 경제발전의 장기적 원천으로서의 FDI에 관한 것이다. "시장을 열어 기술을 얻는다(市場換技術)"로 상징되듯, 중국은 1990년대 이후 FDI를 대거 유치하며 경제발전의 재원과 기술발전의 계기를 마련했다. [표 2]에서 알 수 있듯, 1990년대 중국의 FDI는 GDP대비 비중과 총고정자본형성(固定資本形成)에서 모두, 글로벌 금융위기 전까지 글로벌 FDI를 주도했던 선진국과 비교했을 때에도 더 높은 의존도를 보였고, FDI 의존도가 낮은 편인 한국과 일본과 비교했을 때는 월등한 수준이었다. 그러나 이 수치는 2000년대 접어들어 하락하기 시작했고 최근 들어서는 더욱 감소하고 있다([표 2] 참조).

[표 1] 총고정자본형성과 GDP에서 FDI가 차지하는 비중

구분	FDI/총고정자본형성				FDI/GDP			
시기	1980 ~1989	1990 ~1999	2000 ~2009	2010 ~2016	1980 ~1989	1990 ~1999	2000 ~2009	2010 ~2016
미국	3.30%	4.90%	6.30%	8.50%	0.80%	1.10%	1.40%	1.60%
EU28	2.80%	8.20%	15.30%	12.30%	0.60%	1.80%	3.30%	2.40%
일본	0.10%	0.20%	0.80%	0.30%	0.00%	0.10%	0.20%	0.10%
한국	1.20%	2.10%	3.90%	2.50%	0.40%	0.70%	1.20%	0.70%
중국	1.50%	11.30%	7.70%	3.20%	0.50%	3.70%	2.90%	1.40%

출처: 박재곤, 정진섭, 「글로벌 시대 지역의 외국인직접투자 유치전략」, 〈표3-2〉

[표 2] 중국의 총고정자본형성과 GDP에서 FDI가 차지하는 비중(2017~2019)

연도	2017	2018	2019
FDI/GDP	1.35%	1.69%	1.31%
FDI/고정자본형성	3.14%	3.87%	3.03%

출처: World Bank 참조하여 필자 계산.

이러한 수치의 변화는 기존에 저임금을 노리고 중국에 진출했던 외국인 투자기업들이 인건비의 상승 등을 이유로 중국을 이탈하는 경향이 반영되었다고 볼 수 있다. 경상수지 흑자폭이 점차 줄어들고 있는 상황에서, FDI 유입이 지닌 장기재원 확충, 선진기술 습득 등의 장점을 포기하기는 어렵다. 특히 근 십년에 가까운 시간 동안 중국 정부가 '내수위주 고부가가치 발전'을 계획하고 있기에, 첨단기술 방면 FDI를 적극 유치하여 기술확충의 전기로 삼겠다는 의도는 자연스럽다. 바꿔 말해, 떠나는 투자자를 다시 회귀시키고 국가발전전략에 유리한 FDI(첨단기술, 높은 고용효과의)를 유치하는 것은 중국이 '중진국의 함정'에 빠지지 않고 계속 전진할 수 있는 원동력이라고 볼 수 있다.

4. 맺는 말

코로나 팬데믹 시기에 중국은 복합적인 목적에서 적극적인 FDI 개방정책을 펼치고 있다. 제도정비 자체의 목적이 그 가장 명시적인 원인이라면, 미국 개방압력에의 대응 목적에는 현재 미중경쟁 국면에서 미국의 단기적 공세를 둔화시키려는 전략 의도가 투사되어 있다. 나아가 보다 중장기적 시야에서 보자면 FDI 개방은 현재 중국이 획책하고 있는 '내수위주 고부가가치 발전'의 효과적인 방법이 될 수 있다.

다만 중국의 FDI 개방정책이 모든 외국인 투자자들에게 우호적인 환경의 조성을 의미하는 것만은 아니다. 〈외상투자법〉은 프로토타입이라고 할 수 있는 〈외국투자법(의견수렴안 초안)〉에 비해 훨씬 간명하고 원칙 위주로 제정되었는데, 여기에 포함되지 않은 세부사항은 모두 국내법—주로 회사법—의 규제를 받게 되었고, 기설립된 외상투자기업들은 〈회사법〉에 부합하도록 합작계약을 새로 체결하거나 정관 등을 수정해야 하는 상황에 놓이게 되었다. 그런데 현행 〈회사법〉에 따르면 동사회 구성, 이윤배당 등 주요 지배구조 관련 안건을 지분비율에 따른 주주 결의방식(주주총회를 통한)으로 처리하게 되므로, 기존의 합작법인은 새롭게 열리게 된 지분구성을 놓고 유리한 포지셔닝을 위해 주판알을 튕겨야만 하게 되었다. 이 과정에서 해당 법인을 둘러싸고 있는 정관계 인물들과의 꽌시(*guanxi*) 형성, 로컬 행위자들과의 복잡한 이해관계 등은 불확실성을 높이는 리스크로 작용할 수 있다. 나아가, 미래의 어느 시점에 모종의 이유로 〈회사법〉이 외국인 투자자의 권리보장과는 반대 방향으로 조정된다면, 외국인 투자자들은 원칙만이 명시된 〈외상투자법〉의 그늘 아래에서 자칫 새롭게 생겨난 비공식적 규제와 관행에 직면하게 될 수도 있다. 분명히 일반적 자유경쟁시장에서의 '내국민대우' 조항은 외국투자자에 대한 차별을 철폐하는 일이지만, 규제와 관행이 지배하는 시장의 '내국민대우' 조항이라면 기존의 '외상투자자 특혜'에 비해 더 큰 차별이 될 수도 있다.

중국 자본시장의 개방과정 및 현황

덩신(鄧鑫)*

중국공산당은 제19차 전국대표대회 보고에서 중국이 '현대적 경제체제 구축'을 이뤄내려면 "새로운 전면적인 개방 구도를 형성해야 한다"고 제시했다. 이는 '전면적인 금융개방의 새로운 구도 형성'이라는 목표를 담고 있다. 시진핑 주석은 "금융업의 대외 개방 확대는 중국 대외 개방의 중요한 부분"이라고 강조했다. 이는 금융개방이 중국 경제개방의 중요한 부분이 되었음을 말해준다. 전면적인 금융개방이 없다면, 새로운 형태의 전면적인 개방은 불가능하다. 금융개방의 중요한 구성 부분인 중국 자본시장은 시장개방의 강도를 지속해서 강화하였고, 과거 상대적으로 폐쇄되었던 증권시장이 다양한 경로를 통해 국제시장과 질서 있게 연결될 수 있도록 하였다.

중국 자본시장의 개방 과정은 세 단계를 거쳤으며, 각 단계의 시간대는 아래의 [표 1]과 같다.

---

* 후난공상대학교 재정금융학원 부교수.

[표 1] 중국 자본시장의 흐름

단계	개방 프로세스	시기
1단계 : 해외주식 별도 발행 외국인 전용 주식 단독 발행	B주(B share) 상장	1992년 2월
2단계 : 단방향 개방	QFII	2002년 12월
	QDII	2006년 4월
	RQFII	2011년 12월
3단계 : 쌍방향 개방	후강퉁(滬港通)	2014년 11월
	선강퉁(深港通)	2016년 12월
	채권퉁(債券通)	2017년 7월
	후룬퉁(滬倫通)	2019년 6월
	크로스보더 재테크퉁(跨境理財通)	2020년 6월

출처: World Bank 참조하여 필자 계산.

1. 첫 번째 단계: 외국인 전용 주식(B주) 단독 발행

외국인 전용 주식은 B주라고도 불린다. B주는 인민폐로 액면가를 표시하고 외화를 통해 매입과 매매를 진행하며, 중국 내 상하이(上海)와 선전(深圳) 증권거래소에 상장하여 거래하는 외국인 전용 주식을 말한다. 주요 참여자는 외국 국적의 자연인과 법인 및 기타 조직, 홍콩, 마카오, 대만 지역의 자연인과 법인 및 기타 조직, 장기적으로 외국에 정착한 중국인 그리고 중국증권감독위원회가 정한 기타 투자자를 포함한다. 현 단계에서 B주 투자자는 이와 같은 기관 투자자들이 주를 이루고 있다. 이 시장은 중국 자본시장개방 초기 시험대였던 만큼 국내와 해외 시장을 완전히 분리하는 형태로 대외 개방을 일정부분 보장하여 당시 미숙했던 중국 증시에 외국 자본 유입이 불필요한 영향을 주는 것을 피했다. B주 시장이 형성될 당시 B주

18종이 상장되었고, A주와 B주 총 발행량의 25.4%를 차지했다. B주 시장은 2001년 2월 19일부터 중국 투자자들에게 개방되었다. 2020년 12월까지 B주는 93주가 남았으며 이는 A, B주 전체 발행 규모의 2.9%에 불과하다.

2. 두 번째 단계: 기관 투자자 위주의 단방향 개방

적격외국기관투자자(Qualified Foreign Institutional Investor, 이하 QFII)는 일종의 과도적 제도로서 많은 국가와 지역(한국, 중국 대만, 인도, 브라질 등 포함)에서 채택되었다. 이러한 시장 경험을 통해 QFII는 자국 통화의 교환이 자유롭게 이뤄지지 않을 때 자본시장을 통해 외자를 안정적으로 유치하는 방식이자 정부의 외환 감독과 거시 경제 관리를 용이하게 하면서도 자본 유동, 특히 단기 부동자금이 국내 경제와 증시에 미치는 충격을 줄이는 데 큰 도움이 된다는 것을 보여줬다. 중국은 QFII를 추진하는 과정에서 먼저 국제적으로 유명한 대형 금융기관을 대상으로 하였다. 그 후로 점차 국외 기관에 대한 진입장벽을 낮췄고, 주식시장에서 채권 시장으로 투자 범위를 넓혔다. 이에 대한 과정은 [표 2]와 같다.

QFII에 상응하는 위안화 적격외국기관투자자(RMB Qualified Foreign Institutional Investor, 이하 RQFII) 제도는 2011년 인민폐의 국제화를 가속하기 위한 중요한 수단으로 제정되었다. RQFII는 외국 기관투자자들이 승인 한도 내의 외화를 인민폐로 바꾸어 중국 내 자본시장에 투자할 수 있도록 한 것이다. 인가를 받은 1차 기관은 중국 내 펀드사와 증권사의 홍콩 자회사로, 이들은 홍콩에서 모집한 인민폐 자금을 운영하여 중국 역내 시장에 투자했다. 이후, RQFII는 더 많은 국가와 지역으로 확대하려 했다. 2020년

[표 2] QFII 실행과 개혁 과정

2002년 12월	중국 증권감독위원회와 인민은행이 〈적격 국외 기관 투자자 경내 증권 투자 관리 임시 방법〉 공포
2003년 7월	스위스 은행 QFII 1차 주문
2005년 5월	범아시아채권지수펀드가 은행 간 채권 시장의 첫 번째 외국인 기관투자자로 승인
2010년 8월	경외 인민폐 청산은행 등 3개 기관의 은행 간 채권 시장 투자 허용
2013년 3월	QFII의 은행 간 채권 시장과 주가지수 선물 시장 진입 허용
2016년 2월	단일 QFII 기구의 투자 한도 상황을 완화하고, 투자 한도 심사 관리를 간소화하며, 원금 잠금 기간을 단축함 은행 간 채권 시장을 각종 국외 금융기관에 개방하고 한도 제한을 철폐함
2018년 6월	QFII 자금의 송금 비율 요구와 QFII 원금 보존 기간 요구 취소, QFII 외환 헤지(Hedge) 실행
2019년 1월	QFII 승인 한도 1,500억 달러에서 3,000억 달러로 상향
2020년 5월	〈외국 기관투자자의 중국내 증권 선물 투자 펀드 운용에 관한 규정〉 공포, QFII 한도 관리 취소

출처: 중국 국가외환관리국

5월까지 중국외환관리국은 GFII 및 RQFII 한도 제한을 동시에 해체한다고 발표했다. 이는 등록만으로도 외국인 기관투자자가 독립적으로 자금 송금 시기와 화폐를 선택하고 요건에 맞는 증권투자를 진행할 수 있게 된 것이며, 이로 인해 외국인투자가의 중국 자본시장 참여 편의성이 크게 향상됐다는 것을 의미한다. 2020년 5월 7일을 기준으로 총 327개의 QFII가 1,146억 6,000만 달러의 투자 한도를 승인 받았으며, 268개의 RQFII 기관이 7,587억 7,200만 위안의 투자 할당량을 승인 받았다. QFII / RQFII는 A주 409개사 상위 10대 유통 주주 명단에 이름을 올려 시가총액 1,697억 6,100만 위안 규모의 총 104억 9,100만 주를 보유했다. 시가총액이 100억 위안을 넘는 곳은 닝보은행(寧波銀行), 메이디그룹(美的集團), 베이징은행(北京銀行)이 등이 있다. 자유 유통 주식 시장가치에서 주식 시장가치가 차지하는 비율을 보면

1~5위는 닝보은행(45.09%), 난징은행(南京銀行)(24.39%), 장쑤리스(江蘇租賃)(20.29%), FLYCO(飛科電器)(19.43%), 베이징은행(18.83%)이 차지했다.

2006년 중국 인민은행(人民銀行)은 '시중 은행이 고객의 역외 자산관리업무 관리를 대행할 수 있는 임시 방법 개설(商業銀行開辦代客境外理財業務管理暫行辦法)'을 발표하고 적격국내기관투자자(Qualified Domestic Institutional Investor, 이하 QDII) 제도를 도입했다. QDII는 QFII와 유기적으로 작동하여 기관투자자들을 중심으로 쌍방향 자본 이동 채널을 구성했다. QDII는 중국 본토 주민들이 외화를 사용하여 홍콩 및 다른 국가와 지역의 자본시장에 투자할 수 있도록 하고 글로벌 시장 수익을 얻도록 허용하는 것을 의미한다. QDII는 중국은행이 먼저 시작한 역외 바이어 재테크 서비스로 공상은행(工商銀行), 초상은행(招商銀行)도 이미 이 사업을 진행하고 있다. 최근 몇 년간 QDII 한도가 발급되는 투자 주체가 날로 다양해지고 있으며, 은행, 재테크 자회사(자산운용사의 개념), 펀드사, 증권사, 보험사, 신탁사 등의 금융기관을 포함하고 있다. QDII는 중국이 질서 있는 자본시장 개방 경험을 쌓을 수 있도록 하여 중국 본토 기관투자자 육성에 긍정적인 역할을 하고 있으며, 특히 홍콩 자본시장에도 긍정적인 역할을 하고 있다. 이러한 완만한 개방 방식과 조치는 역외 자본 유입과 역내 투자 수요를 충족시킬 뿐만 아니라 해외 성숙 자본시장의 변동이 중국 자본에 미치는 위험을 효과적으로 감소시켜 전반적으로 다국적 자금의 흐름을 안정적이고 질서 있게 한다. 이는 중국의 실정과 미숙한 시장 체제 환경을 동시에 고려해 선택한 결과이며, 중국 국가외환관리국은 2021년 6월까지 173개 QDII 기관의 투자 한도를 1,473억1,900만 달러로 누적 승인했다.

3. 세 번째 단계: 다원화된 쌍방향 개방

QFII, RQFII, QDII는 모두 양측의 기관이 단방향으로 분리되어 있다. 2014년 11월 출범한 '후강퉁(滬港通)'은 상하이증권거래소와 홍콩증권거래소를 잇는 연결 채널을 열어 최초로 중국 자본시장의 쌍방향 개방을 실현했다. 중국 본토와 홍콩 투자자가 서로의 지역에 투자할 수 있게 된 것이다. 연간 거래 총액과 일 거래액으로 나뉘었던 한도 제한을 일 거래액 제한만 남겨두었고, 일 거래액은 105억 원에서 520억 원으로 상향 조정했다. 거래 범위를 살펴보면, 상하이(上海)는 상하이증권거래소에서 가장 대표적이고 떠오르는 블루칩을 주로 다루고 있고, 홍콩은 홍콩증권거래소의 대형주와 중형주를 포진시켰다. 이와 더불어, 상하이·홍콩증시는 중국 본토와 홍콩의 투자자들에게 상응하는 우대 정책을 펼치며 투자자들의 열의를 높이고 있다. 2016년 12월 출범한 '선강퉁(深港通)'은 '후강퉁(滬港通)'의 경험을 흡수했을 뿐만 아니라, 다양한 유형의 투자자들의 요구사항을 더 잘 충족시키기 위해 관련 거래 시스템을 더욱 개선했다. 개선된 내용은 크게 세 가지로 첫째, 초기 단계에는 총 한도 제한이 없다. 둘째, 목표 주식의 범위가 넓어져 두 지역의 투자자는 상대방 시장의 소형주에 투자할 수 있다. 셋째, 거래의 종류가 더욱 다양해졌다는 점이다.

중국 본토와 홍콩의 자본시장의 중요한 연결고리인 상하이, 선전, 홍콩주식거래소는 그동안 인민폐 자본 계좌가 자유롭게 전환되지 않았던 조건에서 중국 내외 개인투자자들에게 쌍방향 투자의 문을 성공적으로 열었다고 할 수 있다. 이는 중국 자본시장의 대외 개방에 중요한 의미를 갖는다. 이는 양국 자본시장의 교류협력이 심화되는 것에 도움이 될 뿐만 아니라, 중국 내륙의 금융개혁에 발맞춘 중요한 조치이며, 동시에 위안화의 국제화를 촉진하여 중국 금융시장의 종합적인 경쟁력을 확실히 제고시켰다. 중국 A주가 미국 '모건스탠리 캐피털인터내셔널(MSCI)' 지수와 영국 FTSE 러셀 지수에 편입되면서 앞으로 더 많은 외국인 투자자들이 어떤 형태로든 중국 자본시장에 진출할 것으로 보인다. 이를 통해 현재 A주가 개인투자자 거래를 주도하고 있는 투자자 구조를 개선하고 자본시장 가격결정 효율성과 자원 배치의 효율성을 높일 수 있을 것이다.

2020년 12월 31일을 기준으로 후강퉁 북향자금(北向资金, 후강퉁과 선강퉁 제도 아래에서 홍콩증권거래소를 통해 중국 본토 A주로 유입된 외국인 투자 자금, 여기서 북(北)은 중국 본토를 의미)의 누적 순유입은 1조 876억 9천5백만 위안으로 A주 유통 시가총액의 2.38%를 차지했다. 남향자금(南向资金, 후강퉁과 선강퉁을 통해 홍콩 주식을 사는 본토 자금, 여기서 남(南)은 홍콩을 의미)의 누계 순유입은 1조 5,308억 1천300백만 위안으로 홍콩 주식 시가총액의 0.49%를 차지한다. 선강퉁 북향자금의 누적 순자본 유입액은 9,288억 600만 위안으로 홍콩 주식 시가총액의 2.03%를 차지했다. 남향자금의 누적 순유입액은 8,370억 5천만 위안으로 홍콩 주식 시가총액의 0.28%를 차지했다. 이와 같은 데이터는 후·선강퉁(滬深港通)에 따른 거래가 본토와 홍콩 시장에 많은 영향을 미치며 무시할 수 없는 힘이 되었음을 의미한다.

이후 출시된 '채권퉁(債券通)' 역시 쌍방향 개방을 계승했다. 채권퉁은 중국 본토와 홍콩의 채권 시장을 상호 연결하기 위한 혁신적인 협력 메커니즘이다. 중국의 국내외 투자자들은 홍콩과 본토 채권 시장을 통해 홍콩과 본토 채권 시장에서 거래되는 유통 채권을 사고 팔 수 있다. 그중, '베이샹퉁(北向通, 홍콩 투자자들의 중국 채권 시장 투자)'은 2017년 7월 3일 개설되어 국제 투자자들이 중국 은행 간 채권 시장에 참여할 수 있는 편리한 통로가 되었다. 2021년 9월을 기준으로 외국 기관투자자는 34개 국가와 지역에 2,730곳이 넘고, 하루 평균 거래량은 263억 위안, 외국인 투자자의 총 보유액은 3조 7,700억 위안에 달했다. 2021년 말까지 개통 예정인 '난샹퉁(南向通)'의 초기 투자 채권 범위는 주로 홍콩금융관리국의 채무공구중앙결제(CMU)가 주관하는 홍콩달러와 위안화 채권이다.

홍콩이라는 중요한 매개체 없이 상하이 증권 거래소는 런던 증권 거래소와 협력하여 '후룬퉁(滬倫通, 상하이 런던증시 교차매매 제도)'을 개설했다. 이는 중국 자본시장이 주변 시장에서 더 넓은 대외 개방으로 나아감에 있어 중요한 한 걸음이 되었다. 중국증권감독위원회가 2018년 〈상하이증권거래소와 런던증권거래소의 상호 예탁 증서 업무에 대한 감독 규정(시행)〉과 상하이증권거래소의 지원 규정을 발표했다. 이어 중국증권감독위원회와 영국 금융행위관리국이 2019년 6월 17일 후룬퉁 개통을 〈연합공보〉로 공식 발표했다.

후룬퉁의 주식 예탁 증서는 동향 증권(東向業務)와 서향 증권(西向業務)을 포함하고 있다. 동향 증권은 조건에 부합하는 런던증권거래소의 유자격 상장사가 상하이증권거래소 메인보드에 중국 예탁 증서(CDR, 미국 주식예탁증서(ADR)와 유사한 개념으로, 해외에 상장된 중국 기업들의 주식 거래를 중국 본토에서 가능하게 하는 제도)를 상장하는 것을 말한다. 서향 증권은 조건에 부합하는 거래소의 A주식 상장회사가 런던증권거래소 메인보드에 해외주식예탁증서(GDR)를 상장하는 것을 말한다. 예탁 증빙과 기초 주식의 상호 전환이 가능해 상하이와 런던 두 시장 간의 상호 연결이 가능하다. 〈연합 공고〉에 따르면 시범 운영 초기 서향 증권의 총 규모는 3,000억 위안이고, 동향 증권의 총 규모는 2,500억 위안이다. 2020년 말을 기준으로 4개 상하이 증권 거래소에서 상장회사[1]의 해외주식예탁증서(GDR) 상품이

런던증권거래소에서 거래되었다.

주식시장과 채권시장 개방에 이어 중국 자본시장의 개방도 확대됐다. 2020년 6월, 중국 인민은행은 〈인민은행과 홍콩금융관리국, 마카오금융관리국의 크로스보더 재테크퉁(跨境理財通) 업무 시범 실시 공고〉를 발표했다. 이는〈웨강아오대만구(粤港澳大灣區) 발전 계획 개요〉를 실행하여 '홍콩과 본토 주민·기관 간 교차 투자 공간 확대, 두 지역 주민이 서로의 금융상품에 투자할 수 있는 창구도 점진적으로 확대하라'는 요구를 이행하기 위함이다.

'크로스보더 재테크퉁'은 광둥성(粤), 홍콩(港), 마카오(澳) 3개 지역의 개인 재테크 상품 관리에 관한 법률과 국제 관례를 모두 따른다. '크로스보더 재테크퉁'의 업무는 베이샹퉁(北向通)과 난샹퉁(南向通, 중국 투자자의 홍콩 채권 시장 투자)으로 나뉜다. '베이샹퉁'은 홍콩·마카오 투자자들이 광둥·홍콩·마카오의 본토 위탁은행에 개인투자계좌를 개설하고 폐쇄적인 자본 채널을 통해 자금을 송금해 본토 위탁은행이 판매하는 투자상품을 구매하는 것을 의미한다. '난샹퉁'은 '웨강아오대만구'의 본토 투자자들이 홍콩·마카오 판매 은행에 개인투자계좌를 개설하고 폐쇄적인 자본 채널을 통해 자금을 송금하여 홍콩·마카오 판매 은행이 판매하는 투자상품을 구매하는 것을 의미한다.

현재, '베이샹퉁'과 '난샹퉁'의 국경을 넘나드는 자금의 흐름에 대해 총 한도와 개별 투자자 한도 관리가 시행되고 있으며, 총 한도는 거시 건전성 계수(宏观审慎系数)를 통해 유동적으로 조정된다. 투자 상품 관점에서 보면, '베이샹퉁'이 설정한 투자상품 범위는 중국의 현재 관리 상품 특징과 부합하며, 중저위험 상품을 위주로 하여 홍콩과 마카오 지역의 같은 상품과의

---

1) 화타이증권(華泰證券), 중국 타이바오(中國太保), 창장전력(長江電力), 국투전력(國投電力).

경쟁에서 비교 우위를 가진다. '난샹퉁'의 투자 상품은 홍콩, 마카오의 관리 부서에서 정하고 있는데 아직 세부 규칙은 정해지지 않았다. 일반 투자자로 하여금 점차적으로 두 지역의 재산 상품과 환경에 대한 인식을 높일 필요가 있다는 것을 고려했을 때, '난샹퉁'의 출발 단계는 주로 예금 및 중저위험 채권과 복잡하지 않은 채권, 현지인가 펀드 등의 재테크 상품들이 포함될 것이다. 또한, 일부 구조적 상품이나 선물과 옵션과 같은 파생상품은 적격 상품에 포함되지 않을 것으로 예상된다.

　본고의 분석을 통해 우리는 중국이 세계에 점차 자본시장을 개방하고 있음을 알 수 있다. 본고는 이를 해외 외국인 전용 주식 시장 구축, 기관투자자를 중심으로 한 단방향 개방과 다원화된 쌍방향 개방 등 3단계로 요약하고 있다. 세 단계가 교체되는 것이 아니라 각 단계를 보완하고 완벽하게 한다는 점에 주목할 필요가 있다. 이 세 단계는 또한 중국의 각기 다른 경제 발전 시기에 대응하며, 서로 다른 시기의 경제 발전 목표에 기여하고 있다. 중국 자본시장은 개혁과 조정을 통해 과거 들어가기는 쉽지만 나오기 어렵고 제한이 많았던 과거의 모습에서 오늘날 다양한 채널과 쌍방향 이동이 가능한 모습으로 점진적으로 전환되었다. 이러한 개방 과정은 전형적인 '점진적인 방식'이라는 특색을 가지고 있다. 점진적인 개방 모델은 중국 경제로 하여금 자본시장 개방이 가져오는 많은 이점을 누릴 수 있게 하였다. 자본 원가를 낮추어 경제 성장을 촉진하고, 시장 마찰을 줄이고 시장 효율을 높이며 투자자의 구조를 개선하는 등 자본시장이 외부 환경과 위험 요소에 대해 충분한 시간으로 적응하도록 했다.

　그러나 국제상용지표인 친-이토 지수(Chin-Ito index)에 따르면 1993년부터 2020년까지 중국의 금융시장 개방도는 장기적으로 -1.21 안팎을 유지한 반면, 미국, 영국, 일본, 한국 등은 2.35를 기록했다. 이는 중국의 전반적인 금융개방 수준이 아직 높지 않다는 것을 말해주고 있다. 중국의 금융개방 수준을 개선하기 위해서는 앞으로 금융개방의 강도를 더욱 높여야 한다. 그러나 더욱 강조해야 하는 점은 중국의 금융개방의 성패가 금융 감독 능력에 달려 있다는 것이다. 금융 감독 수준이 높을수록 금융개방의 잠재력은 커지고 개방의 정도는 높아진다. 따라서 중국이 전면적인 금융개방을 추진하기 위해서는 금융감독 시스템 강화를 반드시 이루어야 할 것이다.

한중관계의 도전 요인과 극복의 길

김현주(金賢珠)*

2022년은 한중수교 30주년이 되는 해이다. 1992년 한중수교 이후, 한국과 중국은 꾸준히 우호적 협력관계를 점차 발전시켜오고 있는 만큼 무척이나 의미 있는 해이지만, 안타깝게도 2016년 사드문제를 시작으로 해서 최근에는 코로나19 문제까지 겹쳐 지속적으로 관계가 악화되고 있어 그 전망이 밝지만은 않다. 게다가 서구적 가치체계와 구별되는 중국의 부상 자체가 특히 미국, 일본, 유럽 등 기존의 선진국들에게는 헤게모니적 위협으로 인식되고 있기 때문에, 부정적 전망이 지배적이다. 한중관계는 특히나 국제환경에 영향을 많이 받는 만큼, 그러한 우려는 단순한 기우는 아닐 것이다. 카네기 국제평화재단의 에반 파이겐바움(Evan Feigenbaum)이 말한 "두 개의 아시아", 즉 경제적 아시아와 안보 아시아 사이에 한중관계가 위치하고 있기 때문에, 경제영역과 안보영역의 불일치로 인해 불안정할 수밖에 없다.

* 원광대학교 동북아시아인문사회연구소 HK교수.

이런 상황에서 그래도 우리는 한중관계가 더 발전적 방향으로 나아갈 수 있도록 해야 한다. 그러기 위해서는 우선 한중관계에 영향을 미치는 요인들을 꼼꼼히 살펴보고 분석한 후 부정적 결과보다는 긍정적 결과를 도출할 수 있는 방안을 마련해야 할 것이다.

1. 한중관계의 도전요인들

한중관계에 영향을 미치는 요인은 크게 사회문화적 요인, 정치 및 외교적 요인, 경제적 요인, 그리고 국제적 요인 등으로 나누어 볼 수 있다. 구체적으로 살펴보면 다양한 요인들이 있겠지만, 최근의 이슈들만을 고려하면 우선 사회문화적 요인으로는 서로에 대한 대중의 반감 증가를 들 수 있다. 중국의 경우, 민족주의와 애국주의 정서의 과열화로 인해 한국에 대한 부정적 정서가 증가하고 있다. 외교관의 언행에 대중이 민감하게 반응하고, 그것이 다시 외교관의 언행에 영향을 줌으로써 연쇄반응을 일으키고 있다. 이것은 중국 '전랑외교(wolf warrior diplomacy)'의 원인 중 하나라는 지적도 있다. 한국의 경우도 중국에 대한 부정적 인식이 증가하고 있다. 2020년 10월 Pew global poll에 의하면, 83%의 한국인들이 중국의 시진핑 주석이 세계 문제에 있어서 옳은 선택을 할 것이라는 점에 회의적일 뿐만 아니라, 4분의 3의 한국인이 중국에 반감을 갖고 있다. 2002년 3분의 1이 반감을 가졌던 것에 비해 큰 폭으로 증가한 것이라는 것을 알 수 있다.

둘째, 정치 및 외교적 요인을 들 수 있다. 중국의 경우 중공 19대 이래 신형대국외교를 모토로 내세우고 있는데, 용어에 있어서 '대국' 외교라는 개념 설정이 주변국에 반감을 일으키는 원인을 제공하였다. '대국'이라는 개념이

품고 있는 위압감은 차치하고라도, 국제관계를 미중관계로 환원시키는 결과를 초래하기도 했다. 그리하여 미중관계만이 중요하다는 인식을 조장하여 주변국, 특히 한국의 소외감이 커진 것이다. 중국은 주변외교를 중시한다고 강조해왔지만, 중국 주변의 국가들에 대한 중요도가 떨어졌다는 인상을 준 셈이다. 이것은 기존 국제관계와 다른 새로운 국제관계의 건설, 그리고 미국 중심의 질서와는 다른 평등하고 민주적인 국제질서의 구축이라는 구상이 사실은 그것과 배치된다는 인상을 심어주기에 충분했다. 그 외에 중요한 정치 및 외교적 요인의 하나로 사드로 인한 중국의 제재를 빼놓을 수 없다. 2016년 한국의 사드(the Terminal High Altitude Area Defense missile defense system, THAAD) 설치 이후 한국에 대한 중국의 경제 및 문화적 제재는 중국 내에서 반한감정을 불러왔고, 그에 대해 한국의 대중은 공격적이고 적극주의적인 중국의 면모에 반감을 갖게 되었다. 그와 더불어 중국 정부와 외교부 인사들의 강경하고 공격적인 발언이 중국에 대한 반감을 부추긴 원인을 제공하였고, 그것을 다시 한국 내 보수정당이 대중의 반중감정을 정부 비판을 위한 도구로 활용함으로써 양국의 사이를 점점 벌려놓고 있다. 물론 대중의 반중감정이 악화되는 것과 달리 한국의 진보정부는 친중적 혹은 신중한 입장을 고수해왔다. 그러나 한국인들은 오랜 동안 반공교육을 받아왔기 때문에 사회주의 중국에 대한 이데올로기적 반감이 바탕에 있는데다, 한중 수교 이후 중국과의 교류가 늘어남에 따라 인터넷이나 현실에서 중국인들을 만날 기회가 증가하였고, 그들이 만난 중국인들과의 문화적 차이와 충돌을 경험함에 따라 반감이 줄어들지 않고 있다.

사드문제뿐만 아니라, 한중관계에 더 중요한 영향을 주는 요인은 북한문제이다. 중국은 북한을 군사적, 정치적 혈맹관계로 여기고 있고, 북핵문제 해결에 있어서는 북한을 대화로 이끄는 역할은 하지만 그 이상은 하지 않는 소극적 역할만을 수행함으로써, 한반도 비핵화에 대한 의지를 보여주고 있지 않다. 북핵문제가 항상 미국이 동아시아 안보를 위협하는 중요한 요인이라는 점을 감안한다면, 그리고 미국이 동아시아에서 주도적 위치를 점할 수 없도록 하려면, 한반도의 전쟁 위기를 최소화해야 할 것이며, 그를 위해서는 한반도 비핵화 실현을 우선시해야 한다는 점을 간과하고 있는 것이다. 북한이 한국은 물론 미국과 일본 등을 군사적으로 도발하도록 계속해서 용인한다면, 동아시아의 미국 개입은 불가피할 것이다. 그러므로 사드문제가 관건이 아니라, 북한 문제가 관건이라는 점을 인식해야 한다. 게다가 중국이 사드문제를 둘러싸고 한국에 대해 감행했던 보복과 북핵 문제에 있어서 북한에게 보여준 태도의 불균형, 북한과 중국이 동맹관계라는 것을 감안해도, 한국인들에게는 중국이 한국보다는 북한에 기울어져있는 것으로 보인다는 점이다. 그리고 그것은 역으로 한국도 중국보다는 미국에 당연히 기울어져야 한다는 당위성으로 비쳐질 수 있다는 점도 고려해야 한다.

셋째, 경제적 요인으로는 거시적 맥락에서의 글로벌 경제 환경의 변화를 들 수 있다. 글로벌 금융 위기 이후 첨예화된 글로벌 경제 환경, 즉 보호무역주의 확산, 지역주의 확산, 미중 무역갈등 등이 한중관계에 부정적 영향을 미치고 있다. 세계 경제의 불안정성이 증가하면서 한중관계의 불안정성도 함께 증가하고 있는 것이다.

2015년 11월 30일 한중 FTA가 성립하고, 12월 20일 공식 발효한 이래 한중 간의 산업 사슬(產業鏈), 공급사슬(供應鏈), 가치사슬(價值鏈)이 밀접하게 연계되어 있어, 경제의 전반적인 측면에 영향을 주고 있다. 이것은 한중관계가 쉽게 소원해질 수 없는 이유를 설명해준다. 한국은 대외의존도가 높고, 특히 중국에 대한 의존도가 크다. 한국의 해외무역에서 중국이 차지하는 비중은 무시할 수 없는 수준이다. 중국의 개혁개방 이후 한중 무역 및 경제관계를 감안한다면, 양국 간의 경제적 유대를 해치는 것은 양국 모두에게 불리하다. 그러므로 경제적 관계는 양국 관계를 발전시킬 수 있는 중요한 토대가 될 수 있다.

넷째, 국제적 요인으로는 미중 대결 구도를 들 수 있다. 미중관계의 악화는 한국이 미국과 중국 중 하나를 선택할 수밖에 없는 상황을 연출하고 있고, 한중관계의 악화로 발전할 가능성을 증가시키고 있다. 저널리스트인 레온 하다르(Leon T. Hardar)는 미국의 대중국 전략이 demonization(containment)에서 romanticization(engagement) 사이에서 변화하고 있다고는 하지만, 스탠다드차타드은행의 에릭 로버슨(Eric Robertsen) 선임 전략연구가에 의하면, 향후 1~2년 이내 바이든 행정부 시기 미중관계가 호전될 전망이라고 한다. 그렇다면 미중관계에 민감한 한중관계 또한 긍정적으로 변화할 가능성도 있다. 그러나 미국 내 중국비판론이 건재한 만큼 장담할 수는 없는 상황이다. 긍정적 전망과 부정적 전망이 공존하고 있다는 것은 그만큼 미래를 예측하기 어렵다는 것을 반증하는 것이다. 미중관계의 불안정성은 곧 한중관계의 불안정성을 초래한다. 최근 들어 '신냉전'의 도래를 예측하는 언설들이 증가하고 있다는 점에서 당분간 불안정성은 해소되기 어려울 수 있다.

미중대결 구도뿐만 아니라 중국위협론에 대한 국제적 인식이 증대하고 있는 상황에서 위협론을 현실화한 것은 중국 자신이라고 할 수 있다. 중국의 이익을 저해하는 모든 시도들에 대해 보였던 중국의 지나치게 강경한 대응이 문제이다. 그것은 대화와 협력으로 글로벌 문제를 해결하겠다고 공식적으로 밝힌 것을 번복함으로써 국제적 신뢰도를 저하시키는 결과를 초래했다. 미국의 압박에 대해 너무 빠르게 이빨을 드러내고 만 셈이다. 게다가 중국 주변국과의 영토 갈등 및 분쟁으로 중국은 물론 한국 내에서도 민족주의 정서를 자극하였다. 이러한 현실적 정치적이며 군사적 갈등은 중국의 이미지를 쇄신하려는 소프트파워 제고 정책에 마이너스 요인이 되고 있다.

2. 한중 양국의 이익을 기초로 한 협력 모색

한중 협력을 강화하고 관계를 더욱 발전시키기 위해서는 한중 양국의 상호 관심사 파악이 우선적으로 필요하다. 그러므로 양국이 공유할 수 있는 이익과 관심사가 무엇인지 파악해야한다. 중국의 기본적 관심사는 알려져 있다시피 "핵심이익(core interests)"이라는 말로 집약되어 있다. "핵심이익"이란 중국이 어떠한 경우에도 양보할 수 없는 주요 이익이다. 핵심이익으로는 국가주권, 국가안전, 영토의 완정, 국가통일, 그리고 중국 헌법으로 확립된 국가정치제도와 사회의 전반적 안정이라고 명시하고 있다.

이것을 한중관계에 대입해 보면, 전략적으로 한중관계에서 중국이 주목하는 핵심이익으로는 한국이 미국에 치우쳐 중국에 대한 미국의 봉쇄전략이 완성되지 않도록 하는 것이며, 경제적으로는 지속적이고 안정적인 경제발전이 있다. 이를 위해 중국은 한국과의 정치적·군사적 협력도 필요하겠지만 무엇보다도 경제협력을 놓칠 수 없다. 특히 데이터경제, 인공지능, 제약업 등 미래 산업과 관련한 협력이 요구된다. 한국의 기본적 관심사는 무엇보다도 한반도의 안정과 평화정착이다. 구체적으로 보면, 전략적으로는 북한 문제의 해결을 통한 영구적 평화체제의 구축을 목표로 한다. 경제적으로는 금융 및 환율 안정을 도모하면서도 경제적 자율성을 확보할 수 있는 국제 다자간 경제 질서를 구축하고자 한다.

여기서 한중이 공유하는 관심사를 도출하는 것이 필요하다. 키워드를 추출하면, 한반도 비핵화, 일본의 보통국가 및 군사대국화 저지, 경제적 이익이라고 할 수 있다. 이러한 양국 공동의 관심사에 대한 협력을 도출하는 것은 그리 어려운 일이 아니지만, 한중관계 방향 설정에서 북중관계와 일본 및 러시아와의 관계를 고려해야 해야 하며, 안보 이익과 전략 이익을 고려하여 신중하게 결정해야 한다는 난점이 존재한다. 즉 한중관계는 거시적으로 글로벌 정치 경제의 영향 속에 자리 잡고 있고, 지역적으로는 동북아 정치 및 경제 지형 속에 있다는 이중적 영향하에서 살펴보아야 한다. 많은 한중관계 연구자들이 미중관계, 중일관계, 중러관계, 북중관계 등의 양자 관계 속에서 한국과 중국의 관계를 살펴보는 것도 그런 이유에서이다. 그 만큼 한중관계는 독립적 양자관계가 아니라는 점이 양국의 안보 이익과 전략 이익만을 고려할 수 없다는 난점을 제시한다. 코로나19 팬데믹은 우리가 글로벌 사회에 살고 있다는 인식을 고조시켰고, 현재는 물론 앞으로의 문제는 일국, 또는 양국의 협력만으로는 해결하기 어렵다는 것도 알려주었다. 한중관계의 난점들은 경제보다는 정치, 이익보다는 안보에 치중한 결과이기도 하다. 그러나 전자에 주목할 필요가 있다. 즉, 한중관계는 양국의 장기적 이익을 고려하고 글로벌 차원에서의 협력의 확대를 고려하면서 서로 갖고 있는 난점들을 지혜롭게 해결한다면, 양국의 이익을 실현할 수 있는 협력이 가능할 것으로 보인다.

3. 한중 간의 발전적 미래를 도모하기 위한 전제조건

마지막으로 덧붙이고 싶은 것은 한중 간의 발전적 미래를 도모하기 위한 전제조건이다. 공동의 관심사와 이익이 존재함으로써 양국이 협력을 위해 노력해야 함에도 불구하고 협력이 기대에 미치지는 못하였다. 그런 상황을 벗어나기 위해서는 첫째, 양국 간 신뢰 관계의 구축이 필요하다. 중공19차 당대회는 중국 외교정책의 원칙을 "평화, 발전, 협력, 공동번영을 기치로 세계평화와 공동발전의 추진을 종지로 삼을 것이며, 평화5원칙을 기초로 각국과 우호적 협력을 하고, 상호존중, 공평과 정의, 협력과 공동번영을 위한 신형국제관계를 건설할 것"이라고 밝혔다. 그런 만큼 먼저 대국으로서 중국이 솔선수범하여 주변국을 존중하고, 공정하게 대우하고, 번영할 수 있는 조건을 만들 필요가 있다. 미중관계에서도 중요한 포석이 될 수 있는 한국에 대해 우선 평화와 협력의 원칙을 실천함으로써 신뢰관계를 구축하는 것이 중요하다. 둘째, 한중관계에 있어서는 특히 경제와 정치를 분리해서 생각해야 할 필요가 있다. 정치적 사건에 대해 경제적 보복을 하는 것은 여론 악화를 초래하기 마련이다. 누구든 밥그릇은 건드리면 화를 내는 법이다. 경제문제는 연쇄작용을 일으켜 정치문제로 비화되는 것은 물론 한국인의 자존심을 상하게 만드는 결과를 초래했다. 지금까지 한국에서의 중국과 중국문화에 대한 열풍이 순간 식었다. 그 결과는 한국에만 한정된 것이 아니고 강압적이고 권위주의적인 중국의 이미지를 키워 중국이 키우고자 노력해왔던 소프트파워가 물거품이 되도록 할 수 있다. 셋째, 역사적으로 형성된 집단적 피해의식을 극복하고, 포용적이고 개방적 자세를 수용해야 한다. 모든 나라가 안티 중국, 안티 한국을 외칠 때, 중국이나 한국도 서로에 대한 안티를 외친다면 공동의 이익을 성취하기는 어려울 것이다. 보다 포용적인 자세로 나아가야 차별성을 갖게 될 것이며, 결국은 성공할 수 있을 것이다. 이제 서로 간의 보복과 원한은 그만 두고, 보다 '대국(大局)'적인 마인드를 가져야 할 것이다.

중한 공공외교의 비판적 회고

진신(陳晨)*

　중국과 한국은 동아시아 근린국가로서 여러 영역에서 협력 심화가 필요한 관계라고 할 수 있다. 그러나 중한 수교 30주년을 목전에 둔 현재, 중한 관계는 "경제적으로 뜨겁고 외교적으로 따뜻하지만, 안보에서는 차갑고 민간관계는 냉담한(經濟熱, 外交溫, 安全冷, 民間淡)" 불균형적 특징을 지니고 있다. 이러한 '불균형'을 빚어낸 원인은 여러 가지일 것이나, 그 중 냉담한 민간관계에 대해서는 근래 들어 발생했던 여러 부정적 사건들이 누적된 것이 그 직접적 원인이라 할 수 있지만, 그 잠재적 원인은 양국 민중 사이에 존재하는 인식차라고 할 수 있다. 한편 코로나19가 발생한 지 이미 2년이 되어 가고 있고 '일상 속 방역'이 대중들 사이에서 점차 자리를 잡고는 있으나, 양국 간 여행, 유학, 무역 등 영역에서의 인적교류는 여전히 제한상태이다. 이는 자연히 양국 간 적극적인 교류와 왕래에 장애가 되었고 향후 중한

---

* 성균관대학교 성균중국연구소 책임연구원.

관계의 지속적 발전에서 풀어야 할 과제로 떠오르고 있다.

1. 중한 민간관계의 새로운 도전

중한관계는 사드사건 이후 총체적으로 안정화되었다고 평가할 수 있으며, 최근 코로나의 전 지구적 유행으로 인해 양국 간 적극적 대화의 계기가 만들어지기도 했다. 그러나 정부의 전략적 상호이해가 반드시 양국 국민들의 인문사회적 상호이해로 직결되는 것은 아니고, 정부 간 관계의 개선이 민간관계의 개선과 동일한 것도 아니다. 실제로 코로나 발생 이후 양국 간 발생한 몇 가지 부정적 사건을 관찰해 보면 양국의 정부 간 관계와 민간관계에 일정한 온도차가 있다는 점을 발견할 수 있다. 코로나19 사태 초기 중국인의 한국 입국을 금지하라는 청원, 미세먼지 손배소 안, BTS의 한국전쟁 관련 여론충돌, 김치 명칭 논쟁 등 사건들은 모두 민간 차원에서 촉발된 사안들이었다. 뿐만 아니라 이 사안들은 언론매체를 통해 빠르게 확산되었는데, 심지어 정부 차원에서 과열을 막기 위한 해명과 설명이 요구되는 지경에 이르렀다.

코로나 이후 양국 간에 벌어진 이러한 부정적 사건들은, 그 이전의 부정적 사건들과 대비하여 다음과 같은 경향성을 내포하고 있다. 구체적으로, 사드사건까지의 부정적 사건들이 주로 지정학적 모순, 정부 간 외교안보적 문제, 무역마찰, 학계 차원의 논쟁들이었다면, 사드 이후로는 민간에서 발원한 갈등이 부단히 증가하고 있다. 즉, 한류, 전통문화, 음식문화 등과 같이 그간 견고하다고 간주되어 왔던 양국의 인문적 유대관계가 모순의 새로운 화근으로 탈바꿈한 셈이다. 다시 말해, 과거 중한 민간관계의 악화를 '탑 다운(自上而下)'식 혹은 '수동적'이라고 상정하면, 최근 수년간의 민간정서 악화는 '바텀업(自下而上)', 혹은 '능동적'이고 '자발적'이라 할 만하다. 이러한 변화는 현재 중한 민간에 상호 간 광범위한 불만이 각종 경로를 통해 표출되고 있음을 암시한다. 만일 적절한 관리와 조치가 없다면, 이러한 추세는 향후 양국 간 우호발전의 기초를 흔들게 될지도 모른다.

[표 1] 2000년 이후 중한 민간관계에 영향을 미친 주요 사건

2000	마늘파동
2004	동북공정, 중한 어업분쟁(장기화)'
2005	고구려 역사 문제, '강릉 단오제' 세계문화유산 등재신청
2007	창춘 동계 아시안 게임 백두산 세리머니
2008	베이징 올림픽 성화봉송 시위 및 충돌, 쓰촨성 지진 관련 비방
2010	천안함 침몰 사건, 연평도 포격 사건
2016	사드사건, 트와이스 쯔위의 청천백일기 사건
2019	홍콩 시위 및 중한 대학생 대자보 갈등
2020	중국인 입국금지 국민청원, 미세먼지 손배소 안
2021	BTS 한국전쟁 발언, 김치 명칭 논쟁

여기에서 우선 주목해야 할 부분은, 부정적 사건들은 양국 민중들의 감정을 소원하게 만든 것만이 아니라 이후 새로운 갈등과 모순으로 번질 수 있는 불씨를 남겼다는 점이다. 그간 중국과 한국 사이에 있어왔던 여러 부정적 사건들은 단지 민간관계가 냉담해진 '원인'만이 아니라 모순과 갈등이 누적된 '결과'이기도 하다. 사건 자체만 보면 잠재된 문제의 '표면화'에 불과하지만, 그 심층적 원인은 민간 차원에서 오랫동안 존재해 온 인식차와 긴밀히 연관되어 있다. 이러한 인식차는 시대적 변화에 기인하고 있을 뿐 아니라, 또한 상당한 수준에서 양국이 직접 상호비교할 수 있는 1차 자료의 부족에 기인하고 있다. 구체적으로, 학계는 중한 민간관계에 관해 오래된

자료들에 의거해 추정적 연구에 의존하며 '저변 부족' 문제를 드러내고 있으며, 이는 다시 자기 위주의 시각으로 서로에 대해 억측을 유발하고 있다. 이처럼 오해가 발생한 이상, 인식의 격차는 점차 커질 수밖에 없을 것이다. 왜냐하면 이미 생성된 '스테레오 타입'은 사람들로 하여금 선택적으로 정보를 골라내어 상대를 인식하게끔 하기 때문이다. 그리고 이는 현재 침체기에 놓여 있는 중한 민간관계가 향후 개선되기 어렵게 만들 것이다.

현재 민간관계 수립에서 공공외교가 발휘하는 작용은 점점 더 커지고 있기에, 중한 간 공공외교 활동은 더욱 중요한 사명을 부여받고 있다. 그러나 우리가 직시해야 할 지점은, 중국이 한국과 국가 층위에서 협력 및 공공외교를 전개해 온 것은 이미 근 십년이 다 되었음에도 불구하고, "각종 교류수단을 통해 국내외 대중의 이해와 동질감 및 지지를 얻어 좋은 국가이미지를 수립한다"는 공공외교의 정의에서 현재 양국의 대중정서를 바라보자면 그리 만족스런 성과라고 할 수는 없다는 부분이다. 바꿔 말해, 과거 10여 년간 중한 민간관계의 큰 경향은 사실상 공공외교 활동이 그리 민간의 벽을 허무는 데 충분한 효과를 내지 못했거나, 혹은 성공하지 못했다고 할 수 있다. 일부 진행된 개별 영역의 다원적 교류 역시도 중한 민중들의 보편적 정서를 잇는 단단한 유대감으로 전화되지 못했다. 이러한 배경에 더해 양국이 코로나 팬데믹 장기화 및 국제정세 변화에 공히 직면하고 있다는 사실에서, 우리는 현재 중한 공공외교에서 관찰되고 있는 인식차 문제를 보다 면밀히 분석할 필요가 있다는 점을 발견하게 된다. 그리고 이는 향후 더욱 효과적인 공공외교 및 지속가능한 우호적 민간관계 발전을 위한 첫걸음이기도 하다.

2. 중한 민간관계 현황 및 문제점

일국의 민중들이 다른 어떤 나라에 대해 지니는 관점은 여러 층위를 포괄하기 마련이다. 따라서 동북아 지역의 가장 핵심적 양자관계를 형성하고 있는 중국과 한국의 민중 간 상호인식 역시 마찬가지로 정부, 민중, 문화 등 복합적인 시스템 내에 있다. 그러나 중한관계의 복잡성과 국력의 비대칭성 등의 특징은 양국 민중들의 서로를 향한 시선에 다소간의 차이가 발생토록 하고 있다. 허먼(Herrmann)의 국가 이미지 이론에 따르면, 자국과 상대국 국력에 대한 인식, 상대국이 자신에 위협이 되는지 기회가 되는지의 인식, 상대국의 문화적 지위 등이 상대국에 대한 이미지를 결정하게 된다.

현실로 돌아와 보자. 중한 양국의 종합국력 차이는 점차 벌어지고 있다. 중국의 굴기는 지역정세의 새로운 변수이고, 한국의 향후 대외전략적 불확실성을 상당히 증가시켰다. 그러나 세부 영역에서 보았을 때 한국은 이미 선진국의 반열에 올랐고, 1인당 가처분소득에서든, 사회복지 수준에서든, 사회 거버넌스 측면에서든, 나아가 종합적 생활수준에서 중국에 앞서 있다. 그리고 이 두 층면의 '우위'가 양국 간에 엇갈리고 있다는 사실은 양국 민중이 상대국에 대해 인식할 때 각 영역에서 상이한 관점을 갖게 만들고 있다. 성균관대 성균중국연구소가 2020년에 진행한 서베이 리서치에 따르면, 현재 양국 국민들이 상대국에 대해 지닌 태도는 '정부', '문화', '국민' 영역에서 모두 확연히 다르게 나타난다([그림 1] 참조). 이러한 인식의 비대칭성 및 한국 국민이 지닌 소극적 태도는 분명히 주목할 가치가 있다.

가장 큰 문제는 양국 국민들의 상대국에 대한 태도가 '애정과 혐오'와 '친근함과 소원함'이라는 양극단적 추세로 나타난다는 점에 있다. 정보통신과 소통교류 환경의 변화에 따라, 민간 정서는 더욱 여론 분위기에 많은 영향을

[그림 1] 한중 국민들의 상호 이미지 조사

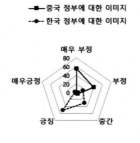

자료: 성균중국연구소.

받고 군중심리를 형성하기도 쉬워지고 있다. 만일 부정적 인식이 사회의 군중심리에 의해 확산된다면 이는 민간의 원활한 소통과 이해를 가로막고 대화 동기 자체를 차단하는 결과로 이어질 것이다. 특히 중국 민중들의 국가정체성과 민족적 긍지가 계속 높아지던 상황에서 작금의 중미경쟁 장기화까지 더해지며 중국 내부의 결속력은 더없이 상승하고 있다. 이러한 상황에서 중한 민중 정서의 극단화와 격차가 쉽사리 해소되는 것은 쉽지 않아 보인다.

한편, 중한 양국이 오랜 시간동안 문화적 '유사성'을 바탕으로 쌓아온 교류의 역사와 경험 역시 새롭게 살펴볼 필요가 있다. "지리적으로 근접하고 인간적으로 친밀하며 문화적으로 상통한", "한자 문화권", "유교문화의 깊은 영향"과 같이 양국의 이념 및 문화의 '유사성'을 드러낸 문구들은 양국 민간관계를 관통하는 기본인식이다. 그러나 유사성의 과도한 강조는 이질성에 대한 지각을 약화시킬 수 있다. 이는 상대의 관점이 자신과 같을 것이라는 오해를 불러일으키고 자신의 시각에서 상대의 사고를 재단하는 결과로 이어져 종국에는 서로에 대한 과도한 기대로 이어질 수 있다. 그리고 상대의 행위와 반응이 자신의 예측과 달랐을 때 발생하는 실망감은 부정적 감정으로 이어질 수 있고 그렇게 생성된 부정적 정서는 오히려 더 해소가 어려워진다.

실제 중한 양국은 문화적으로 상당히 많은 공통점을 지니고 있음에도, 역사적으로는 조공관계로 대표되는 비대칭적 관계에 놓인 적도 있다. 한국전쟁 시에는 적대국이기도 했으며, 전후에는 서로 다른 사회제도하에서 서로 다른 근대화 과정을 겪었다. 특히 서로 다른 사회체제에서 성장한 청년세대에 있어서 서로 다른 이데올로기와 국가정체성을 지니는 것은 자연스러우며, 양국 청년세대들의 인식적 한계는 양국의 기초교육단계에서 채용하고 있는 역사교과서만 펴 보아도 쉽게 알아챌 수 있다. 따라서, 현재 양국의 민간관계에서 강조해야 할 것은 '유사성'에 기초한 전통 이념과 문화가 아니라, '이질성'의 근간이 되는 근대 서구식 자본주의 및 자유민주 의식과 중국식 대국의식 간의 대비이다.

요컨대, 역사 및 전통에 국한된 '유사성'과 '친숙감'은 서로의 기대를 높이지만, 한편으로 현대국가 건설에서 파생한 이질성을 이해하는 데 어려움을 낳게도 만든다. 일련의 문제 혹은 사건이 심층적이고도 본질적인 인식차와 결부될 때, 소위 '인문적 유대감'은 유명무실해져 버린다. 상술한 최근의 부정적 사건들은 이러한 관점을 뒷받침해 준다. 즉, 국가 간에 갈등이 빚어질 때, 민간이 긴장완화의 '에어백'이 되어 주지도 못할뿐더러, (비현실적) 기대감의 원천으로 작용함으로써, 오히려 양국의 갈등과 분기를 유발하는 새로운 '민감지대'가 되는 것이다.

3. 인식 차이가 한중 공공외교에 지니는 함의

중한 양국이 정식으로 공공외교 협력을 해온 지 10년이 되었다. 양국은 2013년에 인문교류가 양국의 인문적 유대를 강화하는 중요한 플랫폼임을 합의하였고, 2014년에서 2016년까지 매년 공동으로 〈중한인문교류 협력 프로젝트 목록〉을 발표하며 인문사회교류를 촉진하고 민간우호를 증진하고자 했다. 그 결과로 양국의 협력 프로젝트의 수는 2014년 19개에서 2015년 50개, 2016년 69개로 증가했다. 프로젝트들의 내용은 크게 '학술교육', '청소년', '문화교류', '여행관광', '지방종합'의 5가지로 나뉘며, 주로 '전통문예', '체육공연', '고금미술' 등 문화 방면 교류와 '학술세미나', '포럼', '고등교육기관 상호방문' 등 연구자 위주의 인적교류를 위주로 하고 있다. 이를 토대로 민간관계는 빠르게 활발해졌고 이른바 '밀월기'로 지칭되기 시작했다. 그러나 2016년 사드 사태는 양측의 교류를 큰 폭으로 제한하였고, 민간관계는 빠르게 냉각되었다.

[그림 2] 중한인문교류 협력 프로젝트 목록

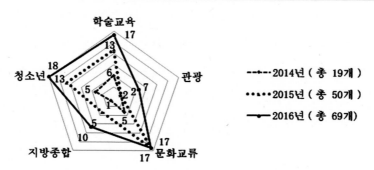

자료: 중국 외교부 공개자료 정리.

초기의 공공외교는 상호작용의 창구 역할과 교류영역 확대 및 적절한 교류경로 탐색에 중요한 영향을 미쳤다. 그러나 그 한계 또한 선명했다. 3년간 진행했던 〈중한인문교류 협력 프로젝트 목록〉을 예로 들면, 당시 대부분의 프로젝트들은 전통예술(음악, 회화, 서예, 복장, 바둑, 무술 등)과 운동경기 참관, 공연, 문화체험으로 쏠리는 경향이 있었는데, 이 종류의 활동들은 '자기 홍보(自我展示)'의 성격이 짙었던 반면 서로의 이념과 사고의 차이를 확인하고 이해하는 데까지는 미치지 못했다. 실은 이 활동들은 양국 국민들의 상호이해와 이질성 인식이 전제되었을 때 비로소 제대로 된 의의를 지닐 수 있는 것들이었다. 비록 이러한 유형의 공공외교 활동들이 양국 국민들이 서로 친숙해지는 데 도움이 될 수 있고 현실적으로 추진하기에도 용이한 활동들이기는 하나, 단방향적이고 자기홍보적 성격이 강한 활동들만으로는 심화된 교류로 나아갈 수 없으며, "싸우지 않으면 이해하기 힘들다(不打不相識)"는 중국속담이 가리키는 바와 같이 서로의 '이질성'을 이해할 수 있는 기회를 잃고 제자리걸음에 그치기 십상이다. 그 밖에도 전문 학술교류의 성과가 실제 직접적으로 일반 대중에게 전달되는 데는 일정한 한계가 있기에 이를 통한 사회의 광범위한 컨센서스 형성을 기대하기도 어려운 일이다. 따라서 단방향적이고 상호이해를 수반하지 않은 인문교류는 단지 표면적이고 형식적인 평화와 우호로 흐를 경향이 다분하며, 이 경우 양국 민간관계가 담지한 문제의 본질은 뒷전으로 밀려날 수 있다.

성균중국연구소의 2020년 서베이 결과에 의하면, 양국의 전문가 집단은 양국이 민간관계 발전에서 어떤 영역이 중요한지에 관해 서로 다른 관점을 지니고 있다고 판단하고 있다(그림 3] 참조). 한국이 보다 절실하게 여기는 영역은 환경보호와 위생방역 등인 반면, 중국이 더욱 기대하는 영역은 교육과 관광처럼 지속적이고 장기적인 교류영역이라는 것이다. 2020년의 이

[그림 3] 중한 전문가들이 바라본 양국 사회의 상호인식

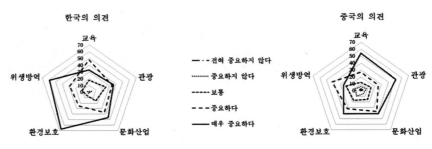

한국의 의견

중국의 의견

— · · —전혀 중요하지 않다
········중요하지 않다
-----보통
- - - 중요하다
——매우 중요하다

자료: 성균중국연구소.

러한 인식차이를 2014~2016년에 전개되었던 '양국 인문교류협력 프로젝트'들과 대비해 보면, 양국의 학자들은 과거 중한 인문공공외교에서 큰 비중을 차지했던 '문화산업'의 중요성이 하락했다고 보고 있음을 알 수 있다. 따라서 설령 양국이 유사한 상황과 문제에 마주했다고 하더라도, 민간관계 개선을 위해 어떤 영역의 공공외교 협력이 더 요구되는지에 대해서는 심층토론이 요구된다고 하겠다. 이 지점은 바로 향후 양국 공공외교 발전에 새로운 가능성을 제시하고 있으며 또한 양국이 새로운 시기에 협력의 방법과 방식에 있어서 조정이 필요함을 일깨워 주고 있다. 이는 다른 한편으로 상호이해를 실현했을 때만이 진정으로 서로의 다름을 이해할 수 있고 적극적이고 합당한 공공외교의 첫걸음을 뗄 수 있음을 시사하고 있다.

허재철(許在喆)[*]

1. 미디어와 외교정책

주류 국제정치 이론에 따르면, 국제관계에서 가장 중요한 행위자 역할을 담당하는 것은 국가이고, 국가 내부에서도 정부가 가장 중심적인 역할을 한다. 정부는 국민으로부터 부여받은 합법적 권한을 바탕으로 타국과의 외교 관계를 조정해 가며 국익을 극대화 하는데 주도적인 역할을 한다. 하지만 최근 들어 국제관계에서 정부 이외에도 다양한 행위자들이 부각되고 있다. 특히 정보통신기술(ICT)과 교통이 발달하고, 세계적 차원에서 민주화가 진전되면서 더욱 다양한 행위자들이 국내 외교정책 및 국제관계에 영향을 끼치고 있으며, 그 영향력도 점차 커지고 있다.

이렇게 외교정책 및 국제관계에서 영향력을 행사하고 있는 다양한 행위

* 대외경제정책연구원 중국지역전략팀 부연구위원.

자 중의 하나가 미디어이고, 이는 한중관계에서도 마찬가지이다. 따라서 한중관계와 관련하여 양국 미디어가 전달하고 있는 메시지의 내용을 분석하고, 주요한 행위자 역할을 하고 있는 미디어를 살펴보는 것은 한중관계의 변화를 이해하는데 있어 의미 있는 작업이라고 할 수 있다.

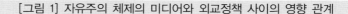

[그림 1] 자유주의 체제의 미디어와 외교정책 사이의 영향 관계

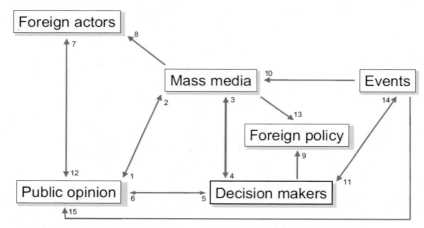

1) Paletz 2002, Graber 2002, Reese 2001, Baum 2003
2) Hamilton 2003, Zaller unpublished manuscript
3) Cohen 1963, Sigal 1973, Bennett 1990, Brody 1991
4) Powlick 1995, Denham 1997, Merril 1995, Malek 1996
5) Powlick 1991, Eisinger 2003, Meuller 1995
6) Zaller 1992, Lewis 2001, Brody 2001, Jentleson 1992
7) Evans, Jacobson, & Putnam 1993
8) Finel & Lord 1999

9) Hermann & Hermann 1989, Mintz 2004, Kolodziej 1981
10) Gartner 2004, Graber 1997, Tift & Jones 1999
11) Behr & Iyengar 1985, Andrade & Young 1996
12) Manheim & Albritton 1984, Zhang & Cameron 2003
13) Sharkey 1993, Wolfsfeld 2004, Stetch 1994, Rotberg & Weiss 1996
14) DeRound & Peake 2000, Clark 2003, James & Oneal 1991, Meernik 2004
15) Feaver & Gelpi 2004, Mueller 1973, Slantchev 2004, Kull & Ramsay 2001

출처: Baum, Matthew A. and Potter, Philip B. K.. 2008. "The Relationships Between Mass Media, Public Opinion, and Foreign Policy: Toward a Theoretical Synthesis". *Annual Review of Political Science*. Vol. 11 Issue 1, p. 41.

　　자유주의 체제의 정부 외교정책과 미디어 사이의 영향 관계에 대해서는 그동안 많은 연구가 진행되어 왔다. [그림 1]은 이러한 연구 성과를 하나의 그림으로 나타낸 것인데, 자유주의 체제를 택하고 있는 한국의 미디어도 대체적으로 이러한 과정을 통해 정부의 외교정책과 영향을 주고받고 있다.

한편, 사회주의 체제인 중국에서 당과 정부는 미디어 기관에 대해 직접적이고 강력한 통제권을 갖고 있으며, 중국의 미디어 기관은 당과 정부, 인민의 대변자로서 당과 정부의 각종 방침과 정책 및 정보를 선전하는 전파 도구로서의 역할을 담당하고 있다. 하지만 제약적이나마 미디어가 정부의 대외정책에 영향을 끼치는 역할도 하고 있는데, 중국의 정치학자 쟝창젠(蔣昌建)과 선이(沈逸)는 중국의 미디어도 '경기장'과 '가속기', '안전판'의 기능을 통해 제한된 범위에서나마 정부의 대외정책에 영향을 미치고 있다고 주장한다. 또한 주루이(朱銳)는 더욱 직접적으로 여론과 미디어가 외교정책 결정과정에 미치는 영향이 점점 더 커지고 있다고 주장하면서, 중국에서의 예로 2008년 '3 · 14 티벳 폭력 사건'과 '5 · 12 원촨 대지진 사건'을 분석한 바 있다. 이렇게 사회주의 체제 아래에 있는 중국의 미디어도 정도의 차이는 있지만, 정부 외교정책과 영향을 주고받고 있다고 할 수 있다.

2. 뉴스 미디어에서 나타난 한중관계

미디어와 정부의 외교정책이 서로 영향을 주고받고 있다는 선행연구를 바탕으로, 한국과 중국의 뉴스 미디어들이 그 동안 한중관계를 어떻게 보도해 왔는지에 대해 살펴봤다. 한국의 뉴스 미디어(언론)에서는 『조선일보』와 『한겨레』, 『문화일보』를 선정했고, 중국에서는 『인민일보(人民日報)』와 『광명일보(光明日報)』, 『법제일보(法制日報)』, 『북경일보(北京日報)』, 『해방일보(解放日報)』, 『광주일보(廣州日報)』를 선정했다. 그리고 2000년 1월 1일부터 2016년 5월 31일 사이에 각각 '한중관계' 또는 '중한관계'를 제목에 포함하고 있거나 주제로 한 기사를 선별하여 텍스트 마이닝을 실시했다.

[그림 2] '한중관계'에 관한 한국 언론보도의 텍스트 네트워크

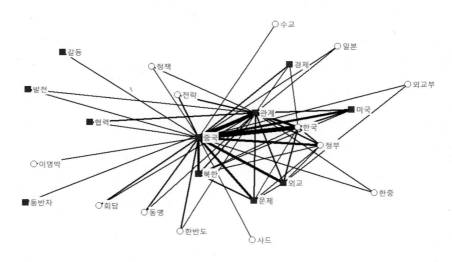

[그림 3] '한중관계'에 관한 중국 언론보도의 텍스트 네트워크

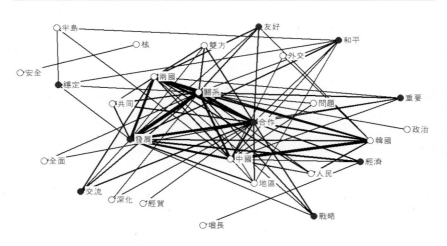

분석 결과, [그림 2]에서 볼 수 있는 바와 같이 한중관계에 관한 한국 언론의 보도에서는 네트워크의 중심에 '중국'이 위치하고 있다. 그리고 이 '중

국'이라는 노드는 '갈등'과 같은 부정적인 개념보다는 '협력', '발전', '동반자' 등 긍정적인 개념들과 더 굵은 라인으로 연결되어 있음을 알 수 있다. 이와 함께 '중국'은 '북한' 및 '경제'라는 노드와도 강하게 연결되어 있는 것을 발견할 수 있는데, 이는 한국 언론이 '북한' 문제와 '경제' 문제에 있어서 중국을 협력자(동반자)로 묘사하는 보도가 많았음을 의미한다.

한편, 한중관계에 관한 중국 언론의 네트워크에서는 '협력(合作)'이라는 노드가 네트워크의 중심에 놓여 있다. 그 만큼 한중관계에 관한 중국 언론의 보도에서 '협력'이라는 단어가 중심적인 개념으로 사용되어 왔음을 나타낸다. 또한 한국 언론과 마찬가지로, '협력' 이외에도 '발전', '우호', '교류', '안정(稳定)' 등 긍정적 의미의 단어들이 네트워크에서 중심적인 노드를 이루고 있다([그림 3] 참고). 반면, 한국 언론의 네트워크와는 달리 '미국'이나 '일본', '북한'과 같은 제3자는 중국 언론의 텍스트 네트워크에서는 중요한 노드로서 부각되지 않았는데, 이는 중국 언론이 상대적으로 한중관계를 양자 사이의 관계로 한정하여 보도하는 경향을 보였기 때문이다.

이와 같이, 2000년 1월 1일부터 2016년 5월 31일까지의 기사를 대상으로 분석한 결과, 이 기간 중 한중 언론은 양국 관계에 대해 전체적으로 긍정적이고 우호적인 시각에서 보도해 온 것으로 평가된다.

하지만 2016년 7월 한국 정부가 고고도 미사일 방어체계인 사드(THAAD: Terminal High Altitude Area Defense) 배치를 발표하면서 이러한 경향에 변화가 발생했다. 한중관계에 대한 양국 보도의 상당부분이 사드 배치와 관련되어 보도되었으며, 한중관계도 '격랑', '갈등', '엄중', '반격(反制)', '대치(僵持)' 등 부정적인 개념들과 연계되어 보도되는 현상이 두드러지게 나타났다. [그림 4]는 사드 문제가 양국 사이의 중요한 이슈로 등장한 이후, 한국 언론에서 '한중관계'와 관련한 보도에서 주로 나타난 키워드를 나타낸 것이다. 역시 사드 문제의 영향을 받은 탓인지 양국관계를 비우호적이고 적대적으로 묘사하는 보도가 급증했음을 알 수 있다. 그리고 이러한 보도가 한국 국민들의 대(對)중국 인식에 일정정도 영향을 끼쳤을 것이라는 것을 선행연구를 통해 짐작해 볼 수 있다.

[그림 4] 2017년 1월부터 2021년 8월 24일까지의 '한중관계' 관련 키워드

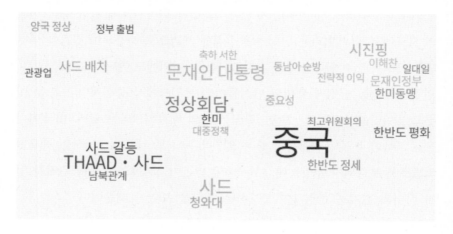

3. 한중관계에 영향을 미치는 주요 뉴스 미디어

한국과 중국의 특파원들이 상대국에 대한 보도활동을 하는데 있어 평소 어떤 뉴스 미디어를 정보원으로서 주목하고 있는지 알아보기 위해 한국과 중국의 특파원 18명을 대상으로 설문조사를 실시했다(2017년).

분석 결과, [그림 5]와 같은 그래프가 도출됐는데, 그래프의 중심에 위치해 있을수록 상대국 특파원으로부터 많이 선택된 것을 의미한다. 즉, 한국 특파원들은 중국과 관련한 보도활동을 위해 평소『신화사(新華社)』와『인민일보(人民日報)』,『환구시보(環球時報)』에 주목하고 있는 것으로 나타났고, 중국 특파원들은 한국과 관련한 보도활동을 위해 평소『연합뉴스』와『KBS』,『YTN』에 많이 주목하는 것으로 나타났다.

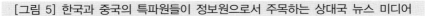

[그림 5] 한국과 중국의 특파원들이 정보원으로서 주목하는 상대국 뉴스 미디어

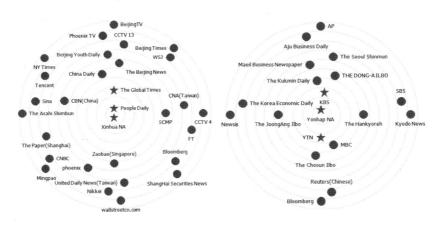

4. 미디어의 발전과 한중관계

앞에서는 주로 뉴스 미디어를 중심으로 언론 보도와 특파원을 통해 한중관계에 대해 살펴봤다. 그런데 최근 미디어 테크놀로지의 발전에 따라 인터넷 미디어 및 각종 소셜미디어(SNS)의 사용자가 급증하고 있고, 이러한 뉴미디어들이 정보유통의 주요한 통로로서 활용되고 있다. 한중관계와 관련한 다양한 이슈 및 정보들도 뉴미디어를 통해 유통되고 있는데, 이러한 이슈 및 정보들이 한중 양국 국민들의 상대국에 대한 인식에 큰 영향을 미

치고 있다. 그리고 이러한 인식들이 여론으로 확대되어 정부 정책에 영향을 끼치는 등 양국 관계에 중요한 요인으로 작용하고 있다.

이러한 뉴미디어는 일반인들이 뉴스 및 정보를 손쉽게 생산, 유통할 수 있고, 또한 접근성도 매우 뛰어나다는 장점을 가지고 있다. 반면에 뉴미디어상의 각종 정보들은 기존의 전통 미디어보다 부정확한 경우가 많고, 감정에 치우친 개인적 의견들이 많아 한중관계에 자칫 부정적인 영향을 끼칠 우려가 크다는 문제점을 가지고 있다. 실제로 최근 한국에서는 인터넷과 같은 뉴미디어에 많이 노출되어 있는 젊은 층에서 중국에 대한 인식이 더욱 안 좋게 나왔다는 여론조사 결과도 나온바 있다. 물론 이러한 젊은 층의 대중국 인식이 뉴미디어 때문 만이라고 단정할 수는 없지만, 주요한 정보원인 뉴미디어가 한중 양국관계에 어떠한 영향을 끼치고 있는지 좀 더 심도 있는 연구가 필요해 보인다.

[그림 6] 한국인의 연령별 對중국 호감도

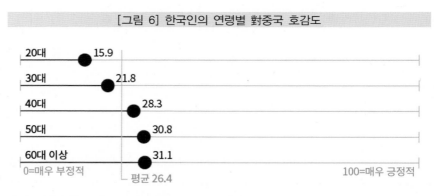

출처: 시사IN, 「중국의 모든 것을 싫어하는 핵심 집단, 누굴까?」, 2021.06.17 https://www.sisain.co.kr/news/articleView.html?idxno=44821 (검색일: 2021.09.25).

중한 연대와 협력의 가치 구축
: 영상 작품 속 이미지를 중심으로

이상우(李翔宇)*

1. 들어가기

이 글은 포스트 코로나시대 중한 연대와 협력의 가치 구축에 있어서, 영상작품을 통한 양국과 양국 국민의 중립적·긍정적 이미지 재현이 중요하다고 보고, 2000년대 이후 방영된 영상작품 중에서 이러한 작품들이 있는지, 그 작품들이 전달하고자 했던 메시지는 무엇인지를 찾아보는데 목적이 있다. 이러한 작업은 다음과 같은 세 가지 의의가 있다고 본다.

첫째, 한국의 다수 여론조사 및 이를 기초자료로 활용한 연구들이 보여주듯이, 1992년 중한수교 이후 양국의 관계는 비약적으로 발전한 반면, 양국 국민들의 상호 호감도는 지속적으로 낮아지고 있다. 특히 주목해야 할 점은, 미국 퓨 리서치 센터가 2020년 10월 6일(현지시간) 공개한 설문조사에

---

* 중국해양대학교 한국어학과 부교수.

따르면, "중국이 싫다"는 한국인은 75%로 2019년보다 12%포인트 올라갔고, 최근 한국일보·한국리서치의 여론조사(2021년 5월 25~27일 실시)에서 나온 한국 2030세대의 "'반중(反中) 정서'가 '반일 감정'을 압도하는 것으로 나타났다"는 결과이다. 이에 추궈훙(邱國洪) 전 주한중국대사나 싱리쥐(邢麗菊) 중국 푸단대 교수 같은 전문가들은 중국에 대한 부정적인 보도를 많이 하는 한국 언론의 문제점을 지적하며, 여론을 선도해 상대국(민)의 긍정적인 이미지를 만들거나, 밝고 전향적인 뉴스를 많이 전할 것 등을 제언하고 있다. 필자 역시 이러한 큰 방향에 공감하며, 그 가능성 또는 방도로써 영상작품의 중립적·긍정적 이미지 재현 및 그 역할에 주목한다.

둘째, 2000년대 이후 한국 영상작품 속 중국(인) 이미지는 부정적인 경우가 대부분이며, 이러한 부정적 이미지가 한국인들의 중국(인)에 대한 혐오 정서에 큰 영향을 미친 것도 사실이다. 일부 연구에서 분석되었듯이, 일반인들이 일상생활 속에서 외국인 이주자들을 지속적으로 접하기 쉽지 않다는 점을 생각해보면, '중국조선족=범죄자(특히 살인자, 보이스피싱)'라는 사회적 관점을 만들고 지위를 부여해주는 영향력 있는 담론 생산기구는 대중 매체라고 할 수 있다. 즉 중국이 국적별 인구 10만 명당 외국인 범죄 인원, 강력범죄(살인, 강도, 강간, 방화 등) 숫자에 있어서 각각 7위와 9위(한국경찰청 범죄통계, 2017년)임에도 불구하고, 〈황해〉(2010년), 〈신세계〉(2013년), 〈범죄도시〉(2017년), 〈청년경찰〉(2017년) 등 영화 속 중국인의 부정적 캐릭터가 2012년 '수원 토막 살인 사건' 등 몇몇 강력범죄사건과 어울려, 온라인상에서는 이른바 '차오포비아(조선족 혐오)'와 '차이나 포비아(중국인 혐오)' 등의 신조어까지 만들어졌고, 일파만파 번져나갔다. 특히 코로나19 발생 이후로 이른바 '차이나 포비아'가 한국에서 크게 확산되고 있다.

그럼에도 중립적 내지 긍정적인 이미지로 중국(인)을 재현한 영상작품 역시 다수 존재한다는 점 역시 사실이고, 이러한 작품들이 위와는 반대의 중국(인)의 이미지를 재현 및 구축에 영향을 미칠 것으로 보인다. 드라마 〈태양의 후예〉(2016년)가 한국군에 대한 중국인들의 인식을 변화시켰다는 점이나, 드라마 〈사랑의 불시착〉(2019년)이 대표 혐한 소설가부터 '위안부' 망언 극우 정치인까지 매료시켰다는 점 등은 중립적·긍정적 이미지 재현과 구축에 있어서 영상작품이 중요한 역할을 함을 의미한다. 또한 최근 방영된 중국 드라마의 경우에도 기존의 한국(인) 이미지와 다른 모습을 재현하고 있다는 점에 주목할 필요가 있다. 따라서 이러한 작품들이 어떠한 메시지를 던지고 있고, 향후 관련 영상작품의 제작에 어떤 시사점을 주는지를 찾아보는 것 역시 유의미하다고 판단된다.

셋째, 포스트 코로나시대 '사회적 거리두기'와 '언텍트' 즉 '비대면' 생활양식이 새로운 사회적 문화로 자리 잡고 있다. 이는 온라인 가상공간에서 새로운 소통과 교감의 공간을 개척할 필요성을 제기하고 있다. 최근 한일관계의 대립과 민족 혐오정서의 장벽을 뚫고, 영상작품들을 통한 '소통과 공감'의 공간 즉 동아시아 피로지대를 완화하고 증오공간을 반성하는 또 다른 차원의 평화지대와 똘레랑스존이 만들어지기 시작했고, 이는 강진석 등 일부 연구들을 통해 밝혀지고 있다. 이는 영상작품을 통한 중한 양국(민)의 '소통과 공감'의 가능성과 필요성을 시사하고 있다.

요컨대, 이 글은 중한 양국과 양국 국민의 중립적·긍정적 이미지를 재현한 중한 양국의 영상작품 속에서 중한 연대와 협력의 가치 구축의 가능성을 찾아보고자 한다.

2. 한국 영상작품 속 중국(인) 이미지

한국 영상작품 속에서 재현된 중국(인)의 중립적·긍정적 이미지는 대체로 공존·공생·연대의 파트너로서의 이미지와 협력 동반자로서의 이미지라는 두 가지 측면에서 찾아 볼 수 있다.

1) 공존·공생·연대의 파트너로서의 이미지

공존·공생·연대의 파트너로서의 중국(인) 이미지를 재현한 한국의 영상작품으로는 심성보 감독이 연출한 영화 〈해무〉(2014년)와 이언희 감독이 연출한 영화 〈미씽: 사라진 여자〉(2016년)가 대표적이라고 볼 수 있다.

2001년에 발생한 해상사고인 ' 제7호 태창호 사건'을 모티브로 만들어진 영화 〈해무〉는 한국 사회의 소외 계층인 지방 어민들과 이방인인 중국조선족 이주자의 대립을, 그리고 〈미씽: 사라진 여자〉는 중산층 지식인노동자인 싱글맘(한국인)이 아이와 함께 사라진 베이비시터(중국 한족)를 찾는 이야기를 보여주고 있다. 이 두 영화의 경우, 표면적으로는 한국인−중국인(조선족), 한국인−중국인(한족)의 대립이나 차별을 다루는 것 같지만, 두 영화 모두 신자유주의 횡포에 대한 한국사회의 반성을 동반하고 있다는 점에 주목할 필요가 있다. 즉 〈해무〉에서는 지방 어민들과 중국조선족 이주자 모두 경제적 약자들이며, 모두 한국사회 최하층에서 공존하고 있는 구성원이라는 점을, 그리고 〈미씽: 사라진 여자〉에서는 비록 중산층 지식인노동자와 이주노동자라는 계층의 차이에도 불구하고 두 여성이 겪는 차별과 억압은 놀랍게도 비슷하다는 점(가부장적인 억압과 신자유주의적 횡포가 구조화됨)을 보여주고 있다.

요컨대, 두 나라 사람들의 존재론적 양태가 다를 뿐 본질에 있어서는 같다고 할 수 있으며, 이러한 동질성의 확인은 공존·공생을 넘어 연대와 협력으로 나아갈 기반을 제공해 준다.

2) 협력 동반자로서의 이미지

협력 동반자로서의 중국(인) 이미지를 재현한 한국의 영상작품으로는 허진호 감독이 연출한 영화 〈호우시절〉(2009년)이 대표적이다.

〈호우시절〉은 남주인공 동하(한국인)와 여주인공 메이(중국인)가 상호 간의 문화적 차이를 인정하고 상처(2008년 5월 12일 발생한 중국 쓰촨대지진)를 감싸줌으로써 희망적인 미래를 제시하고 있다. 즉 한국이 중국이 처한 현재적 고통을 나누고 미래의 동반자적 관계를 유지하고 싶다는 기대심리를 반영한다. 실제 2008년 쓰촨대지진 당시, 한국의 이명박 대통령은 주한중국대사관을 통해 위로를 보냈고(2008년 5월 22일), 중국 방문(2008년 5월 27~30일)에는 중국의 후진타오(胡錦濤) 국가주석과 함께 한국인 구조대 접견, '전략적 협력 동반자 관계'로 발전 합의(5월 27일), 지진 피해 지역을 직접 방문(5월 30일, 외국 정상 중 처음으로 피해지역 방문)했다. 특히 중한 양국관계가 '전략적 협력 동반자 관계'로 격상한 것은 양국 간 문제뿐 아니라 지역적·세계적 문제에서도 서로 도움을 주고받는 단계, 즉 양국관계가 이전의 경제와 무역을 주요내용으로 하는 것에서 외교와 국가안보 등 모든 영역으로 확대됨을 의미한다고 볼 수 있다.

한편, 이 영화의 제목인 '호우시절'과, 두보(杜甫)가 그러했듯 현실적 아픔을 치유하는 공간으로 상징화되고 있는 두보초당 등이 인상적인데, 이는 스토리텔링을 통한 '신형한중관계'의 '이야기하기'를 가능케 해주고 있다.

3. 중국 영상작품 속 한국(인)이미지

〈三八線(38선)〉(2016년)은 한국전쟁을 직접적으로 다룬 중국 최초의 드라마이다. 이 드라마는 2016년 4월 중국 지방TV채널(雲南都市頻道)에서 처음으로 방영되었고, 이후 베이징 위성TV(北京衛視), 랴오닝 위성TV(遼寧衛視), 안후이 위성TV(安徽衛視), 광시 위성TV(廣西衛視), 산시 위성TV(山西衛視) 등 중국 내 다수의 위성TV 채널에서 방영되었다. 또한 중국 중앙 텔레비전(CCTV)의 공식 사이트에서 관람이 가능하다.

드라마 〈38선〉에서 재현된 한국(인) 이미지는 새롭고 비교적 흥미롭다. 우선, 드라마 〈38선〉에서 한국과 한국군을 호명함에 있어서 '남조선(군)'이나 '이승만 괴뢰군'이라는 표현을 거의 사용하지 않는다. 대신 '한국', '한국군' 등의 표현을 사용하고 있다는 점에서 과거의 작품들과 구별된다. 물론 당시 중국인들이 '남조선(군)'이나 '이승만 괴뢰군'으로 한국(군)을 불렀다는 역사사실에 비추어 볼 때, 이는 역사왜곡으로 비추어 질 수 있다. 그럼에도 냉전과 한국전쟁의 영향으로 중한수교 30주년을 마주한 현재까지도 중장년층 일부에서 '한국'이 아닌 '남조선'(한반도 국가를 '북조선'과 '남조선')으로 불리고 있는 현실에 비추어 볼 때, '한국(군)'으로의 호명은 한국(인)에 대한 중립적 내지 긍정적 이미지를 구축에 있어서의 새로운 출발점이 아닐까 싶다.

다음으로, 일부 연구에서 분석했듯이 과거 작품에서 한국군이 미군의 앞잡이로 '이중 타자화'되었다면, 〈38선〉에서는 한국군이 설득 가능한 존재, 대화 가능한 존재로 변화된다. 즉 한국군은 적이 아닌 (미국의)'총알받이'이자 '피해자'이다. 또한 〈38선〉에서 나오는 한국군 소령 박홍철은 미군 지휘관에게 중국인민지원군이 무시할 수 있는 존재가 아님을 수차례 경고하지만, 이러한 경고는 인종차별을 일삼는 미군 지휘관에 의해 무시된다. 결국 이러한 경고를 무시한 미군이 중국군에게 처참하게 당하는 것이 어쩌면 당연한 결과로 보인다.

요컨대, 드라마 〈38선〉에서의 한국(인)에 대한 호명, 한국(인) 이지미의 재현 등은 중한 연대와 협력의 가치 구축을 위한 메시지를 간접적으로 제시한 것으로 볼 수 있다.

4. 향후 중한 연대와 협력의 가치를 재현한 영상작품 제작에 주는 시사점

코로나는 세계 공중보건 위기일 뿐만 아니라, 국가·인종·문화 간에 아직도 뿌리 깊은 간극, 오해, 적대감이 존재한다는 사실을 보여준 사건이다. 여기에 정보를 매개하고 전달하는 정보전달자로서의 자신들의 신분을 망각하고, 가끔은 중요 사실을 덮기도 하는 시선, 교육, 언론매체 등 현대 사회의 매트릭스(Matrix)들이 개입이 되면서, 중국과 중국인에 대한 가짜뉴스들이 난무하고 있고 중국(인)에 대한 혐오를 확산시키고 있다. 또한 매체를 통해 한국인들에게 각인된 중국(인)들의 부정적 이미지들은 중국인에 대한 정당한 이해를 가로막으며 한국사회 내에서 중국과 중국인을 저속한 존재로 각인시키고, 중국과 중국인에 대한 혐오를 부추기고 있다.

그럼에도 코로나 극복을 위해 각국에서 가장 시급한 것은 연대와 협력이지 추궁이 아니라는 점, 즉 포스트 코로나 시대 핵심가치는 혐오가 아닌 연대와 협력이라는 점, 그리고 위에서 살펴본 영화들이 던지는 메시지와 결합해 향후 중한 연대와 협력의 가치를 재현하는 영상작품 제작에 주는 시사점을 찾아보면 다음과 같다.

첫째, 문재인 한국 대통령이 허진호 감독을 만나 "한중 우호에 도움이 됐다"면서 영화 〈호우시절〉에 대해 호평했다는 점은 시사하는 바가 크다. 지진이라는 재난을 중한 양국이 협력·극복해 나갔던 것처럼, 메르스(MERS)나 코로나19 등 바이러스에 의한 재난을 협력·공동 대응·극복해나가는 소재 역시 현실성 있고, 양국 국민들의 상호 이미지나 호감도 개선에 도움이 될 것으로 보인다. 단 주입식이나 신파적 요소는 최대한 지양하고, 인간의 본연적 모습을 보여주도록 해야 한다. 최근 중국에서 인기리에 상영 중인 영화 〈中國醫生(Chinese Doctors)〉(2021년)가 괜찮은 참조물이라고 생각된다. 한국의 일부 언론에서는 이 영화에 '애국주의' 영화라는 프레임을 씌우면서 비판하고 있다. 하지만 코로나19의 시작부터 현재까지 현장에서 생생히 경험했고, 중국·한국·미국 등 세계 여러 나라의 언론보도를 골고루 접촉한 경험을 바탕으로 이 영화를 보았을 때, 이 영화가 필자에게 주는 강한 메시지는 오히려 "나의 환자의 건강과 생명을 첫째로 생각하겠노라."는 의사들의 윤리선언인 '제네바 선언'의 내용이다. 그 만큼 상술한 한국의 일부 언론들이 이 영화가 의사윤리를 지키려는 의사들의 책임감 있는 모습들을 생생하게 전달하기 위한 수많은 노력들은 지나치게 과소평가한 채, '중국영화=애국주의'라는 잣대 또는 프레임을 한국인들에게 강요했다고 본다.

둘째, 최근 중한 양국이 수교 30주년을 기념해 합작영화 〈상하이의 별〉(장철수 감독, 2022년 개봉 예정)을 제작하고 있다고 한다. 이 영화는 대한민국 임시정부가 있던 상하이를 배경으로 백범 김구 선생과 한인애국단, 그리고 이들을 돕던 중국인들의 활약상을 그린 작품이라는 점에서 기대된다. 특히 중한 양국이 협력해 일본제국주의 침략전쟁에 맞서 싸운 정의로운 전쟁을 소재로 했다는 점에서 양국 국민의 공감대를 형성할 수 있을 것으로 보인다. 그럼에도 영화 〈암살〉에서의 인상적인 대사처럼, 독립운동가

황덕삼의 "피치 못할 땐 민간인을 죽여도 됩니까?"에 "일본 민간인을 포함하여 모든 민간인은 죄가 없기 때문에 안 된다. 그냥 총알에도 눈이 있다고 생각하자"는 김원봉 의열단 단장의 단호한 대답이 보여주듯이, 초점을 '반일'이 아닌 '반(反)침략'에 맞춰 주제와 대사 등에 좀 더 깊은 고민을 할 필요가 있다.

셋째, 연대와 협력 동반자로서의 이미지 재현도 중요하지만, 공존·공생 파트너로서의 이미지 재현 역시 중요하다고 본다. 즉 연대와 협력으로 나아갈 기초인 동질성에 대한 확인이 중요한데, 비록 서로 다른 국가, 민족, 계층에 속할지라도 본질적으로는 동일한 인간이고, 이러한 동질성에 대한 확인·재확인이야말로 연대와 협력으로 이어질 가능성이 크기 때문이다.

요컨대, 인류의 생명과 건강 유지, 반패권·반강권·반침략, 공생·공영·공의 등 인류 보편적 가치, 공동의 가치, 연대와 협력의 가치의 구축은 중한 양국뿐만 아니라, 인류가 초래한 위기와 갈등, 그리고 바이러스 같은 인류가 직면한 위기 등을 해결하기 위해서 필요하다. 한국의 유명한 인문학자인 박재우 교수는 인문교류가 겉으로 드러나는 정치처럼 표면적 힘을 발휘하지 못하지만, 민간 간의 상호 이해와 관계가 쌓이면 정치적인 장벽과 해소에 일정 정도 도움을 줄 수 있을 것이라면서 인문교류의 중요성을 강조했다. 또한 이러한 인식에 공감했기에, 중한 양국의 정상은 2013년 6월 「중한 미래비전 공동성명(中韓面向未來聯合聲明)」에서 '전략적 협력동반자 관계의 내실화'의 중점 추진 방안의 하나로 '인문유대 강화 활동'의 적극 추진을 명시한 것이 아닌가 싶다. 필자 또한 이러한 인식에 공감하며, 중한 인문교류의 중요한 방도로서 영상작품에 주목하며 영상작품의 긍정적 역할을 기대하는 바이다.

중한 어업 문제 현황 및 제언

왕자자(王佳佳)*

1. 들어가며

수산자원의 분배와 지속 가능한 발전이 모든 국가의 주요 관심사이자 시급한 현실적 과제로 떠오른 것은 수산자원이 해양 권익의 분배와 밀접한 관련이 있기 때문이다. '유엔해양법협약(UNCLOS)' 제9장 제123조는 연안국이 폐쇄해 및 반폐쇄해 해역에서 자국의 협약 권리와 의무를 행사하고 이행할 때 상호 협력해야 한다고 규정하고 있다. 중국과 한국의 주요 어업 수역(漁区)이 위치한 황해와 동해 해역은 양국의 배타적경제수역(EEZ)이 겹치는 부분에 위치하고 있어 반폐쇄해(semi-enclosed sea)[1]적 성격을 띠고 있으며, 양국이 공유하는 수산자원이 많다. 따라서 중한 양국 간의 어업보호협

---

* 우한대학교 중국변경해양연구원 부교수.

1) 반폐쇄해는 다른 해역으로 향하는 출구가 뚫린 해역을 의미하는데, 전 세계 대양의 7%를 점하고 있으며, 전체 대륙붕의 55%를 차지한다. 반폐쇄해는 1982년 유엔해양법혁약 제122조 및 제123조에 특별히 규정되어 해당 주변 국가들 간의 협력을 강조하고 있다.

력은 협약 이행의 책임과 의무를 다할 뿐만 아니라 양국 국민의 이익을 위해 바람직한 조치다. 중한 양국은 어업 분쟁을 합리적으로 처리하고 협력해야 한다.

2. 중한 어업 문제 현황

1) 어업 문제 처리의 법률적 근거

현재 중국과 한국은 '유엔해양법협약(1982)'과 '중한 어업협정(2000)' 그리고, 각국의 어업 관리 제도에 따라 어업 문제를 처리하고 있다. 이 가운데 중국은 '중화인민공화국 어업법'(시행 1986.7.1, 개정 2013.12.28), '중국 내 어선 단속 강화 및 해양 어업자원 총량 관리 실시 등에 관한 통지'(2017.1.16), '어업 및 조업 허가 관리 결정(漁業捕撈許可管理規定)'(2019.1), '어업법 개정 초안(의견 수렴 원고)'(2019.8), '원양어업 관리 규정'(2019.4.1), '중화인민공화국 해경법' 등의 법을 통해 어업 자원 보호를 중시하는 중국의 결심과 법치주의로의 전환을 보여주고 있다. 한국은 지정학적 환경 덕분에 해양에 대한 개발 및 이용이 일찍부터 시작되었고, 해양 관련 법도 비교적 잘 정비되어 있다. 한국은 '해상 공권력 강화대책'(2008), '외국 불법 어선 공습강화 대책'(2011), '불법 어선 근절을 위한 종합대책'(2011), '무기사용 지침'(2016.11.8), '해양경찰법' 개정(2020.2.21), '해양경비법' 개정(2020.8.28) 등을 잇달아 내놓았다. 이러한 법률 조항을 공포함으로써 한국의 해양 전략이 당초 해양 이용 및 해양 환경 보호에서 점차 법과 규정 위반에 대한 처벌 강화로 확대되었음을 보여준다. 특히 무기 사용 등 법적 수단이 엄격하고 중국 어선에 대한 특별 규정도 신설돼 처벌 조치가 한층 엄격해졌다. 중한 간 어업 분쟁이 양국의 현실적이고 어려운 문제로 대두되고 있는 만큼 어업 문제에 대한 세밀한 분석과 대책에 대한 깊이 있는 연구가 필요하다.

2) 법률 조항에 따른 중한 어업 문제

'유엔해양법협약'의 해양 경계 규정은 비교적 광범위하고 개괄적이며, 경계 획정 기준이 명확하지 않다. 국가는 해상경계 절차를 진행하기 위해 인접 국가와 협상하고 협력해야 한다. 중한 어업협정은 경계선을 긋기 전 임시방편으로 체결된 지 20년이 넘었다. 시간이 흐르면서 양국 간 어족자원 분포, 어업 수준도 크게 달라졌다. 특히 협정 이행 과정에서 새로운 문제점과 새로운 상황이 발생했다. 이를 해결하기 위해서는 중국과 한국이 현재 해역 자원 분배를 바탕으로 재협상을 진행하고, 협약 정신을 이행한다는 전제로 협정을 보완해야 한다. 이를 통해 양국 간의 어업 분쟁과 마찰을 최소화할 수 있다.

또한, 중한 양국의 어업 문제는 언론과 여론의 격화 속에서 약국 국민의 감정을 상하게 하여 민족주의 정서를 촉발하는 촉진제가 되기 쉽다. 이는 매우 위험한 신호다. 중한관계의 발전은 쉽게 이뤄낼 수 있는 일이 아니며, 어업 문제가 양국 관계의 장기적이고 건전한 발전에 걸림돌이 되어서는 안 된다. 따라서 어업 문제에 대한 적절한 해결책 마련이 시급하다. 특히 양국이 대화와 협상이라는 공동의 노력을 통해 해결책을 모색해야 한다.

현재 중한 양국은 어업 분쟁을 처리하는 데 있어 다소 문제가 있다. 양국의 문제를 설명하기 위해서는 다음과 같은 측면을 고려해야 한다. 지면의 제약으로 인해 다음과 같은 측면을 간략히 나열하여 논술하고자 한다.

우선 중국 측 문제는 다음과 같다.

①중국 내 해양수산업의 보완과 개선이 필요하다. 중국의 해양수산업은 법집행 기관과 관리 부서가 상대적으로 분산되어 있다. 현재 중국은 어업 문제 주관 부서와 법 집행 부서를 분산시켜 독립적으로 운영하고 있다. 비상 사태에 대비할 때는 여러 부처가 합동으로 법을 집행하는 경우가 많다. 이로 인해 법 집행이 제때 이뤄지지 않고 부처 간 의견 조율과 기능적인 협력이 어려워질 수 있다. 예를 들어 푸젠성(福建省)은 코로나19가 해상으로 유입되는 것을 방지할 때 '해양 어업법 집행 총부대(海洋與漁業執法總隊)'를 조직했다. 푸젠성 해사국(海事局)과 연계하여 특별 합동 법 집행을 실시함으로써 코로나19가 역외 해양 어선을 통해 유입되는 것을 엄격하게 막고 있다. 현재 중국의 어업 감독(漁業監管)은 농업부가 주관하고 있으며 농업부가 전국 어업 행정법 집행 업무를 주관하고 있다. 농업부의 어업 행정 지휘 센터(漁政指揮中心)는 중국 전역의 어업 행정법 집행 및 감시 업무의 구체적인 추진에 대한 책무를 부여받았다. 각 해역의 어업행정국은 해당 해역의 어업 행정법 집행을 감독할 책임이 있다. 성(省) 및 시(市) 차원의 어업행정부서는 관할구역 내 어업 행정법 집행기관의 어업 행정법 집행 행위를 감독할 책임이 있다. 관할 구역 내의 해당 단위 및 법 집행 직원 특정 시행 단위는 어업 행정 부서에서 결정한다.

②동해와 황해 지역 전통 어장과 역사적 권익에 대한 어민들의 인식이 뿌리깊고(1882년 중조상민수륙무역규정(中朝商民水陸貿易章程) 참고), 어선의 어획률(연 90%)이 높아 어민들이 위험을 감수하더라도 해당 지역에서 어업을 강행하고 있다. 중국의 현행 어업 관리 정책은 아직 기대만큼의 효과나 목표를 달성하지 못하고 있지만 어업자원이 감소하고 있는 현실은 갈수록 심각해지고 있다. 제도적 관점에서 볼 때 연안 어업의 재산권이 불분

명하여 수산자원은 어민들의 경쟁 대상이 되었다. 이로 인해 수산자원 보호는 실현하기 어려운 이야기가 되었다. 어업 관리의 관점에서 볼 때 기존의 관리시스템은 책임이 불분명하고 법 집행이 엄격하지 않아 어민들은 이익 추구라는 유혹을 뿌리치지 못하고 더욱 치열한 어획 경쟁을 이어나가고 있다. 따라서 기존 수산 자원의 부족과 수산 자원 보존 대책이 제대로 실행되지 않아 '전통 어장'에 대한 어민들의 집착이 위험한 어업 행동으로 이어지고 있다.

③일반적으로 어민들은 학력과 문화적 소양이 낮으며, 어업에 종사하는 집단은 대부분 가족단위로 이루어져있어 경제적 이익에 대한 욕구가 더욱 절실하다. 가족을 먹여 살려야 한다는 현실과 전통 어장에 대한 집착으로 막대한 벌금이 부과될 것을 알면서도 어민들은 생활고에 시달려 차라리 위험을 감수하는 것을 선택한다. 어민들의 수입이 비교적 적고, 수산 자원의 출처가 유일한 데다가 '바다에 의지해 바다를 먹는다'는 전통적인 가정식 주입 교육은 어민들로 하여금 바다로 나가 어획을 하려는 의지를 더욱 높이고 있다.

④수산자원 감소에 직면한 어민들이 다른 분야로 직업을 바꾸는 것도 쉽지 않다. 이처럼 어민들의 현주소는 어민들의 자체적인 한계로 인해 구조적인 전환을 실현하기 어렵다. 어민들은 전통적인 인식에 얽매여 있어 어촌을 벗어나 직업을 다시 계획하는 용기를 내기 어렵다. 이로 인해 가족 단위 어업인들은 해양 수산자원이 가져오는 경제적 이익을 추구하는데 더욱 열을 올리고 있다. 어민들이 어떤 업종이든지 직업을 바꾸기 위해서는 일정 금액의 초기 자금이 필요한데, 이는 소득이 적은 어민들에게 비현실적이다. 따라서 중국 어민들의 구조적인 변화를 실현하기 위해서는 어민들 자체적으로 자질 향상을 이뤄내야 하며, 정부 지원 정책과 민간기업의 재

정지원 등 여러 가지 수단과 방법이 함께 추진되는 긴 과정이 필요하다.

한편 한국 측의 문제는 다음과 같다.

①해양법 집행이 표준화되어 있지 않아 국경을 초월한 관할권 현상이 나타나고 있다. 중국과 한국이 공식적으로 경계선을 명확히 긋기 전까지 현재의 과도기적인 수역은 여전히 분쟁 수역에 속할 것이다. 그렇기 때문에 한국이 국내법을 이용해 분쟁 수역의 중국 어민들을 처벌하는 것은 적절하지 않다. 한국은 그뿐만 아니라 중국과 인접한 수역에서도 국내법에 따라 중국 어민을 처벌하고 있다.

②한국 해경은 과잉 단속을 진행하고 있으며, 특히 무기를 사용하는 것은 협정의 취지에 어긋난다. 한국은 고액의 벌금을 부과하는 것이 중한 어업 분쟁을 줄일 수 있는 효과적인 방법이라 간주하고 있지만, 지금으로선 역효과만 나고 있다. 처벌은 중한 어업 문제의 궁극적인 해결책이 아닌 수단일 뿐이며, 이는 중국 어민과 한국 해경 간의 보다 직접적이고 격렬한 충돌을 초래할 수 있다. 한국 해경이 해상 특수기동대를 구성하여 서해 중한 잠정조치수역 인근에 배치하여 중국 어선의 무허가 조업과 영해 침범 등을 단속하고 있다. 한국 해양경찰청은 철조망 등을 설치하여 단속을 방해하는 중국 어선을 저지하고, 고속정을 이용한 '충돌식' 방법을 통해 불법 조업 어선으로 불리는 중국 어선의 불법 행위를 막고자 한다. 또 한국 해경은 무허가, 영해 침범, 공무집행방해 등 중국 선박에 대해 일관된 금액보증금을 부과하고 처벌한 뒤 중국 해경에 인계할 방침이다.

③한국 언론의 지나친 과장 보도는 민족주의 정서를 자극하여 중한관계 발전에 영향을 미칠 수 있다. 한국 언론이 중국 어민에 대해 '폭력적인 대항', '폭도' 등의 표현을 써가며 묘사하는 것은 양국 모두에 도움이 되지 않는다. 특히 일부 한국 언론은 시청률과 조회수를 높이기 위해 사건 자체를

과장하고 사실과 다른 내용을 보도하기도 했다. 이는 언론으로서 매우 무책임한 행동이며 중한관계에 부정적인 요소로 작용할 것이며, 이로 인해 양국 관계 발전은 후퇴할 것이다.

④중국 불법 어선 어민에 대한 처벌 액수와 재판 과정 및 결과는 공개되지 않고 불투명하다(구속 시간이 국제법의 '신속 석방' 규정을 준수하고 있는지 알기 어렵고, 일부 경우에는 한국 형사소송법에 명시된 억류 기간까지 초과한다). 대부분의 중국 어민들은 한국법에 대해 무지하고 법률을 전혀 모르는 경우가 많은데다 언어가 통하지 않는 문제까지 겹쳐 한국 해경이 중국 어민과 관련된 사건을 처리할 때 비공개로 처리하면 중국 어민들은 사건의 전말을 알 수 없으며, 이에 따라 어업 충돌은 다시금 반복될 수밖에 없다. 이처럼 중국과 한국의 어업 문제는 그 핵심이 드러난 적이 없다. 이는 매우 바람직하지 않으며 조속한 협상과 변화가 필요하다.

3. 중한 어업 분쟁 해결을 위한 대책 제안

첫째, '중한 어업협정'은 시급히 개정되어야 하며, 시대에 발맞춰 배타적 경제수역(EEZ)에 적용할 수 있는 법률 조항을 마련하도록 노력해야 한다. 중한 어업협정이 체결된 지 20년의 세월이 흘렀고, 협정 내용은 시간이 지남에 따라 달라질 수밖에 없다. 특히 어업 할당제에 대한 내용이 중국과 한국 간 어업 분쟁을 촉발할 가능성이 크다. 이를 실현하기 위해서는 양국 정부가 공동 조사를 실시하여 각국의 수산 자원, 해양 환경, 갈등 발생 사건을 공개, 정리, 해결하고, 갈등을 줄이고 재발 방지를 위한 협의를 진행하는 것이야말로 중한 어업 충돌을 최종적으로 해결할 수 있는 가장 좋은 방법이다.

둘째, 무리한 법 집행으로 인한 폭력적인 저항 사태와 같은 문제가 발생하지 않도록 중국과 한국 간 합동 해양법 집행 및 소통 체제를 구축해야 한다. 중국과 한국의 해양 관리 및 사법기관이 과거 분쟁과 처벌 사건에 대한 정보를 공유하고 소통할 수 있고, 중국과 한국의 어업 갈등을 촉발할 수 있는 대표적인 사례를 분석할 수 있다. 책임을 떠넘기는 것이 아닌 문제 해결을 목적으로 해야 한다. 거액의 벌금을 물리고 민족 감정을 선동하는 것이 우선순위가 아니다. 중한 양국이 정치제도의 차이를 극복하고 외교관계를 수립하는 것은 쉽지 않은 일이지만 어업 문제 처리에 있어서 민족주의 정서를 부추기는 방식으로 접근하는 것은 양국 외교관계를 저해하고 훼손하는 잘못된 방법이다.

셋째, 중국은 어민에 대한 법 대중화와 교육을 지속적으로 강화하고 재정적인 지원과 정책 가이드라인을 제공하여 어촌 농업, 육지 양식업 등 어민들이 새로운 직업에 도전할 수 있도록 격려하고 지도해야 한다. 중국 어민들은 문화 수준이 비교적 낮아 스스로의 문화 소양을 향상해야 하며, 특히 법률 의식도 상대적으로 취약하다. 중국 정부는 어민에 대한 교육을 지속해서 확대하고 강화해야 한다. 특히 과학기술을 통해 어민들이 가장 원시적이고 단순한 조업에서 복합적인 어업을 향해 나아갈 수 있도록, 복합적인 어업에 종사하는 어촌, 어민으로 발전할 수 있도록 지원해야 한다. 중국과 한국은 녹색 양식업, 관광 자원 개발 등을 둘러싼 민간 교류는 물론, 전문가를 파견해 양국 간의 경험을 공유하며 교류할 수 있다. 이는 양국이 오해를 풀고 양국에 대한 인식을 심화하는 데 큰 도움이 된다.

넷째, 한국은 처벌 기준을 통일하고, 재판 과정을 공개하여 규범적인 법 집행을 선도하며 각국의 이익을 수호해야 한다. 공개 재판은 법 집행의 사각지대를 해소할 수 있고, 법이 투명하게 공개됨으로써 충돌이 재차 발생하는 것을 최소화할 수 있다. 이는 중한 각국의 법률을 깊게 이해하도록 할 것이며, 분쟁이 발생하는 것을 방지할 수 있다. 언어장벽, 법령과 관리 제도의 차이로 인해 중한 양국이 갈등을 겪는 것은 자연스러운 일이다. 중한은 합동 법 집행 부서 구성을 시도해 볼 수 있으며, 이를 통해 조사 검증, 공동 법 집행 등의 분야에서 적극적으로 협상하고 협력하여 신속한 문제 처리 시스템을 구축할 수 있으며, 불필요한 충돌과 갈등을 최소화할 수 있다.

다섯째, 코로나19가 전 세계적으로 기승을 부리는 상황에서 어민, 해경 등 해상 종사자와 법 집행자에 대한 보호는 더욱 정교하고 세심하게 다뤄져야 한다. 예를 들어, 양국 해상 종사자들의 백신 접종 결과를 즉시 통보해 주기적으로 종사자 및 법 집행자를 대상으로 핵산 검사를 실시하고, 각각의 검사 결과를 상대국 관계부처에 즉시 알려 해상 유입에 따른 코로나19 발생에 최대한 대비해야 한다. 해상에서 비상사태가 발생하는 경우 중한 양국은 필요한 인도적 지원이나 신속한 치료를 제공하여 양국의 해상 종사자의 건강과 신변 안전을 최대한 보장해야 한다.

4. 결론

어업 문제는 역사적인 문제이자 현실적인 문제다. '중한 어업협정'은 20년 전 체결된 임시적인 조치다. 협정 체결 당시 뾰족한 해결책이 없었기 때문에 당시에는 효과를 발휘했지만, 지금은 중한 어업 분쟁을 촉발하는 주요 쟁점이 되었다. 중한 양국의 어업 분쟁은 이미 양국의 관계에 영향을 미치는 주요 불협화음 요소 중 하나가 되었다. 따라서, 협정에 대한 개정을 진행하고, 실시간으로 협정을 보완하고, 협상을 세분화하는 것이 가장 필요하다.

중국 어민들이 지닌 '전통 어장'에 대한 역사적 인식은 '국경을 넘는 것'으로 해석할 수 있다. 한국 수역의 풍부한 수산자원은 수산자원 불균형 문제의 주된 원인이다. 규정을 위반한 어민에게 부과되는 무거운 벌금과 가벼운 지침, 그리고 특히 이미 재판을 받은 사건에 대해 공개적이고 투명한 법적 절차를 수행하지 않는 것은 문제를 근본적으로 해결하지 못한다. 해상법 집행 시 중한이 공동으로 집행할 수 있는 법이 부재하다. 양국이 공동으로 관리 감독 체계를 구축하는 등의 방안은 중국과 한국이 함께 협상하고 계획해야 할 과제이다. 양국 간 어업 문제를 적절하게 처리하여 양국 관계를 우호적이고 건강한 방향으로 이끄는 것이 양국 국민을 이롭게 하고 수산자원을 효과적으로 보호할 수 있는 올바른 선택이 될 것이다.

포스트 코로나 시대 중국의 탄소 중립 및 기후정책 변화

1. 중국의 탄소 중립에 대한 의지와 목표

2020년 9월 23일 시진핑 주석은 제75차 유엔총회 화상 연설에서 2030년 전까지 탄소배출량을 감소세로 전환하고 2060년까지 탄소 중립 달성할 것이라고 선언했다. 중국 중앙정부는 에너지 이용권과 탄소 배출권의 전국적인 거래 시장 건설을 가속화하고, 에너지 소비 총량과 집약도의 이중 통제(能源消費雙控)하는 제도를 완비할 것이라고 약속했다. 조건을 갖춘 지방과 중점 업종과 기업들이 우선적으로 탄소 피크를 추진, 석탄 발전 프로젝트를 엄격히 통제하고, 14차 5개년 규획 시기 '석탄 소비 성장'의 엄격한 통제와 15차 5개년 규획 시기 '석탄 소비의 감축'을 제안했다.

지난 9월 21일 개최된 유엔총회 화상 회의 연설에서 시진핑 주석은 해외

---

* 통일연구원 기획조정실 부연구위원.

신규 석탄발전소 건설 중단을 발표했다. 중국은 그동안 일대일로 프로젝트를 통해 해외 석탄발전소 건설을 추진해 왔는데 이는 서방국가들의 비판을 받아왔다. 이번 시진핑 주석의 선언은 중국이 이제는 고탄소 해외 프로젝트 건설을 중단하고 저탄소 혹은 친환경 프로젝트를 적극적으로 추진하겠다는 의사를 공식화한 것이다.

중국은 한국과 일본과 함께 최근까지 해외 석탄 발전 신규 건설 프로젝트에 자금을 제공했던 유일한 국가로서, 한국과 일본 정부는 중국의 발표 이전에 이미 신규 석탄발전소 건설 중단을 선언했고, 중국도 뒤이어 그러한 선언을 발표한 것이다. 특히 중국과 미국이 개도국의 그린에너지 건설 지원을 약속하고 있기 때문에 자국의 석탄발전소 건설을 위해 외국 자본에 의존했던 인도네시아, 베트남, 파키스탄, 짐바브웨, 터키 등 개도국들은 에너지 전환을 심각하게 고려해야만 하는 상황이다. 시진핑 주석의 이러한 선언은 중국의 에너지 외교와 일대일로가 그린에너지에 초점을 맞추는 방향으로 전환이 이루어질 것을 시사하는 것이다.[1]

2. 중국 탄소 중립 정책의 주요 특징과 수단

1) 중국 탄소 중립 정책의 주요 특징

우선 중국의 탄소 중립은 산업 정책 측면에서 강조되고 있다. 탄소 중립을 위해서 고탄소 산업의 구조조정이 필수이고, 친환경 산업의 육성이 필요하

---

1) Lauri Myllyvirta, "Why Xi's Coal Pledge Is a Big Deal," *Foreign Policy* (September 28, 2021).

다. 그리고 중국의 탄소 중립은 5개년 계획과 같은 중장기적인 국가전략 속에서 중진국 함정의 경제 위기 극복을 위한 하나의 수단으로 보고 있다.

그렇다면 중국의 탄소 중립은 중진국 함정을 극복하기 위한 유효한 수단인가? 중국의 현재 1인당 탄소배출량은 약 7톤으로 2030년 탄소 정점과 2060년 탄소 중립을 실현하기 위해서 더는 증가를 허용하기 어렵다. 하지만 중국은 중진국 함정에서 벗어나기 위해 1인당 GDP의 경우 현재 약 1만 달러에서 3만~4만 달러까지 세 배 이상 급성장해야 하는 딜레마에 처해 있다. 따라서 경제성장과 발전의 희생을 크게 감수하지 않으면서도 행정 수단과 시장 기제를 통해 탄소배출량을 감축하고 환경을 보호함으로써 중진국 함정의 늪에서 벗어나는 것이 중국 정부의 궁극적인 목표이다.

중국 정부의 탄소 중립 정책은 과학기술 혁신과 밀접한 연관이 있다. 예를 들어 인공지능, 빅데이터, 사물 인터넷 등 4차 산업혁명의 핵심 기술들은 에너지, 교통, 건설, 금융 등 산업에서 탄소 중립과 연계되어 중요한 역할을 담당한다. 탄소 중립이 혁신을 통한 산업 고도화와 연계될 때 쌍순환의 내수 고도화에 크게 기여할 것으로 예상한다. 더욱 중요한 사실은 중국은 과거 환경보호와 경제성장이 충돌하는 세계관에서 생태환경의 가치가 곧 경제 가치이자 생산력 발전으로 이어진다는 이념으로 전환하고 있다는 사실이다.

또 다른 특징은 중국의 탄소 중립이 중앙정부가 지방 정부를 통제하는 수단 가운데 하나라는 사실이다. 중앙 지도부는 탄소 정점과 탄소 중립에 대한 목표 달성 의지가 분명하지만, 지방 당정 관료들은 탄소 중립보다 정치 업적으로 내세우기 좋은 단기적이고 가시적인 성과로써 탄소배출량이 많은 개발 프로젝트를 아직 더 선호한다. 그리고 중국의 5개년 계획은 탄소 중립 정책을 추진하는 데 있어 중앙이 지방을 통제하는 중요한 행정 수단이다.

중국 국무원이 최근 발표한 〈녹색 저탄소 순환 발전 경제 체계 건설 가속화에 관한 지도 의견〉은 전 과정에서 전방위적으로 녹색계획, 녹색 설계, 녹색 투자, 녹색 건설, 녹색 생산, 녹색유통, 녹색 생활, 녹색 소비를 추진하는 실제로 이행하는 일련의 방안을 제시했다. 이 지도 의견에서 강조하는 점은 탄소 중립 실현을 위해 국유기업을 통한 국가주도 전략에서 점차 민간의 역할을 확대하고 제조 및 생산 영역뿐만 아니라 소비 영역에서도 탄소 중립을 시행하는 전략으로 전환한다는 것이다.

마지막으로 중국 탄소중립의 특징은 중국 정부가 탄소 중립과 기후변화 정책을 미국과 협력 가능한 아주 중요한 영역으로 인식하고 있지만, 미중 전략적 기술 경쟁의 격화와 중국과 서방국가들 사이의 책임과 의무에 대한 인식 차이로 인해 기후변화 영역에서 협력의 여지는 점점 줄어들고 오히려 경쟁 가능성이 부각되고 있다는 사실이다.

2) 중국 탄소 중립 정책의 주요 수단: 행정 수단과 시장 기제, 첨단 기술 활용

중국 정부는 탄소세, 탄소 배출권 거래제, 총생산량 평균 연비와 신재생에너지 자동차 생산량을 지표로 하는 더블 포인트 제도(雙積分) 등 행정 수단과 시장 기제를 통해 자동차 산업의 저탄소 발전과 신재생에너지 발전을 촉진하고 있다.

탄소 중립을 위해 필요한 기술은 탄소 흡수원(Carbon Sink) 관련 기술이다. 2019년 출판된 〈중국 산림자원 조사 보고〉에 의하면 중국 산림의 탄소 흡수원은 1년에 4.34억 톤, 이산화탄소로 환산하면 12억 톤이다. 중국의 2019년 온실가스 배출 총량은 140억 톤으로, 그중 화석에너지 이산화탄소

배출량은 102억 톤이다. 따라서 탄소 흡수원을 통한 탄소 중립은 아직 갈 길이 멀다. 그 밖에 이산화탄소 포집, 활용, 저장(Carbon Capture, Utilization and Storage, CCUS) 기술을 통해서도 배출된 탄소를 흡수하는 기술은 아직 비용 측면에서 한계가 있다.

중국의 탄소 중립 정책을 이끄는 중앙 조직은 최근 설립된 '탄소 정점 탄소 중립 업무 영도소조'이다. 이 영도소조의 조장은 정치국 상무위원이자 국무원 부총리인 한정이고, 조원은 미중 무역협상을 담당하는 리우허 부총리, 왕이 외교부장, 허리펑 국가발개위 주임이다. 따라서 중국은 탄소 중립을 미국과의 협상 카드로도 생각하는 것으로 추정할 수 있다.

3. 중국 탄소 중립 정책의 문제점과 한계

탄소 중립 정책에서 가장 중요한 에너지 전환과 에너지 안보의 측면에서 살펴보면, 중국에서 심각한 전력 공급 위기는 공산당의 통치 정당성 위기와 직결된다. 2020년에 석탄 발전의 설비 가동률은 약 50%지만, 풍력과 태양광 발전은 각각 24%와 15%에 불과했다, 2020년 말까지 중국의 재생 가능 발전 설비 총 규모는 9억 3천 킬로와트로 전체 발전 설비 비중의 42.4%에 도달하여 2012년에 비해 14.6% 성장했지만, 2020년 중국의 재생가능 에너지의 실제 발전량은 2조 2천억 킬로와트시로써 중국 전체 전력 사용량에서 차지하는 비중이 29.5%에 불과했다. 풍력과 태양광의 안정적인 설비 가동률을 지금보다 훨씬 끌어올려야 2030년 탄소 정점과 2060년 탄소 중립 목표를 무난히 달성할 수 있다.

중국의 석탄 발전량 축소 위주의 에너지 전환 정책이 석탄 가격의 상승과 같은 원부자재 가격 상승을 초래하여 기업들의 제조원가 상승을 부추긴다는 우려도 있다. 그뿐만 아니라 고탄소 산업 구조조정 과정에서 발생하는 실업률의 상승과 이로 인한 사회 불안정 문제, 그리고 직접적인 피해를 보는 지역과 기업들에 대한 보상 문제가 해결되지 않으면 중국 정부는 에너지 전환에 대한 저항과 고비용을 감당하기 어려울 것이다.

최근 중국은 코로나바이러스 기원조사를 촉구한 호주와 외교 마찰을 빚으면서 중국 전체 석탄 소비의 절반 정도를 차지했던 호주산 석탄 수입을 금지했고, 코로나-19 팬데믹에서 점차 경기가 회복하면서 에너지 수요가 급증했다. 그리고 지방에서 석탄 화력발전의 에너지 소비 강도에 대한 통제가 강화되자 중국의 석탄 가격이 급등했다. 이로 인해 중국의 석탄 화력발전의 가동률이 낮아질 수밖에 없어 화력 발전 의존도가 높은 중국은 심각한 전력 부족 현상을 겪고 있다. 겨울철 난방은 안 그래도 전력난을 겪고 있는 중국에 더 큰 타격을 가할 수 있을 것이다.

좀 더 자세히 살펴보면, 올해 9월 현재 중국의 31개 성급 지방 가운데 20개 지역에서 간헐적으로 전력 공급을 축소하고 있고, 이로 인해 공장 가동 중지와 정전 사태가 빈번하게 일어나고 있다. 중국의 전력 부족은 2000년대 몇 개월마다 한 번씩 전력 공급 중단 사태가 발생했는데 2010년대에는 전력망이 안정화되어 정전 현상은 드문 일이 되었다. 호주와의 외교갈등이 원인이 된 석탄 수입 금지는 코로나 팬데믹으로 인해 안 그래도 두 배 이상 뛰었던 발전용 석탄 가격 급등을 더욱 부채질했다. 중국은 국가가 의도적으로 전력 가격을 통제하기 때문에 발전소 기업들은 손실을 보기보다 공급을 줄이든지 아예 발전소 가동을 멈추는 수밖에 없었다. 지방 정부 차원에서도 중국 중앙정부의 엄격한 에너지 소비 통제 아래 전체 소비 전력과 GDP 대비 전력 소비의 비율을 낮추기 위해 전력 사용을 줄이려고 하기 때문에 전력 공급 부족과 대규모 간헐적 정전 사태는 더욱 가중되었다. 중국 내부의 정전 사태는 글로벌 차원에도 영향을 미쳤다. 즉 테슬라와 애플과 같은 다국적 기업 공장 가동이 멈춰 전기차와 스마트폰과 같은 제품 생산 차질을 빚고 있다. 더욱 우려스러운 것은 중국 동북 지방이 이제 얼마 지나지 않아 겪을 가능성이 큰 겨울철 난방 공급의 심각한 부족 현상이다.

중국 환경 정책의 또 다른 한계는 선진국과 개도국 사이에 발생하는 오염처리비용 회피 효과(Pollution Haven Effect)가 중국 내 발전 지역과 저발전 지역 사이에서 발생한다는 사실이다. 중국 내부 지역 사이의 이러한 오염 처리비용 회피 효과를 피하기 위해서는 생산과 소비 모두에 기반을 둔 배출량 감축 목표를 제시할 필요가 있다. 그런 측면에서 앞에서 언급한 〈녹색 저탄소 순환 발전 경제 체계 건설 가속화에 관한 지도 의견〉은 소비 차원에서도 저탄소를 실현하기 위한 다양한 방안들을 제시하고 있다는 점에서 고무적인 현상이다.

그리고 중국 환경 정책의 더욱 심각한 문제는 지방의 무분별한 친환경 프로젝트를 시행한 결과 비효율적인 자원 배분으로 인한 중복 투자, 과잉 생산, 수익성 악화, 줄 이은 기업 도산, 업종 내 실업률 증가, 사회 불안정, 저품질 제품의 확산, 그리고 혁신의 부재 등 각종 부작용이 출현한다는 사실이다. 과거 태양광 패널과 반도체 산업, 자동차 산업 등 중국의 중점 육성 산업에서도 그러한 현상이 빈번히 발생했었다.

이러한 지방 정부와 기업들 사이의 무분별한 경쟁과 소모적인 중복 프로젝트 추진은 중국 지방 당정 간부의 인사 제도와 어느 정도 연관이 있다. 임기가 5년 정도인 지방 당정 간부들은 승진을 위해 단기간 경제 업적을 창출해야 한다. 중장기적인 성과창출에 유리한 탄소 중립을 적극적으로 추진하기보다, 단기적인 성과에 유리한 고탄소 산업의 활성화를 묵인할 가능성이 충분히 존재한다.

마지막으로 최근 유엔총회에서 중국 시진핑 주석이 선언한 해외 석탄발전소 신규 건설 중단에 대한 의구심도 존재한다. 즉 시진핑 주석이 '건설'을 중단하겠다고 한 것이지 '자금조달(financing)'을 중단하겠다는 것은 아니라는 것이다. 하지만 최근 중국 은행이, 올해 10월부터 신규 석탄 발전에 대한 새로운 자금 공급을 하지 않겠다고 발표함으로써 그러한 우려를 어느 정도 불식시켰다.

4. 미중 패권 경쟁과 탄소 중립

중국 천연가스의 대부분이 해상 운송을 통해 수입되기 때문에 미중 간 패권 경쟁과 해상 충돌 가능성이 커지는 미래 상황을 상정했을 때, 미국에 의해 해상 운송이 차단될 최악의 경우를 가정하여 중국은 최소한 가스 발전 설비 용량만큼은 백업 전력으로 대체할 수 있는 석탄 발전과 같은 안정적인 전력 공급원이 반드시 필요하다. 즉 중국은 에너지 안보의 차원에서 에너지 전환을 고려하지 않을 수 없다.

중국의 기후변화사무특사 셰전화(解振華)는 지난 4월 22~23일 기후 정상회담 기간에 앞서 미국의 존 케리 기후특사와의 협의에서 8개의 우선 협력 분야를 제시했다. 공업과 전력 분야에서 탈석탄 정책과 기술, 재생 가능한 에너지 발전, 녹색과 기후 회복력 농업, 에너지 절약 건축, 녹색 저탄소 교통, 메탄 등 비이산화탄소 온실가스 배출량 감축에 관한 협력 등을 포함했다.

그리고 지난 9월에 개최된 유엔총회에서 미국의 바이든 정부와 중국의 시진핑 정부 모두 개도국에서 그린에너지 지원을 강화할 것이라고 밝혔다. 중국은 이미 세계 최대의 풍력, 태양광, 원자력 개발국으로 만약 중국이 이러한 기술을 제공하고 수출한다면 개도국들은 더 이상 화석 연료에 의존하지 않고도 국내 전력 수요를 충분히 충족시킬 수 있을 것이다. 이에 대해 개도국들은 그린에너지 건설에 있어 지나치게 한 국가에 의존하지 않기 위해 노력하고 있다. 예를 들어 베트남은 중국, 일본, 한국과의 협력에서 균형을 맞추기 위해 노력하고 있다. 결국 개도국에 대한 저탄소 청정에너지 지원 사업에 있어서도 중국과 미국은 치열한 경쟁을 할 전망이다.

미국은 기후변화 영역에서 중국과의 협력을 유도하고 있지만, 중국은 미국 주도의 민주주의 국가 연맹이 탄소세와 탄소국경세를 통해 중국의 고탄소 행위를 바꾸기 위한 압력을 행사하려는 가능성을 우려하고 있고, 기후변화에 있어 도리어 서방국가들의 역사적인 이산화탄소 배출 책임을 강조하고 있다.

하지만 미국이 원하는 것은 기후변화 분야에서 민주주의 동맹을 활용하여 미국 리더십을 복원하는 것이다. 따라서 중국은 미국에 대한 전면적인 협조보다는 자신의 개도국 지위를 강조하면서 서방국가들로 구성된 선진국들의 역사적인 책임과 의무, 그리고 선진국들의 개도국에 대한 기술 및 자금 지원 등에 대한 필요성만 지속적으로 제기하는 상황이 반복될 가능성이 크다. 이로 인해 미국과 중국 사이에 기후변화 분야의 협력보다는 당분간 경쟁과 갈등이 부각될 수 있다.

[성균중국연구총서 38]

국제질서의 대분화와 한중관계의 재구성: 한·중 학계의 쟁점과 시각

기   획   성균관대학교 성균중국연구소
엮은이   이희옥·이율빈

초판인쇄   2022년 2월 10일
초판발행   2022년 2월 15일

발 행 인   윤관백
발 행 처   돌설선인
등   록   제5-77호
주   소   서울시 마포구 마포대로4다길 4 곳마루B/D 1층
전   화   02-718-6252
팩   스   02-718-6253
이 메 일   sunin72@chol.com

정 가 20,000원
ISBN 979-11-6068-675-3 93300